LE CHIEN
Un loup civilisé

Evelyne TERONI & Jennifer CATTET

LE CHIEN
Un loup civilisé

E. T. & J. C.
Auteurs Editeurs

Dessins intérieurs : John Wyatt

Photo de couverture : Valérie Séguinot
"Osky le siberian husky"

E. T. & J. C. Auteurs Editeurs
Dépôt Légal : Mai 2000 - I.S.B.N. : 2-9515304-0-4

DÉDICACE

Ce livre est dédié à nos maris, Jean-Luc et Remo, ainsi qu'à nos enfants, Anne-Laure, Shannon, Fabrice et Anthony qui nous ont soutenues et supportées pendant les cinq années qui ont été nécessaires à la réalisation de cet ouvrage.

Nous dédions également ce livre à nos chiens que nous avons côtoyés jour après jour et qui nous ont permis d'avoir accès à leur monde si différent du nôtre : Apache, Faaleen, Kamel, Nera, Osky et Vaïda ainsi qu'à tous leurs copains à quatre pattes.

A tous nos lecteurs : que ce livre puisse vous aider à mieux comprendre vos canidés domestiques.

REMERCIEMENTS

Nous aimerions remercier toutes les personnes qui nous ont aidées, conseillées, encouragées et soutenues tout au long de ce travail de longue haleine.

En premier lieu, nous citerons nos généreux sponsors sans lesquels ce travail n'aurait jamais pu voir le jour : la Fondation Hélène et Victor Barbour, M. Federico Spinola, Nova Atlantis, Funny Dog Gysler (production suisse d'articles canins), Provet SA et la Mobilière suisse, agence de Genève (M. René Magnin).

Un chaleureux merci à tous ceux qui ont accepté la lourde tâche de relire et de corriger notre texte : Aude Arazi, Mireille Barbier, Laurence Chappuis, Janet Nelson-Arazi, Béatrice Obergfell, Anne-Laure, Fabrice et Remo Teroni et tout spécialement au Dr Pierre-Alain Baud, au Professeur Ariane Etienne et à M. Bernard Fuger qui y ont ajouté leurs critiques et leurs commentaires.

Un merci tout particulier à Jean-Marc Landry qui nous a fourni de multiples informations sur le comportement des loups, qui a relu, corrigé, critiqué et commenté notre travail avec beaucoup de soin et qui nous a généreusement permis de publier toutes les magnifiques photos de loups qui illustrent ce livre.

Nous tenons à remercier chaleureusement John Wyatt pour ses illustrations de très grande qualité tant sur le plan humoristique qu'artistique.

Toute notre reconnaissance va à Laurent Daspres qui a retravaillé toute la mise en page, jusque dans les moindres détails, afin que notre ouvrage soit le plus agréable possible à lire.

Merci à Jean-Luc Cattet et Remo Teroni qui, avec beaucoup de patience, sont venus à notre secours chaque fois que nous étions dépassées par nos outils informatiques, ainsi qu'à Roland Maurer et au Professeur Pietro Balestra qui nous ont rendu les mêmes services en ce qui concerne les analyses statistiques, sans oublier Luc Pauli qui a conçu le code barre d'identification du livre.

Que soit également remerciés les Docteurs Aberlé, Baud, Becquart, Bubloz, Casellini, Dessaix, Honegger, Monnin, Muret, Niestlé et à M. Friedli pour nous avoir permis d'accéder à leurs données statistiques ainsi que les aides vétérinaires qui nous ont prêté main forte au cours de cette recherche.

Enfin, si nous avons pu illustrer notre livre, c'est grâce au concours de nombreuses personnes qui nous ont permis de prendre des photos ou qui nous ont aimablement autorisées à publier leurs propres documents. Nous remercions infiniment Plinio Bracelli, Michel Chanton, Daniel Chervier et Michèle Mathy de l'A.C.C.F., Corinne Chuit, Maya Delaquis, Jacqueline Gonnet, Stéphanie Resin, Thomas Rüeger, Marie-Claire Tognati, Corinne Wenger et Bernard Zurcher avec une mention toute particulière pour Valérie Séguinot qui nous a fait don de la magnifique photo de couverture.

TABLE DES MATIÈRES

PRÉFACE

Le titre si pertinent de cet ouvrage en annonce clairement les objectifs et le contenu : le chien descend directement du loup. Par un long processus de domestication, l'homme a sélectionné un grand nombre de races canines qui peuvent différer les unes des autres du point de vue physique et psychologique. Cependant, les propriétés des races actuelles dérivent de prédispositions héréditaires déjà présentes chez le loup en tant que l'unique ancêtre du chien. Pour mieux comprendre, voire aimer notre meilleur compagnon, il nous faut donc tenir compte de ses origines. A cette condition uniquement pourrons-nous vivre en pleine harmonie avec des loups vraiment civilisés.

C'est là le message essentiel de ce livre fondé sur une connaissance approfondie de la littérature théorique et appliquée sur le chien, ainsi que sur l'expérience personnelle des auteurs. Evelyne Teroni et Jennifer Cattet se consacrent depuis un bon nombre d'années au chien, sur le plan scientifique en tant qu'éthologues et sur celui de la pratique en tant que comportementalistes. Leur motivation première est de présenter aux cynophiles de langue française un ouvrage dont le contenu se justifie parfaitement du point de vue scientifique tout en restant toujours en rapport avec le vécu quotidien de l'homme avec son chien. L'ouvrage s'adresse ainsi en premier lieu aux personnes en quête d'une meilleure compréhension de leur ami. Quant au spécialiste, il trouvera son compte dans la présentation exhaustive de la littérature sur le chien, ainsi que dans l'esprit de synthèse et le sens critique des auteurs. La présentation claire et simple d'une matière très riche en rend la lecture passionnante.

Parmi les 16 chapitres du livre, certains traitent les questions théoriques générales nécessaires à la compréhension, à l'éducation et au traitement du chien, telles que : l'origine et l'évolution du chien, son développement, le rôle des prédispositions héréditaires et de l'acquis dans son comportement, son organisation sociale, ses moyens de communication. D'autres chapitres visent à conseiller le maître actuel ou futur sur le choix d'un chiot particulier, l'attitude à adopter face à un chien qui pose des problèmes spécifiques, les précautions à prendre au sein de la famille et en particulier dans l'interaction de l'enfant avec le chien. Théoriciennes et conseillères avisées, les auteurs n'oublient aucune question qui pourrait avoir des implications pratiques significatives.

Tout en lisant ce livre dans le but de m'instruire et d'améliorer mes capacités d'éducation canine quelque peu limitées, son contenu m'a séduite et emportée, comme c'est le propre d'un ouvrage de vulgarisation de haut niveau. J'incite ainsi tout autre cynophile à subir le même effet de séduction.

Ariane S. Etienne
Professeur d'Ethologie
Université de Genève.

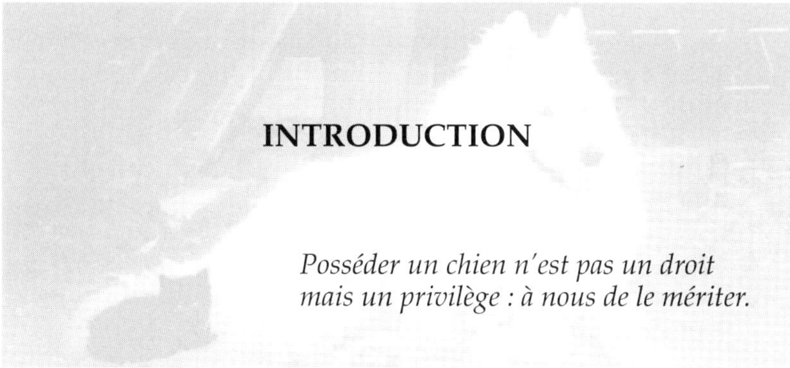

INTRODUCTION

Posséder un chien n'est pas un droit mais un privilège : à nous de le mériter.

Encore un livre sur les chiens alors qu'il y en a déjà tant ! Pourquoi avoir choisi un tel sujet ? Tout simplement pour répondre à une demande et pour combler certaines lacunes. La plupart des livres français consacrés aux chiens traitent de races particulières ou abordent des domaines plus restreints, comme, par exemple, des questions d'éducation... avec parfois des avis fort différents.

Bien que le chien vive en relation étroite avec l'homme depuis des millénaires, nous sommes encore loin d'avoir une connaissance approfondie de cet animal si attachant. Il se pourrait même que le chien, qui passe de nombreuses heures à nous observer, soit plus apte à anticiper nos actions que nous les siennes... Il n'y a en tout cas aucun doute qu'il sache mieux décoder nos mimiques et nos micro-signaux que nous les siens!

Nous sommes souvent effarées au cours de nos entretiens de constater à quel point le chien est incompris et à quel point ses comportements donnent lieu à des interprétations farfelues. Voici quelques réflexions recueillies auprès de nos clients :

- un chien qui a mordu prend le goût du sang et mordra à nouveau ; la seule solution est l'euthanasie (solution, il est vrai, radicale !) ;
- chaque fois qu'il a fait une bêtise en mon absence, il adopte une attitude coupable à mon retour : c'est la preuve qu'il sait qu'il a mal agi ;
- après m'avoir mordu, il est tout embêté et vient se faire pardonner ;
- dès que je le laisse seul, il se venge et détruit tout l'appartement ;

- je suis déçu, je fais tout pour mon chien mais il ne me rend pas l'amour que je lui donne. Plus j'en fais, plus il se montre hargneux à mon égard ;
- il est sournois ;
- je lui ai déjà tout expliqué au moins 100 fois, je lui ai même dit que s'il continuait, je ne pourrais pas le garder ; il s'en moque et se comporte toujours aussi mal ;
- c'est un obsédé sexuel, il monte souvent sur mes jambes...

Habitués à côtoyer le chien chaque jour, à le voir trôner sur nos canapés, à l'admirer dans de multiples films où il fonctionne quasiment comme un être humain, nous avons tendance à oublier que le chien est resté dans son être intime un prédateur social et qu'il obéit à des codes différents des nôtres. Apprendre à connaître les lois qui régissent ses relations avec ses congénères et surtout les mettre en pratique dans la vie de tous les jours, c'est la plus grande preuve d'amour que l'on puisse lui fournir. Bafouer les codes canins, c'est placer l'animal dans une situation ambiguë, le mettre mal à l'aise et laisser la porte ouverte à toutes sortes de perturbations comportementales. Le réveil peut être brutal quand on s'aperçoit que ce petit compagnon si choyé détruit l'appartement, hurle à fendre l'âme, urine sur le lit ou contre les meubles... et même mord (on oublie en effet bien souvent que le chien peut utiliser ses dents pour d'autres fonctions que l'ingestion de nourriture) ! Le propriétaire peut alors penser que le chien se venge, qu'il est jaloux ou malheureux... et redouble d'attention à son égard. Si le chien persiste dans son comportement perturbé, on aura beau jeu de l'accuser de folie. La plupart des gens ignorent qu'un très grand nombre de comportements "perturbés" (même les morsures infligées au maître !) sont en fait des réponses canines normales si l'on prend en compte, son passé et la situation dans laquelle l'animal se trouve. Chez le chien, il peut certes y avoir des cas de folie, mais ces cas sont extrêmement rares.

Mais alors, comment appréhender cet animal que tout le monde croit connaître ? Comment le regarder tel qu'il est et non comme nous voudrions qu'il soit, avec ses bons et ses mauvais côtés ? Comment dépasser toutes les anecdotes qui courent à son sujet ? Une seule démarche nous a paru digne d'intérêt : la démarche scientifique. En la choisissant, nous n'avons pas opté pour la facilité. En effet, nous avons dû recueillir le maximum d'informations, ce qui nous a amenées non seulement à fréquenter les nombreuses bibliothèques de notre région mais également à nous déplacer parfois à des centaines de kilomètres. Nous avons été étonnées de trouver une telle richesse d'informations si souvent passées sous silence et c'est avec passion que nous avons dévoré les milliers de pages nécessaires à notre travail.

Cet ouvrage ne serait-il alors destiné qu'à des spécialistes ? Aucunement. En effet, ces informations nous ont semblé si cruciales qu'il aurait été dommage de ne pas les faire partager par tous les amis du chien, quelle que soit leur formation de base. En fait, notre livre s'adresse non seulement à tous ceux qui travaillent avec les chiens, qu'ils soient vétérinaires, éducateurs, éleveurs ou juges, mais aussi aux maîtres qui cherchent à mieux comprendre cet animal, aux humains qui désirent en adopter un et à tous ceux qui, sans forcément en posséder un, se posent une foule de questions sur les chiens.

Les sujets abordés sont extrêmement vastes et traitent aussi bien des relations entre les humains et les chiens que de la manière dont ces derniers se développent et entrent en relation avec le milieu dans lequel ils évoluent.

Nous espérons que notre ouvrage donnera aux maîtres la clef pour accéder à la nature-même du chien et pourra les aider à lui fournir l'environnement, aussi bien physique que social, le plus adéquat possible.

Puisse ce livre aider les propriétaires qui se trouvent confrontés à des problèmes de comportement à prendre du recul pour les analyser de manière plus objective, seule possibilité d'en venir à bout.

Celui qui hésite encore à franchir le pas de l'adoption trouvera dans notre ouvrage matière à réflexion puisque nous y passons en revue aussi bien les aspects positifs que négatifs de la vie avec un canidé. La décision prise, le futur propriétaire trouvera une foule de conseils concernant aussi bien le choix d'un chien que le choix d'un chenil offrant les meilleures garanties.

Après avoir lu notre livre, les parents seront à même de donner des conseils plus judicieux à leurs enfants qui, par la force des choses, se trouvent souvent en présence de chiens, qu'ils vivent directement à leur contact ou en croisent dans la rue. Cela leur permettra d'éviter les situations critiques qui amènent tout naturellement le chien à utiliser ses crocs, non parce qu'il est méchant mais bien souvent, parce que les petits humains n'ont pas respecté ses codes.

Les vétérinaires, les éducateurs, les éleveurs et les juges trouveront les réponses aux multiples questions que leur posent leurs clients mais pour lesquelles il n'est pas toujours aisé de donner des réponses. Les nombreuses références bibliographiques permettront également à tous ceux qui désirent approfondir un sujet plus particulier de le faire avec plus de facilité.

Enfin, tous ceux qui ne semblent pas être appréciés par nos canidés domestiques, puisqu'ils se font régulièrement mordre, pourront découvrir quels gestes éviter pour que les rencontres se passent le mieux possible.

Le but de notre livre n'est ni de décortiquer tous les comportements du chien (par exemple, nous n'aborderons pas les comportements sexuel, maternel, de chasse...) ni de décrire les divers troubles comportementaux, mais de faire en quelque sorte une synthèse des nombreuses recherches scientifiques ayant pour sujet cet animal. En effet, seule une telle démarche permet de démêler le vrai du faux et peut mettre en échec certaines affirmations totalement erronées mais pourtant bien ancrées dans l'esprit d'un grand nombre de personnes, parmi lesquelles certaines se targuent pourtant de bien connaître le sujet. Notre dessein est de vous aider à appréhender tout ce qu'un humain devrait savoir pour mettre toutes les chances de son côté dès le moment où il adopte un chien. Pour ce faire, nous allons nous pencher sur la relation entre le maître et son chien en analysant tour à tour les deux côtés de la laisse, tout en insistant plus sur le chien... puisqu'en principe, ce livre est destiné aux maîtres...

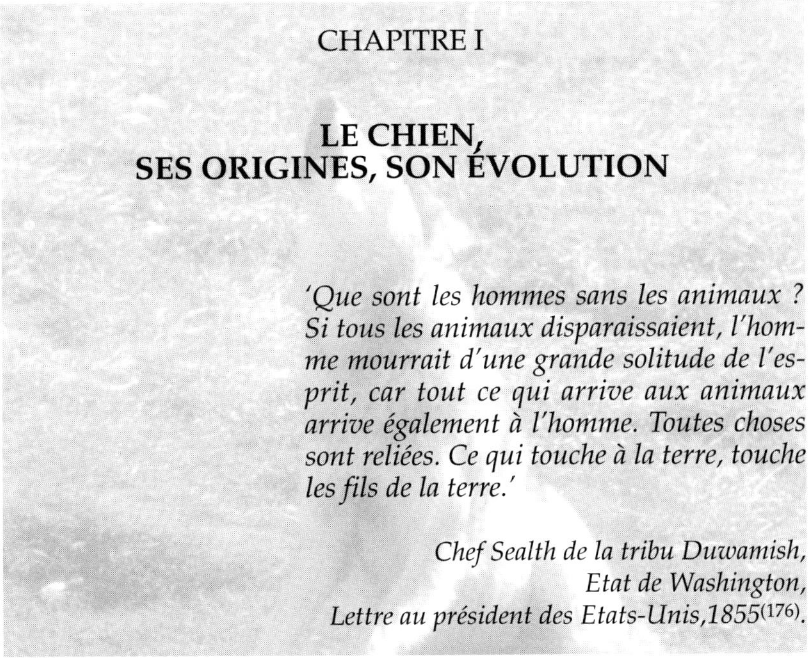

CHAPITRE I

LE CHIEN, SES ORIGINES, SON ÉVOLUTION

'Que sont les hommes sans les animaux ? Si tous les animaux disparaissaient, l'homme mourrait d'une grande solitude de l'esprit, car tout ce qui arrive aux animaux arrive également à l'homme. Toutes choses sont reliées. Ce qui touche à la terre, touche les fils de la terre.'

Chef Sealth de la tribu Duwamish,
Etat de Washington,
Lettre au président des Etats-Unis,1855[176].

UN ANIMAL À PART DANS NOTRE HISTOIRE

De tous les animaux qui nous entourent, le chien est sans conteste celui qui a su évoluer le mieux auprès de nous depuis la nuit des temps. L'homme et son chien sont des associés de très longue date !

Mais d'où vient cet animal si particulier qu'on a accueilli dans nos foyers comme s'il était un membre à part entière de la famille ? Pourquoi nos ancêtres ont-ils choisi de coexister avec des animaux d'une autre espèce que la leur ? Et surtout, quelle est l'espèce sauvage qui a su séduire les hommes que nous étions au point d'être domestiquée au fil du temps, pour devenir le chien que nous connaissons aujourd'hui ?

La connaissance de l'ancêtre sauvage du chien n'a pas qu'un intérêt purement théorique. Elle permet surtout de mieux comprendre nos compagnons, soit en replaçant certains de leurs comportements dans leur contexte d'origine, soit en les comparant à ceux de leur ancêtre. Une des difficultés majeures dans la compréhension du comportement du chien provient en effet du mode de vie de celui-ci. Nos "toutous" sont tellement intégrés à nos foyers qu'on a tendance à les considérer comme des êtres humains, un peu différents cependant puisqu'ils marchent à quatre pattes et ne parlent pas. Hormis quelques différences physiques et comportementales évidentes (le flairage de substances malodorantes ou franchement dégoûtantes, par exemple), nous interprétons leurs faits et gestes comme s'ils pensaient et communiquaient de la même manière que nous. Or, replacés dans leurs contextes originels, la plupart des comportements de nos amis canins prennent un sens bien différent. La détermination de l'origine du chien nous permet ainsi d'étudier le mode de vie de l'ancêtre de nos compagnons et d'observer comment celui-ci communique avec ses congénères, établit des règles de cohabitation et organise son mode de vie à l'état sauvage.

LA PREMIÈRE RENCONTRE

D'après les fossiles qui ont été découverts, un certain nombre de chercheurs ont pu établir que le chien partageait déjà l'existence des hommes il y a 12-14000 ans[(84,92)]. Le premier fossile fut découvert dans les années 50, dans une grotte en Allemagne, parmi des ossements d'hommes du paléolithique. Les archéologues ont d'abord pensé qu'il s'agissait d'un chien actuel qui serait mort dans la grotte, tellement la morphologie de ses os était semblable à celle de nos chiens contemporains. C'est grâce à une analyse plus approfondie des ossements qu'on a pu établir qu'il s'agissait bien d'un animal vivant il y a plusieurs milliers d'années.

Des chiens ont également été retrouvés enterrés auprès d'humains dans d'autres sites archéologiques très éloignés les uns des autres (par exemple : Ein Mallaho, Israël[(101)]), ce qui tend à montrer que la cohabitation entre l'homme et le chien s'est rapidement généralisée sur l'ensemble de la planète.

Les premiers fossiles découverts tendent à montrer que la domestication du chien correspond au moment où l'homme primitif du pléistocène est passé d'un mode de vie nomade à un mode de vie sédentaire[(84)]. A cette époque, notre ancêtre avait déjà le sens de la communauté, de la division du travail et du partage de la nourriture et des responsabilités. Cette capacité serait la clé de l'origine de la domestication. Il est en effet probable que les communautés humaines auraient porté secours à n'importe quel animal se trouvant à proximité. Ainsi, toutes sortes d'animaux et plusieurs espèces de canidés auront pu être apprivoisées. En Amérique du Nord, les canidés auraient été des loups ou des coyotes ; en Amérique du Sud, des renards ; en Europe, des loups ; en Asie, des loups, des chacals et en Afrique des chacals.

Par ailleurs, l'homme, devenu sédentaire, devait naturellement se débarrasser des restes de la chasse dont il n'avait pas l'utilité. On peut aisément imaginer que pour les canidés, ces "poubelles" étaient de véritables mines d'or sur lesquelles il fallait veiller. En se tenant à proximité de cette réserve de nourriture, ils demeuraient également proches des campements humains. Pour conserver cette "mine d'or", il fallait rester sur place et surtout y rester le plus longtemps possible, c'est-à-dire diminuer la distance de fuite face à l'homme, au risque de se faire prendre la place(259). Les rencontres entre les deux espèces devenaient désormais inévitables. Pour les hommes préhistoriques, cette situation présentait également des avantages non négligeables. Leur ouïe et leur olfaction étant extrêmement développées, les canidés étaient capables de repérer les prédateurs avant leurs voisins bipèdes. En avertissant leurs congénères du danger, ils prévenaient du même coup les hommes. Leur collaboration était née.

Plus récemment, Vilà et ses collègues(432) remettent en question "le moment de la rencontre"entre les hommes et les canidés sauvages. Leur étude a en effet pu démontrer que les loups et les chiens ont commencé à se différencier, d'un point de vue génétique, il y a plus de 100.000 ans ! Ces résultats ne sont pas forcément contradictoires avec les études basées sur la morphologie de ces espèces. On peut en effet supposer que la cohabitation entre l'homme et le chien remonte bien avant que le chien ait évolué vers l'animal que nous connaissons aujourd'hui. Il semble logique d'envisager que les chiens primitifs ressemblaient tout à fait aux canidés sauvages. Ainsi, les fossiles découverts permettent d'estimer non pas le début de la cohabitation homme/chien, mais plutôt le moment où ils ont divergé du point de vue morphologique de leur ancêtre sauvage. Cette différenciation pourrait en outre révéler le début d'une plus grande diversité dans les fonctions attribuées aux chiens, au moment où les hommes ont adopté un mode de vie sédentaire[(432)].

Ces auteurs postulent par ailleurs que l'évolution très rapide des chiens s'explique par les pressions sélectives liées au processus de domestication. A partir du moment où leurs ancêtres sauvages ont partagé la vie des hommes, ils ont subi des modifications dues aux croisements, autant sur le plan morphologique et physiologique que sur le plan comportemental. Ces nouvelles conditions de vie ont d'autre part provoqué chez les chiens une plus grande capacité de reproduction puisqu'ils sont sexuellement matures plus rapidement, ont deux périodes d'oestrus annuelles et des portées plus nombreuses que leurs cousins sauvages.

Des découvertes archéologiques tendent à confirmer cette hypothèse puisque des ossements de loups ont été retrouvés sur les mêmes sites que des ossements humains du Pleistocène[(84)]. Le site de Zhoukoudian en Chine du Nord, datant d'environ 300 000 ans, témoigne de cette association. Les hominidés et les loups devaient ainsi vivre les uns à côté des autres, partageant le même territoire de chasse. Les chasseurs tuaient probablement les loups afin d'utiliser leur fourrure pour se vêtir. De temps en temps ils pouvaient recueillir un louveteau soit pour le manger soit pour l'apprivoiser.

LES ANCÊTRES POSSIBLES

Tâchons maintenant d'identifier, parmi les 38 espèces de canidés, laquelle ou lesquelles ont pu évoluer, il y a des dizaines, voire des centaines de milliers d'années, vers les différentes races de chiens que nous connaissons aujourd'hui.

Toutes ces espèces sont très proches du point de vue morphologique : elles ont le corps élancé, le ventre rentré et possèdent une forte musculature et des membres longs. Ce sont des animaux résistants et bâtis pour courir. Ils sont également très bien équipés pour se défendre : petites incisives, crocs saillants, carnassières tranchantes et couronnes larges. Les canidés ont de formidables capacités d'adaptation à des milieux très variés ; cette faculté est en partie liée à leur alimentation omnivore -à part le lycaon (chien sauvage africain) et le dhole (chien sauvage d'Asie). Ils présentent aussi une grande diversité du point de vue de leur pelage dont les teintes dominantes sont le noir, le blanc, le gris et le marron. Un sous-poil dense, mélangé à des poils plus longs et plus foncés leur permet de supporter aussi bien de grosses chaleurs que des froids intenses.

Mais parmi les 38 espèces candidates, trois sont particulièrement proches du chien du point de vue morphologique et regroupées, avec nos compagnons, dans le genre *canis* : les coyotes (*canis latrans*), les chacals (*canis aureus*) et les loups (*canis lupus*). C'est naturellement à partir d'une ou de plusieurs de ces espèces sauvages que se sont développés nos chiens domestiques.

Les coyotes (poids moyen : 25 kg[451], très répandus en Amérique du nord, plus particulièrement dans les régions désertiques ou les plaines ouvertes, sont en revanche totalement absents des zones tropicales ou humides. Leur menu principal est composé d'oiseaux et de rongeurs. Ces canidés vivent généralement en petits groupes familiaux composés des parents et des petits de l'année. Une fois qu'ils ont atteint l'âge

adulte, les jeunes quittent le groupe pour fonder à leur tour une nouvelle unité familiale.

Les chacals (poids moyen 10 kg[451] peuplent des régions beaucoup plus vastes que leurs cousins américains et vivent en Afrique, au sud-est de l'Europe et en Asie du Sud. Ces animaux présentent de grandes variations dans leur taille et leur pelage.

Ils se nourrissent d'insectes, de mammifères généralement de petite taille, de fruits et de certains légumes. Bien qu'il leur arrive de se regrouper pour chasser des proies plus grandes, leur mode de vie est comparable à celui des coyotes.

Les loups (poids : entre 27 et 67 Kg[451] sont des animaux dont les capacités d'adaptation dépassent largement celles de n'importe quelle autre espèce. On les trouve en effet dans tous les types d'habitats : la toundra, les bois, les plaines ouvertes et les abords des régions désertiques. Au fil des années, pour des raisons que nous connaissons tous, son habitat s'est restreint et le loup s'est vu obligé de se cantonner dans des régions plus inhospitalières. Exterminés dans de nombreuses régions, ils recolonisent petit à petit leurs anciens territoires. On les trouve aujourd'hui en Amérique du Nord, au Moyen Orient ainsi que dans différents pays européens (Europe de l'Est, Espagne, Portugal, Italie, pays scandinaves, Autriche, France, Suisse).

Contrairement aux deux espèces précédemment citées, les loups aiment vivre en groupe et forment des meutes pouvant atteindre 36 individus(366) (la plupart comprenant de 2 à 12 individus(183,362,80). Ces meutes sont régies par un ordre de dominance -c'est-à-dire une hiérarchie sociale- établi entre les membres qui les composent. Chaque animal occupe une place particulière et c'est en fonction de celle-ci qu'il va se comporter. Tous les membres de la meute coopèrent dans les diverses tâches de la vie quotidienne, comme l'élevage des petits ou la chasse*.

Jusqu'à ces dernières années, il était admis que les premiers canidés domestiqués appartenaient à des espèces différentes. Pour Lorenz(279) et Trumler(424) par exemple, les chiens européens, allant du dogue allemand au cocker, auraient surtout du sang chacal, avec peu ou pas de sang de loup. Les races descendant plus particulièrement du loup auraient été, d'après ces auteurs, les races nordiques telles que les huskies, les mala-

**On estime cependant, que dans les Carpates, 4% de la population sont des loups solitaires(407). Mech(299) a également pu observer que 8 à 28% des loups sont solitaires. Si un certain nombre de ces loups ont probablement quitté temporairement une meute, d'autres, en revanche, sont totalement solitaires, soit parce qu'ils ont perdu leur partenaire sexuel et qu'ils sont trop vieux pour participer aux chasses communes(455), soit parce qu'ils appartiennent à une meute mais sont trop vieux ou occupent une position tellement subordonnée qu'ils ne sont que rarement acceptés par celle-ci. Ces animaux suivent alors la meute de loin et ont tendance à s'isoler(242).*

mutes et les groenlandais. Les chiens tels que les chow-chow, les samoyèdes ou les laïkas russes auraient une bonne dose de sang de loup mais moins que les précédents.

Lorenz fonda sa classification sur les caractéristiques physiques et comportementales des espèces sauvages et des chiens domestiques. Ainsi, des chiens issus de loups auraient les pommettes hautes, les yeux bridés et triangulaires et le nez légèrement retroussé, tout comme leurs ancêtres. Les chiens ayant du sang chacal auraient le poil court, les oreilles pendantes et le museau court et écrasé. De même, les différences de tempérament que l'on peut observer entre les diverses races de chiens s'expliqueraient par le mode de vie respectif des loups et des chacals. Les loups vivant en meute, les chiens qui leur seraient apparentés seraient surtout attachés à leur maître en tant que chef de meute. En revanche, le chacal menant une vie plus solitaire, leurs descendants auraient transféré l'attachement porté à la mère sur leur maître. Ces chiens se comporteraient vis-à-vis de ce dernier comme d'éternels chiots, leur maître étant leur substitut maternel.

Aujourd'hui, grâce à une plus grande connaissance dans le domaine de la génétique et du comportement, de nombreux chercheurs s'opposent à cette théorie. En se basant d'une part sur les caractéristiques morphologiques et comportementales des espèces et d'autre part sur le processus même de la domestication, on considère désormais que toutes les races de chiens actuelles ne descendent pas de deux ou de trois, mais d'une seule espèce sauvage. Nous allons en examiner les raisons.

Les analyses biomorphologiques

Lorsqu'on compare les 38 espèces de canidés entre elles sur le plan morphologique, il apparaît clairement que ce sont les loups, les chacals et les coyotes qui sont les plus proches parents du chien. Des comparaisons ont été effectuées sur un grand nombre de caractéristiques comme le volume du cerveau, la forme du crâne ou encore la dentition, pour définir quel est le pourcentage de similitude entre le chien et ces autres espèces(83).

Les analyses des séquences mito-chondriales d'ADN* montrent que lorsqu'on compare le chien avec chacun de ces trois ancêtres possibles, c'est du loup qu'il est le plus proche**[(90)]. Ainsi, ces analyses extrêmement détaillées vont toutes dans le même sens : le chien est plus proche du loup que des chacals ou des coyotes[(83)]. Il en ressort que si les traits de certains de nos compagnons, comme les bergers allemands ou les huskies, nous évoquent plus que d'autres leur passé lupin, aucune race de chien n'est plus proche qu'une autre du loup[(90)]. Aussi incroyable que cela puisse nous paraître, le petit chihuahua est d'un point de vue génétique un cousin direct du loup et n'a rien à envier au berger allemand.

L'analyse du comportement

Des études similaires ont été réalisées sur le comportement. A nouveau, le chien et le loup sont les plus proches puisque un grand nombre de leurs comportements sont identiques ou très semblables. Cette similitude n'est pas aussi grande lorsqu'on compare les comportements du chien avec ceux du chacal ou du coyote[(161,156)]. Une étude comparative portant sur 262 comportements a par ailleurs révélé que plus de 2/3 des comportements observés sont identiques ou très semblables chez le loup et le caniche[(457)]. Cette ressemblance est telle que lorsqu'ils se rencontrent, loups et chiens se traitent comme des conspécifiques[(90)]. Il semble que les comportements soient très peu influencés par la domestication[(161)].

Le seul comportement propre aux chiens est le "sourire"- également appelé "rire"- produit par certaines races (notamment le caniche) qui soulèvent la lèvre supérieure, découvrant leurs dents en guise de salut amical. Ce type d'expression a parfois été interprété comme l'imitation du sourire de l'homme puisqu'il n'est adressé qu'aux humains.

**Acide désoxyribonucléique : acide nucléique caractéristique des chromosomes. Porteur de l'information génétique, l'ADN assure le contrôle de l'activité des cellules[(353)].*

***Il ne diffère du loup gris que dans 0,2% des séquences d'ADN mitochondriales[(442)]. En fait, on trouve plus de différences dans l'ADN si l'on compare les différentes races de chiens entre elles que si l'on compare le loup et le chien[(88)].*

Dans la nature, il arrive parfois que des chiens s'accouplent avec des loups mais plus rarement avec des chacals. Lorsqu'on croise des caniches mâles avec des louves ou des chacals femelles, on obtient des portées qui ont des comportements différents. Les petits de la première génération, dont l'un des parents est un loup, se montrent plus craintifs que les chiens mais plus apprivoisables que les loups. En les recroisant entre eux (deuxième génération), de grandes différences interindividuelles apparaissent, notamment en ce qui concerne la méfiance ou la confiance vis-à-vis de l'homme. Lorsque le chien est croisé avec un chacal, les petits, même s'ils sont élevés par l'homme, se montrent plus craintifs face à des inconnus que leurs "conspécifiques" obtenus par croisement loup/chien ; ils sont aussi plus agressifs et ont tendance à former des couples ou des petits groupes. Les petits de deuxième génération présentent de grandes variations dans leur comportement et ne sont pas proportionnés de façon harmonieuse.

D'une manière générale, les chiens ont eu beaucoup plus de mal à s'accoupler avec des chacals qu'avec des loups. En effet, le chacal, qui vit en couple, a développé moins de signaux de communication que le loup dont le mode de vie plus social nécessite des moyens plus élaborés et des signaux plus nombreux. La communication entre chien et loup est bien meilleure qu'entre chien et chacal(134).

LA DOMESTICATION

Chez les canidés proches parents du chien, on peut distinguer deux types d'organisation sociale :

1) les partenaires établissent des liens durables. Les petits restent avec leurs parents jusqu'à la période de reproduction suivante puis sont chassés du territoire. Il arrive parfois que quelques jeunes restent avec leurs parents pour les aider à élever la portée suivante mais ce phénomène est rare et ne se produit que si la nourriture est abondante. Les petits finiront par quitter la famille pour se reproduire à leur tour. Les coyotes et les chacals font partie de cette catégorie(161) ;

2) les animaux forment des meutes constituées généralement d'individus apparentés de générations différentes qui coopèrent dans les différentes tâches liées à la survie du groupe, telles que la chasse ou l'élevage des plus jeunes. Ces meutes sont gérées par un ordre de dominance entre les membres qui détermine le rôle et les privilèges de chacun en fonction de son rang. Seuls les loups adoptent cette forme d'organisation sociale. Ces animaux présentent, par ailleurs, le plus grand nombre de signaux de communication qui varient à la fois dans leur complexité et dans leur intensité.

Mettons-nous un moment à la place des hommes primitifs et imaginons maintenant ce qui se passe lorsqu'on recueille un chacal, un coyote ou un loup :

- si l'on adopte un jeune chacal (ou coyote), il se montre tout d'abord très coopératif avec les humains puisque dans la nature, les jeunes restent avec leurs parents et participent à la chasse et à l'éducation de la portée suivante. Toutefois, en grandissant, cet animal risque de vouloir partir, tout comme il l'aurait fait avec ses propres parents. Il se montre alors de plus en plus réticent face aux exigences des bipèdes ;
- si l'on adopte un louveteau en revanche, son attachement perdure dans le temps puisque le loup, tout comme l'homme, vit dans un groupe familial basé sur une hiérarchie de dominance. Ainsi, l'imprégnation* sur l'homme en tant que chef du groupe, peut être étendue jusqu'à l'âge adulte et au-delà.

On s'aperçoit ainsi que toutes les espèces ne sont pas domesticables. Pour pouvoir être domestiquées, elles doivent posséder, à l'état sauvage, un certain nombre de caractéristiques qui facilitent la transition entre un mode de vie sauvage et un mode de vie domestique :

**L'imprégnation est un apprentissage qui a lieu durant les premiers stades de la vie d'un animal. Chez les espèces sociales comme les loups ou les chiens, les individus rencontrés au cours de la période sensible d'imprégnation seront acceptés comme étant des partenaires sociaux.*[297].

- si une espèce vit en groupe organisé socialement et structuré de façon hiérarchique, le nombre de situations conflictuelles qui pourraient survenir en raison du stress de la captivité seront réduites. L'animal peut apprendre qu'il occupe une certaine position dans la communauté humaine et la respecter. Il se montrera ainsi plus docile et plus coopératif que des espèces solitaires ou qui ne forment que de petites structures familiales ;
- l'espèce sauvage doit pouvoir se reproduire alors que d'autres animaux de son espèce sont à proximité. Si pour s'accoupler les animaux doivent disposer de conditions particulières, il sera difficile de les élever en captivité ;
- l'établissement de l'appartenance à l'espèce par l'imprégnation présente également un avantage dans le processus de domestication. Le petit, retiré à ses parents pendant la période critique d'imprégnation, est alors facilement habitué aux humains ;
- les exigences en matière d'alimentation ont aussi leur importance. En effet, il est difficile de subvenir aux besoins d'animaux qui ne se nourrissent que d'une nourriture très particulière. Si l'animal est omnivore, la tâche sera grandement facilitée.

Ainsi, les résultats combinés des différentes études vont tous dans le même sens : le loup est, parmi toutes les espèces de canidés, le plus proche parent du chien tant sur le plan morphologique que comportemental (comportement[394,161,457] ; morphologie[83] ; vocalisations[457,161] ; biologie moléculaire [445,139]) et apparaît de surcroît comme étant le meilleur candidat pour la domestication. Il est ainsi, sans conteste, l'ancêtre le plus probable du chien domestique. La société Américaine de Mammalogie a d'ailleurs recommandé de classer le chien comme une nouvelle sous-espèce du loup, *canis lupus familiaris*(258).

DU LOUP AU CHIEN

> *"La nature de base du loup est la nature de base du chien. Cependant, parce que nous forçons les chiens à s'adapter à notre style de vie, nous ne voyons du loup que les côtés que nous acceptons ou que nous façonnons à notre convenance."*(302)

Maintenant que nous avons établi l'ascendance du chien, nous allons essayer de comprendre comment l'homme est parvenu à domestiquer le loup, allant jusqu'à créer des chiens dont l'apparence physique varie de façon considérable d'une race à l'autre. En effet, qu'ils soient chihuahuas, caniches, dogues allemands ou labradors, aussi incroyable que cela puisse paraître, tous les chiens descendent directement du loup !

Dans la nature, il arrive que deux populations de la même espèce soient séparées par une barrière topographique qui les empêche de se reproduire entre elles. Ainsi, chaque population va progressivement s'adapter à son milieu et se spécialiser. Si les deux populations peuvent à nouveau se croiser après seulement quelques générations, la spécialisation n'aura pas lieu. Si en revanche, l'isolement géographique de ces deux populations s'étend sur une plus longue période, des divergences - notamment dans les comportements liés à la cour et à l'accouplement, ou aux caractéristiques anatomiques des deux populations- peuvent apparaître et entraîner une incompatibilité de reproduction(161).

Lorsqu'on veut domestiquer une espèce particulière, une population de celle-ci est intentionnellement isolée par l'homme. Dans un environnement artificiel, la reproduction, les soins et la nourriture des animaux sont contrôlés par l'homme et la pression sélective -qui habituellement vise à améliorer les caractéristiques liées à la survie- est modifiée. A travers la manipulation d'un environnement particulier, on peut accélérer l'évolution de certaines caractéristiques d'une espèce pour satisfaire ses besoins.

Chez les loups, il existe de grandes différences dans les tempéraments des individus : certains sont, par exemple, facilement effarouchés, d'autres, au contraire, se montrent plus curieux, etc...[(302)]. Ainsi, les hommes primitifs ont certainement recueilli des louveteaux, les ont socialisés puis ont croisé entre eux les individus qui se montraient les plus dociles et confiants. Ils ont ainsi pu obtenir une population de chien/loups qui se montraient tout à fait à l'aise parmi les humains. Plus tard, ils ont pu sélectionner les individus qui se montraient les plus aptes à accomplir une tâche particulière et accentuer par des croisements successifs certaines caractéristiques.

Cette sélection ne peut porter que sur des caractéristiques tant comportementales que physiques qui sont **préexistantes** chez l'animal sauvage. C'est parce le loup est déjà un animal social à l'état sauvage qu'on a pu le socialiser à l'homme et le rendre par la suite plus docile. De même, le loup est attentif à toute modification survenant dans son environnement et prévient ses congénères qu'un intrus approche. Cette faculté a pu être accentuée à travers la sélection pour obtenir des chiens qui sont spécialisés dans la garde.

J.-M. Landry

Un des processus fondamentaux de la domestication est la modification du "monde perceptif" de l'animal[(224)]. En d'autres termes, alors que dans la vie sauvage il est vital que l'animal soit vif et alerte face aux situations stressantes, lorsqu'il vit avec l'homme, il est préférable qu'il se montre calme, docile et qu'il possède une grande tolérance face au stress.

Il est difficile d'établir avec certitude un arbre généalogique des différentes races de chiens, leurs origines étant très lointaines. On pense cependant que la grande diversité des races s'explique par le fait qu'elles seraient issues de loups différents. Par ailleurs, des croisements interspécifiques, avec une portée fertile, peuvent se produire entre le chien, le loup, le chacal et le coyote. Il est ainsi possible que de tels croisements aient eu lieu entre les chiens déjà domestiqués et certains canidés sauvages.

Le processus même de croisement sélectif a également engendré une grande variabilité dans le comportement et la morphologie des chiens. Darwin a en effet observé que si l'homme sélectionne un aspect particulier chez un animal et qu'il cherche à l'accentuer, il va inévitablement modifier d'autres aspects. Une expérience sur les renards va dans le même sens. Lorsque des chercheurs ont voulu croiser des renards argentés pour qu'ils se montrent plus dociles et donc plus faciles à manipuler, ils ont vu apparaître au bout de 20 ans de sélection intense, un certain nombre de caractères nouveaux qui n'avaient pas été sciemment sélectionnés(43). L'apparition de ceux-ci a été d'autant plus étonnante que ces caractéristiques n'existaient pas chez les animaux sauvages alors qu'elles sont typiques de certaines races de chiens domestiques, par exemple, des oreilles tombantes. Même leur belle fourrure argentée a laissé place à un pelage noir et blanc chez certains individus. De plus, le cycle de reproduction est passé d'une période d'oestrus à deux périodes par an, comme chez nos canidés domestiques.

Cette expérience malencontreuse permet de mieux comprendre pourquoi les chiens présentent aujourd'hui des caractères qui n'existaient pas chez leur ancêtre loup. Les dessins et gravures représentant les premières races de chiens témoignent déjà d'une très grande diversité dans leur morphologie, leur dimension et leur pelage.

BREF HISTORIQUE DU CHIEN

Les Egyptiens et les Proche-Orientaux avaient déjà commencé à sélectionner des races de chiens particuliers, comme les mastiffs et les lévriers, pour les spécialiser aux tâches auxquelles ils les destinaient. Les chiens étaient dressés à la chasse, au combat ainsi qu'à la garde des troupeaux ou des habitations. Les Egyptiens possédaient les principes des croisements de races et les maîtrisaient avec une très grande sophistication. Sur certaines poteries égyptiennes, plusieurs races de chiens sont représentées, y compris un chien miniature, ressemblant étrangement à un épagneul nain. Il aura sans doute été élevé comme animal de compagnie.

Les vestiges laissés par les premiers Romains révèlent que, déjà à cette époque, la plupart des types raciaux canins existaient. Ils étaient nommés en fonction de leur tâche : "chiens de maison", "chiens de berger", "chiens destinés aux sports", "chiens de guerre", "chiens de chasse" ou encore, "chiens de combat dans les cirques". De nombreuses oeuvres d'art les ont fidèlement représentés et révèlent leur collaboration étroite avec l'homme[(83)].

Plus récemment (entre la fin du XIXè et le début du XXè siècle), les éleveurs se sont efforcés de définir minutieusement les caractéristiques des races de nos compagnons, limitant ainsi la très grande variabilité qu'on pouvait constater à l'intérieur de chaque race. D'un point de vue génétique, les différences entre les races canines présentent un intérêt exceptionnel puisque les variations portent sur un très grand nombre d'éléments : la couleur et le type de pelage, la taille, la longueur des membres, la forme de la queue et de la tête, la sens de l'odorat et le tempérament. Aucune autre espèce ne présente une telle diversité.

L'INFLUENCE DE LA DOMESTICATION

La domestication peut avoir une grande influence sur le comportement en général, sur la résistance aux maladies et sur la productivité de l'espèce. A travers la sélection génétique de certains traits de comportement, on a pu accentuer ou dimi-

"A travers la manipulation d'un environnement particulier, on peut accélérer l'évolution de certaines caractéristiques d'une espèce pour satisfaire ses besoins."

nuer un certain nombre de caractéristiques. Les chiens se montrent plus dociles que leur ancêtre loup. Ils ont également la capacité de mieux s'adapter à des milieux variés tandis que le loup se montre très craintif lorsqu'il est placé dans des situations inconnues. Pour accroître ces dispositions chez le chien, on a également sélectionné des caractéristiques juvéniles. Ainsi, certains traits physiques ou certains comportements demeurent immatures chez le chien. Le cavalier king Charles illustre bien cette néoténie* puisqu'il garde à l'âge adulte un aspect de chiot éternel avec de très grands yeux, un museau court et une tête très ronde.

La domestication a également pour effet de provoquer une diminution dans le rapport poids du cerveau/poids du corps. Si l'on compare un loup et un chien de même poids, le loup a un crâne et un cerveau plus grands. Une analyse du rapport entre la longueur et la largeur du crâne des canidés va dans le même sens : les jeunes loups sont sur ce point plus proches des chiens que de n'importe quel canidé sauvage.

Certains chercheurs affirment aujourd'hui que le chien serait un animal "demeuré au stade de l'adolescence"(89). En effet, un grand nombre de chiens adultes présentent non seulement une apparence mais aussi un comportement juvénile(460). Ils recherchent fréquemment l'attention, jouent, gémissent, aboient facilement et manifestent à l'âge adulte, des comportements dont un loup se défait plus ou moins au cours de son développement.

Bien que la domestication provoque un certain nombre de changements chez l'espèce domestiquée, le comportement du chien reste très semblable à celui du loup. A travers la sélection artificielle, on a pu augmenter ou diminuer certaines composantes du comportement mais il est impossible de modifier celles-ci au point de les supprimer totalement. De même, si l'espèce sauvage ne possède pas un comportement particulier, nous ne pouvons pas le rajouter à travers la domestication. Le chien peut donc être considéré comme un loup domestique dont l'apparence physique ainsi que certains aspects du com-

**Néoténie : persistance, chez un animal apte à se reproduire, de caractères larvaires ou juvéniles(353).*

portement (comme la faculté d'adaptation à des situations nouvelles) ont quelque peu changé.

Mais quelles que soient sa taille et sa race, le chien reste un prédateur social qui revendique et partage un territoire.

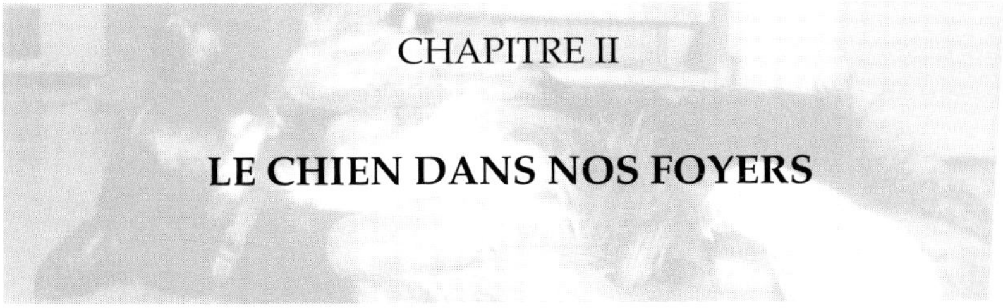

CHAPITRE II

LE CHIEN DANS NOS FOYERS

Au cours du chapitre précédent, nous avons tenté de comprendre comment le loup a été domestiqué et s'est transformé en ce fidèle compagnon que nous appelons chien. Il n'est que justice maintenant de jeter un coup d'oeil sur l'autre bout de la laisse afin de découvrir qui sont réellement ses partenaires humains.

LE RÔLE DU CHIEN

Pendant des millénaires, le chien a été principalement considéré comme un animal utilitaire. Seuls quelques hommes ou femmes privilégiés appartenant à l'élite sociale pouvaient en effet s'offrir le luxe de posséder des animaux familiers sans autre fonction que celle de leur tenir compagnie. Le commun des mortels ne pouvait en aucun cas se permettre de nourrir des bouches (il serait plus juste de parler de gueules) "inutiles". Un chien ? Oui, mais à condition qu'il gagne sa pitance en remplissant l'une des multiples tâches qu'on lui attribuait.

Auxiliaire des bergers, il aidait ces derniers à maintenir le troupeau dans le droit chemin ou le protégeait contre les prédateurs, ours et loups notamment. Attelé à de petits chariots, il avait pour mission d'apporter le lait à la laiterie, travail encore plus apprécié par temps de neige. Gardien, il surveillait d'un oeil vigilant la ferme et ses abords immédiats, annonçait par ses aboiements l'arrivée d'un intrus, homme ou animal, quand il ne provoquait pas leur fuite par des menaces ou quelques coups de dents bien ajustés. A la chasse, il apportait une aide très appréciée, que ce soit pour débusquer, pister, retrouver ou rapporter le gibier à son maître.

Certains chiens remplissent encore de telles tâches et ceci, même sous nos latitudes ; ils se sont même vu confier des tâches nouvelles qu'ils remplissent avec diligence. Ils sont devenus des auxiliaires irremplaçables dans la police, l'armée et la douane. Ils n'ont pas leur pareil pour rechercher des personnes disparues, que ce soient des personnes ensevelies sous des décombres ou des avalanches, des enfants ou des adultes égarés, des malfaiteurs en fuite. Grâce à leur odorat, ils sont capables de détecter des bombes, de la drogue et différentes substances volatiles. Certains mettent toute leur intelligence au service des handicapés (mal voyants, mal entendants, handicapés moteurs) et contribuent par leur présence et leur aide à leur redonner goût à la vie. Ils aident les thérapeutes à établir le contact avec leurs clients.

Tous ces rôles sont admirables mais ce n'est pas le but de ce livre de les aborder en détail. En effet, de nos jours, la plupart des chiens n'ont plus qu'une fonction : tenir compagnie à leur propriétaire. Ce changement de rôle (de l'animal domestique et du chien en particulier) est certainement à mettre en parallèle avec les progrès apportés par la révolution industrielle et la modification de l'habitat. "La création de grandes agglomérations urbaines a partiellement disloqué la famille, du moins en tant que groupe vivant sous le même toit. De là sont nés des besoins nouveaux, tel le souhait d'intégrer un animal familier à la vie familiale. En France, en Grande Bretagne, c'est le chien qui est privilégié pour jouer ce rôle"[78].

E. Teroni

Les relations tissées entre l'homme et l'animal sont, il va sans dire, fonction de l'environnement culturel dans lequel l'homme vit. Pour la suite de notre étude, nous ne prendrons en considération que ce qui se passe dans notre environnement proche (notamment en France et en Suisse) et dans des pays dont la culture se rapproche de la nôtre.

Dans nos quotidiens, on parle de plus en plus des animaux familiers et des chiens en particulier ; vous connaissez tous dans votre entourage de nombreux propriétaires de chiens. Mais qu'en est-il réellement ?

La France détient le record européen du nombre d'animaux familiers (toutes espèces confondues) par tête d'habitant(438,6,379). Plus de 58% des adultes âgés de plus de 18 ans et entre 29%(73) et 36% des ménages en possèdent un ou plusieurs. 69% d'entre eux ont jeté leur dévolu sur le chien, ce qui fait que 4 Français sur 10 vivent en sa compagnie. Cela donnait pour 1990 un total de 10,1 millions de chiens qui arpentaient journellement l'Hexagone. On observe cependant une légère tendance à la baisse avec un total compris entre 7,6 millions et 7,9 millions*(67,382,379). Si l'on tient compte également des chats, cela représente un chiffre d'affaires annuel de 25 à 30 milliards de francs français(73).

Contrairement à toutes les idées reçues, ce ne sont pas en priorité des personnes seules qui possèdent un animal familier puisque ce n'est le cas que pour 35% d'entre elles. La majorité des animaux se trouvent en réalité dans des familles nombreuses (75% des foyers comprenant 5 personnes et plus ont un animal familier). Mêmes conclusions pour des enquêtes effectuées en Californienne(171), en Grande-Bretagne(198) et en Amérique(115) : en fait, la présence d'enfants augmente la probabilité d'avoir un animal familier.

La plupart des chiens ne vivent pas à Paris comme de nombreux articles pourraient nous le laisser envisager : seuls 1,7% d'entre eux arpentent les trottoirs de la capitale. 42,7% des chiens passent leur vie dans des communes de moins de 2000 habitants et 76,1% vivent en maison individuelle.

On le sait, la possession d'un chien demande un investissement aussi bien temporel que financier souvent sous-estimé(74). Alors pourquoi Monsieur et Madame "Tout le monde" (y compris les deux auteurs) décident-ils un beau jour d'adopter un chien ? Pourquoi jetons-nous notre dévolu sur un animal

**En Suisse, on estime que 27% des foyers possèdent un ou plusieurs chiens ; le nombre de chiens est evalué entre 350.000(321) et 460.000(294).*

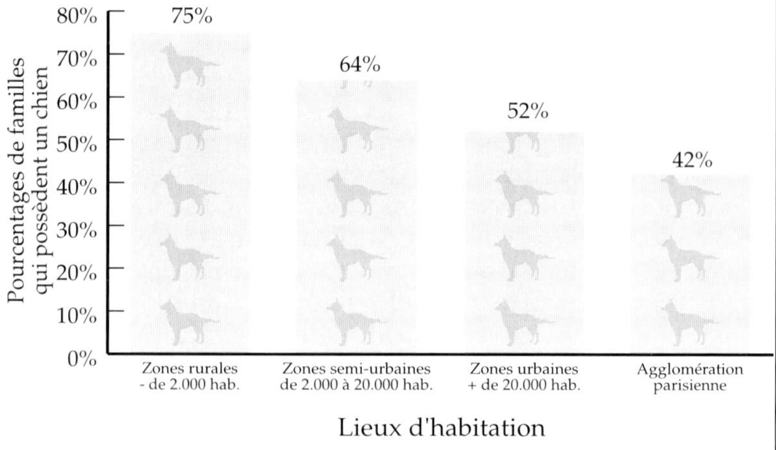

Graphique n°1 : Pourcentage de familles qui possèdent un chien en fonction de leur lieu d'habitation.

qui va encore nous "voler" du temps alors que nos vies sont surchargées, que nous vivons souvent de manière stressée, que nous n'avons pas assez de temps pour exécuter tous nos projets ? Certains agissent, il est malheureusement vrai, sur un coup de tête et une fois l'engouement passé, abandonnent lâchement leur compagnon. Cependant, la plupart des propriétaires sont plus ou moins conscients de ce qui les attend. Les futurs maîtres savent en général qu'un chien demande de nombreuses sorties quotidiennes, même quand il fait un temps à ne pas mettre un chien dehors et que l'on est tellement mieux sous la couette, qu'il exige des soins (brossages plus ou moins importants suivant la race, visites chez le vétérinaire, préparation des repas...) et des dépenses, qu'il faut en tenir compte si l'on veut partir en vacances (va-t-on le prendre avec nous, lui trouver une bonne pension ?...).

Bref, le chien oblige son propriétaire non seulement à modifier son style de vie, mais peut-être aussi à prendre une certaine distance à l'égard de quelques amis qui n'apprécient

"La majorité des animaux se trouvent dans des familles nombreuses"

pas d'être couverts de poils à chacun de leurs passages. Si la plupart des futurs propriétaires se doutent bien que Toutou est cause de nettoyages supplémentaires (même si l'on n'est pas maniaque, il faut passer plus souvent l'aspirateur ou la serpillière) et qu'il peut être source de mauvaises odeurs..., ils n'envisagent pas souvent qu'ils risquent de tomber sur un chien au caractère bien affirmé ou au contraire anxieux qui peut présenter toutes sortes de perturbations comportementales, occasionner des dégâts (destructions, manque de propreté...), être cause de conflits de voisinage (aboiements intempestifs...).

Or malgré tous ces inconvénients, il semble que, parmi les animaux familiers, le chien occupe une place à part. Si en 1903 déjà, les chiens étaient extrêmement populaires auprès des enfants(65), ils le sont restés auprès de nombreuses personnes(10) bien que les chats semblent parfois les détrôner. Nous pensons que la raison d'un tel engouement est le fait que le chien, plus peut-être que tout autre animal, établit des relations privilégiées avec ses humains qu'il est susceptible de suivre partout et qu'il a une grande capacité d'adaptation. Etant un animal social, "programmé" pour vivre en meute et pour décoder les mimiques les plus subtiles, il se montre sensible au moindre changement dans le comportement de ses compagnons, congénères ou humains, et y répond en adaptant son propre comportement. Il semble ainsi plus apte à répondre aux besoins, même informulés, de ses maîtres et à participer à leurs émotions qu'un animal moins sociable de nature. Cela ne signifie aucunement que ces derniers soient de moins bons compagnons.

En fait, qui décide d'adopter un chien ? Alors que 20% l'ont fait pour répondre à leur propre désir, 18% ont cédé à la demande des enfants, 9% à celle du conjoint. Dans 49% des cas, il s'est agi d'une décision prise en commun par tous les membres de la famille(74).

Parmi ceux qui ne possèdent pas d'animaux familiers, seuls 2% déclarent ne pas les aimer et 6% ne pas voir l'intérêt qu'ils pourraient en retirer. 38% motivent leur refus d'adoption par crainte d'une trop grande contrainte, 33% par manque de place, 33% par manque de temps. Dans 26% des cas, c'est l'attachement porté à un animal précédemment décédé qui semble empêcher son remplacement. Les non-propriétaires semblent attacher plus d'importance à leur indépendance et à la propreté de leur habitation alors que les propriétaires craignent plus la solitude[206] et réagissent de façon plus émotionnelle[365].

Mais pourquoi possédons-nous tant d'animaux domestiques ? Que nous apportent-ils ? Sont-ils là simplement pour combler un vide, nous donner l'impression d'être moins seuls ? Les statistiques nous prouvent le contraire : la majorité d'entre eux vivent dans des familles avec enfants...

COMMENT CONSIDÈRE-T-ON LE CHIEN ?

Tous les propriétaires de chien ne considèrent pas leur animal de la même manière. Selon une recherche[378], pour

46% : il est un compagnon (quelqu'un à qui parler, dont on peut s'occuper) ;
27% : il offre une certaine protection (garde de la maison, des biens) et apporte un sentiment de sécurité lorsque l'on se trouve seul ;
10% : il est source de joies et de distractions ;
5% : il est source d'amour et d'affection ;
4% : il a une fonction utilitaire autre que la garde (aide pour la chasse, prétexte pour faire des promenades ou des compétitions, etc...) ;
4% : il enseigne des choses aux enfants (apprentissage de la vie, de la sexualité, etc...) et les met face à leurs responsabilités ;
1% : il aide à tisser un lien entre les divers membres de la famille ;
1% : il est un objet de prestige ;
1% : il offre la possibilité de faire de nouvelles rencontres.

Une analyse plus approfondie montre que le rôle attribué à l'animal n'est pas quelque chose de statique, défini une fois pour toutes, mais qu'il se modifie en fonction de l'âge du partenaire humain et de ses conditions de vie. Un même animal peut se voir attribuer par chacun des membres de la famille une fonction différente. Si la mère de famille a tendance à traiter Médor ou Mélusine comme un compagnon ou un autre enfant, le père le considère plutôt comme une source d'exercice, l'enfant comme un bon copain...[378]. Il semble également que son propre style de vie modifie la relation que l'on établit avec son chien et de ce fait l'attachement qu'on lui porte. Les personnes seules ou les couples sans enfant[10] ainsi que les personnes n'ayant aucune activité à l'extérieur[257] se montrent plus proches de leur animal, elles en attendent et en reçoivent plus et ont tendance à l'anthropomorphiser* davantage.

J. Cattet

Cependant, seules ou en famille, 87% des personnes interrogées considèrent leur animal familier[341] et 98% leur chien[435] comme un membre à part entière de leur entourage. Un grand nombre d'entre elles admettent qu'il leur est plus facile de reporter leur attention sur leur animal familier et de lui prodiguer leur affection que d'adopter les mêmes attitudes envers d'autres membres de la famille. 8% avouent avoir plus d'affinité avec leur animal qu'avec leurs proches. 81% des interviewés apprécient principalement le fait que l'animal se montre sensible à l'atmosphère familiale : ils soulignent qu'en cas de maladie, de dépression, de tension, l'animal devient lui-même anxieux ou malade.

**Anthropomorphisme : tendance à attribuer aux objets naturels, aux animaux et aux créations mythiques des caractères propres à l'homme.*

Les relations établies avec l'animal ressemblent aux relations qui se tissent entre deux humains, y compris leurs composantes intellectuelles et émotionnelles. Les propriétaires attribuent souvent à leur chien des traits que l'on recherche dans les relations humaines en les décrivant comme des êtres loyaux et dignes de confiance(44). La plupart des personnes attendent donc non seulement que leur chien soit un compagnon, un ami, voire un confident, un être vivant avec qui partager sa vie, ses pensées, mais également un substitut en cas de relations insatisfaisantes avec ses proches... Pour la majorité des personnes interviewées, le chien permet d'aimer et de se sentir aimé en retour.

Par ailleurs, on a pu montrer que les relations établies avec le chien ressemblaient aux relations parents/enfants ce qui ne signifie nullement que ces animaux soient des substituts d'enfants. Les chiens, tout comme les enfants, nous apportent la joie, nous incitent à jouer, sont dépendants et peu exigeants(46). En fait, quels que soient l'âge et le statut social du propriétaire, la dimension affective est la principale raison invoquée pour acquérir un animal familier(6,438), et cette raison est pleinement justifiée puisque 69% des propriétaires admettent retirer plus de plaisir de leur animal qu'ils n'en attendaient(74).

La place occupée par le chien est confirmée par sa proximité avec les humains que ce soit sur des photographies(375,249) ou des dessins(29), par les mots qu'on lui adresse(289,227), par la compréhension dont on le croit capable(245) et par le rôle qu'on lui attribue auprès des enfants(368).

Voilà pour les motivations avouées, mais il faut savoir que l'adoption d'un animal répond également à des désirs inconscients. Le chien est parfois mis au rang d'un simple objet : on en achète un uniquement parce que c'est la mode (choix de la race "in"), pour faire comme le voisin, pour se distinguer (on jette alors son dévolu sur une race très rare), pour se valoriser (le chien doit impérativement être le descendant de grands champions), pour renforcer son image sociale (le chien doit, par exemple, inspirer la crainte et devenir en quelque sorte le substitut d'une arme), pour se sentir tout puissant (avec droit de vie ou de mort sur un être vivant). Avec de telles motivations, si l'animal ne répond pas à l'attente de son propriétaire ou lorsqu'il n'attire plus l'attention sur lui, il perd sa valeur. Tout comme un objet démodé, il est tout simplement délaissé, abandonné ou dans le pire des cas, mis à mort sous un fallacieux prétexte (ne parlons pas dans ce cas d'euthanasie, terme réservé aux méthodes destinées à "abréger une longue agonie ou une maladie très douloureuse à l'issue fatale"[(393)].

A l'extrême, on attend souvent du chien qu'il remplisse la place que seul un autre être humain pourrait et devrait occuper. Le chien peut, il est vrai, être un véritable ami, une source d'échanges affectifs intenses pour autant que ce ne soit pas le seul à remplir ce rôle à l'exclusion des humains. Il ne peut en aucune manière remplacer un enfant, un conjoint ou un ami. Or c'est souvent ce que l'on attend de lui.

Toutes ces attentes, conscientes ou inconscientes, modifient les relations de l'humain avec son animal et ne sont pas sans conséquences pour ce dernier, car lui attribuer des rôles qu'il ne peut aucunement remplir et des qualités spécifiquement humaines ne peut conduire qu'à des incompréhensions interspécifiques, voire à de graves problèmes comportementaux qui vont perturber la relation chien/humain.

CHAPITRE III

QUE NOUS APPORTE LE CHIEN ?

Nous venons de voir comment le maître considère son chien, ce qu'il attend de lui, ce que ce dernier représente pour lui. Nous aimerions maintenant savoir si le chien (ou d'autres animaux familiers) répond réellement, c'est-à-dire de manière objective, à cette attente, s'il apporte vraiment quelque chose de positif aux personnes qui partagent sa vie. Pour le savoir, il est indispensable d'avoir recours à des observateurs plus objectifs que les maîtres. Les recherches poursuivant ce but ont commencé il y a quelques années et ne cessent de se développer. Malheureusement, comme le font remarquer si justement Beck et Katcher[39], ces recherches n'ont pas toujours été menées de manière extrêmement rigoureuse (manque de groupe témoin, erreur d'interprétation, non prise en compte de thérapies parallèles...).

En fait, il est extrêmement difficile, pour ne pas dire impossible, de quantifier les changements constatés, surtout quand il s'agit d'évaluer des modifications comportementales ou psychiques (notamment des améliorations dans le moral). Certains chercheurs ont bien essayé de comparer rythmes cardiaques ou pressions sanguines chez les humains se trouvant en présence ou non d'un animal. Toutefois, la majorité d'entre eux n'ont utilisé ce dernier que dans le but de faire progresser une situation qui jusqu'alors semblait sans issue, par exemple, dans le cas d'un malade prostré depuis plusieurs années. Tous les chercheurs, qu'ils soient psychologues, psychothérapeutes, médecins, infirmiers, gardiens de prison..., concluent que la présence de l'animal (chien, chat, lapin, cobaye, hamster, souris, oiseau, poisson...), bien loin d'être inutile, est un facteur positif et souvent même très positif.

En ce qui concerne le bien-être en général, la plupart des chercheurs mettent en évidence qu'il est souvent plus facile d'entrer en contact avec un animal qu'avec ses semblables. En effet, l'animal ne nous juge pas, il nous accepte tels que nous sommes, avec nos sautes d'humeur, nos moments de cafard, nos maladies, etc... Il se montre moins exigeant et se contente du peu que nous lui offrons sans pour autant remettre en question l'intérêt qu'il nous porte, ce qui n'est pas toujours le cas pour nos amis bipèdes. Face à lui, l'humain ne se sent pas obligé de jouer la comédie car il n'établit pas de relations de compétition avec lui. Alors que les enfants grandissent et quittent peu à peu le foyer familial, alors que les amis peuvent se détourner de nous, l'animal reste là, présent à nos côtés, semblant attendre notre bon vouloir.

Les chiens sont très observateurs, ils détectent des changements de comportement même minimes et réagissent en conséquence. Ils nous donnent en quelque sorte l'impression de participer à nos émotions et de ce fait leur seule présence nous apporte un grand réconfort, surtout lorsque la vie ne nous sourit pas. Aucun de nos lecteurs qui, perdu dans des pensées moroses, a tout à coup senti la tête de son chien se poser sur ses genoux et son regard se lever vers lui, ne pourra contredire de telles affirmations.

Beaucoup d'enfants se tournent spontanément vers leur compagnon à quatre pattes pour se rassurer quand ils se trouvent dans des situations de stress[(309)]. L'animal facilite aussi le jeu, les pousse à explorer les environs et à prendre un peu d'indépendance, leur fournit le contact physique dont ils ont besoin sans la crainte d'être englués dans des relations émotionnelles indésirables comme cela peut parfois être le cas avec les humains.

Il est également plus facile pour l'enfant de projeter certains de ses sentiments sur un animal que sur un être humain[(270)].

Les animaux en général et le chien en particulier nous apportent également le sentiment d'être utiles : ils ont en effet besoin de nous, ne serait-ce que pour manger, pour sortir, pour être caressés. Devoir tenir compte des besoins élémentaires de l'animal peut en soi être bénéfique par le simple fait que le maître est obligé de structurer ses journées, de poser des jalons. Ce qui peut paraître sans importance pour des personnes actives peut être primordial pour des êtres qui traversent des périodes difficiles. A l'heure de la retraite, de la mise au chômage, il peut être pénible de se retrouver seul face à un agenda

"Le chien ne doit jamais être imposé à quelqu'un qui ne le désire pas, même avec la plus louable des intentions car il est indispensable que le "courant" passe entre le propriétaire et l'animal."

vide alors que quelques mois plus tôt, on n'arrivait pas à faire face à toutes ses obligations. Le chien va aider à trouver un autre but : plus question de rester en pyjama du matin au soir, il faut sortir, aller s'oxygéner...

Alors, en avant pour la promenade. Et c'est là que la suite des événements se déclenche : le chien étant un animal social va rechercher le contact de ses congénères et se faire tout plein de copains ! Par la force des choses, il va inciter ses propriétaires à entrer en contact avec d'autres humains, ne serait-ce que pour parler des prouesses respectives de leurs petits compagnons. Une fois le chapitre "chien" clos, la conversation va tout naturellement dévier sur d'autres sujets. Entre gens soumis à une même passion, on est forcément fait pour s'entendre, l'amitié ne va pas tarder à pointer le bout de son nez. Par sa seule présence, le chien peut également inciter des personnes sans animaux à adresser la parole à son maître(313,271,69).

La possession d'un animal en général et d'un chien en particulier a une incidence très favorable et très rapide sur le bien-être(239,402,187,247,248), incite les personnes âgées à rester indépendantes plus longtemps(246,94) et, en cas de maladie, a un effet favorable sur la convalescence(246). Il serait donc temps d'en tenir compte en cas d'hospitalisation ! Des effets bénéfiques ont été constatés même si l'animal ne prend pas une part active à la relation(174,248,249,397)... il suffit même d'ajouter un animal à un dessin pour que la scène prenne une connotation plus positive(276).

Les bienfaits apportés par l'animal se trouvent encore grandement amplifiés lorsqu'il s'agit d'humains fragilisés (maladie psychiatrique, emprisonnement, période de déstabilisation...). Par sa seule présence, l'animal aide à créer un dialogue ou à le maintenir(371,381,272,270,75,69,264).

Même les actes de cruauté face à l'animal ne sont souvent pas des actes gratuits : ce sont la plupart du temps des appels à l'aide face à une peur interne, une frustration trop dure à supporter, des événements traumatisants, un manque d'amour... De tels actes sont donc à considérer le plus souvent comme le symptôme d'un désordre personnel(430).

Au vu de tous ces résultats, il serait absurde de dénigrer les relations que nous entretenons avec nos animaux familiers et nos amis les chiens en particulier. Le chien nous apporte un plus dans la vie de tous les jours et peut parfois débloquer des situations qui paraissaient sans issue. Le lien qui unit l'homme à l'animal doit être considéré comme une relation complète tout en étant différente de celle qui unit deux humains.

Ces résultats ne signifient pas que toutes les difficultés s'évaporent par la simple présence d'un membre d'une autre espèce. Quelques règles d'or sont à respecter : l'animal est un être vivant et son utilisation à des fins thérapeutiques ne doit en aucune manière compromettre son bien-être.

Il va sans dire qu'il ne doit jamais être imposé à quelqu'un qui ne le désire pas, même avec la plus louable des intentions car il est indispensable que le "courant" passe entre le propriétaire et l'animal. Il est également vivement déconseillé d'offrir un animal en cadeau (à la moindre difficulté, il est alors plus facile de tout mettre sur le dos d'un choix inadapté que de se remettre en question). Sa présence ne devrait jamais représenter une responsabilité trop lourde sous peine de voir le remède devenir pire que le mal. Il est par exemple utopique de demander à un enfant de prendre en charge toute l'éducation du chien, d'attendre de lui qu'il fasse toutes les sorties, qu'il brosse son animal à intervalles fixes.

Il faut savoir également que, dans des circonstances anormales ou dans des cas de maladies psychiques, un humain peut déplacer son besoin d'attachement sur le chien. On court alors le risque de voir se développer une relation pathologique, néfaste aussi bien pour l'humain que pour l'animal, et pouvant conduire à une aggravation des troubles psychiques lorsque l'animal meurt.

CHAPITRE IV

LE CHIEN PEUT AUSSI POSER DES PROBLÈMES

M. Chanton - Éthologiste

GÉNÉRALITÉS

Si l'on songe au nombre de familles qui possèdent un chien comme compagnon et à tous les aspects positifs apportés par l'animal, on serait tenté de conclure que l'intégration de ce dernier ne cause aucun problème. Or, lorsque l'on sait que dans 60% des cas, les propriétaires du chien décodent mal les expressions de leur animal[134], on peut se demander si tout est vraiment parfait... Ecoutez autour de vous et vous entendrez de nombreuses complaintes au sujet de celui que l'on considère comme le meilleur ami de l'homme, et ceci même si l'on ne prend pas en considération le sujet, très terre à terre mais combien médiatique, des excréments dans la ville (il s'agit en fait plus d'un manque d'éducation du maître que d'un problème canin).

Nous allons aborder les problèmes posés dans les relations chien/humain en nous référant à de nombreuses enquêtes menées dans différents pays. Première constatation : les problèmes sont nombreux et universels : environ 25% des chiens ont des problèmes comportementaux plus ou moins importants[16]. Deuxième constatation : si quelques humains essayent de résoudre ces problèmes en demandant conseil à des personnes formées pour les aider, d'autres les supportent stoïquement, ne sachant pas que l'on peut faire quelque chose ou trouvant amusant d'être placés dans de telles situations. Nous avons même vu lors d'une émission de télévision un propriétaire de chien qui exhibait fièrement les morsures que son canidé lui avait infligées comme s'il s'agissait de médailles gagnées au champ d'honneur !

Même les personnes conscientes du problème ne sont pas toujours prêtes à essayer de le résoudre. Un grand nombre d'entre elles abandonnent tout simplement leur animal ; en France, ce serait le cas de 25% des chiens(73) et en Amérique du Nord, de 35% des chiots âgés de moins d'un an(387). Ce risque est plus grand pour des chiots de moins de 6 mois(347). 12% des chiens sont placés à la SPA parce que leurs propriétaires trouvent qu'ils exigent trop de temps ou que les responsabilités sont trop grandes(17) ; il s'agit principalement de chiens croisés ou obtenus gratuitement ou presque et de mâles non castrés(347). Il y a également un grand nombre de chiens qui sont euthanasiés. Les refuges américains mettent annuellement à mort entre 7 et 11 millions de chiens. On estime que 50 à 70% d'entre eux le sont à cause de leur(s) problème(s) de comportement*(261). Savez-vous que la principale cause de mortalité des chiens de moins de 1 an est l'euthanasie pratiquée à la suite de problèmes comportementaux(221) ?

E. Teroni

LES DIFFÉRENTS PROBLÈMES

Alors, quel genre de perturbations peuvent bien présenter nos chers toutous ? Les constatations faites sont plus ou moins identiques, quel que soit le pays considéré. Des problèmes, oui, il y en a et pour tous les goûts. En fait, nous pouvons dire que le comportement n'est jugé problématique par le maître que

**Ces chiffres ne tiennent compte ni des chiens "endormis" pour des problèmes similaires par des vétérinaires, ni de ceux qui sont tout simplement abattus par leurs propriétaires dans des conditions parfois épouvantables.*

lorsque ce dernier, ou d'autres personnes de son entourage plus ou moins immédiat, ne supportent plus le comportement en question... Certaines personnes se montrent intolérantes au moindre aboiement alors que d'autres acceptent sans problème de se faire régulièrement remettre à l'ordre (morsures) par leur animal préféré. Un même comportement peut être jugé de manière totalement différente : pour ne citer qu'un exemple, si 24% des propriétaires de chien détestent voir leur animal donner la chasse aux chats du voisinage, 44% ne s'en préoccupent pas et 32% trouvent désirable une telle attitude(262). Certains des comportements jugés problématiques par les propriétaires sont en réalité des comportements normaux chez les chiens mais non tolérés ou incompris par les humains.

En parcourant la littérature, on s'aperçoit que, dès qu'humains et canidés entrent en relation étroite, des problèmes ne tardent pas à apparaître. Ces problèmes sont les mêmes sur tous les continents. A la simple question "votre chien vous pose-t-il des problèmes ?" 86% (vous avez bien lu : quatre-vingt six !) des propriétaires rencontrés dans la rue répondent par l'affirmative(7,71). Souvent, les maîtres ont même plusieurs sujets de complainte (moyenne de 4,73 problèmes par chien(71), dont les plus courants sont l'agressivité sous toutes ses formes, le creusage de trous, les destructions, le manque de propreté et les aboiements.

Si ces enquêtes nous indiquent qu'il peut y avoir des problèmes entre le chien et les humains et qu'ils sont plus fréquents qu'on aurait pu le penser au premier abord, elles ne nous précisent pas comment les propriétaires les gèrent et pour quels problèmes ils recherchent l'aide de comportementalistes*. Là encore, les problèmes les plus courants à traiter se réfèrent à l'agressivité, puisque ces problèmes sont évoqués dans plus de 50% des motifs de consultation(230,322) ; viennent ensuite les problèmes d'obéissance, de propreté, de destruction et d'aboiement.

En principe, les propriétaires sont assez rapidement conscients de leurs problèmes puisque l'âge moyen du chien lors de la première consultation se situe entre 2 et 3 ans(261,322).

40% des propriétaires ont préalablement demandé à leur vétérinaire traitant de castrer ou d'euthanasier leur chien sans pour autant aborder de manière directe le problème rencontré avec celui-ci(322) ! Se gênaient-ils de le faire en pensant qu'eux seuls rencontraient de telles difficultés ou pensaient-ils qu'il n'y avait tout simplement rien à faire ? Le fait qu'ils aient par la suite accepté une consultation chez un comportementaliste semble indiquer qu'ils étaient prêts à chercher une solution... alors, on peut se mettre à rêver devant le nombre de chiens qui pourraient être sauvés...

Bien qu'à Genève les propriétaires de chiens semblent encore avoir des difficultés à venir consulter un comportementaliste quand ils rencontrent des difficultés avec leur chien**, le type de problèmes et leur fréquence sont plus ou moins identiques à ceux qui se rencontrent dans les autres pays. Dans son cabinet de Genève, E. Teroni reçoit régulièrement des appels téléphoniques de maîtres soucieux du comportement de leur chien. Sur la base de 400 d'entre eux, nous avons pu établir le classement suivant*** :

**Comportementalistes : personnes ayant des connaissances approfondies du comportement canin et formées pour venir en aide aux maîtres rencontrant des problèmes relationnels avec leur animal.*

***Seuls environ 1/3 des appels téléphoniques aboutissent à une prise de rendez-vous.*

****Comme les propriétaires ont souvent plusieurs sujets de plaintes, en moyenne 1,75 problèmes sont mentionnés par appel, les pourcentages dépassent 100%.*

- agressivité		53,75%
- envers les maîtres	*44,65%*	
- envers les congénères	*42,33%*	
- envers des humains étrangers[#]	*38,60%*	
- aboiements		26,50%
- manque de propreté		19,25%
- crainte		15,50%
- destructions		13,75%
- manque d'obéissance		13,00%
- fugue		6,25%
- problèmes liés à la nourriture[##]		3,00%
- attaque d'autres animaux		2,75%

[#]Pourcentages, parmi les chiens agressifs, des individus agressifs envers les maîtres, les congénères et les humains. Le pourcentage est supérieur à 100, en effet, certains chiens présentent 2 ou 3 sortes d'agressivité.

[##]Ex. : mange des choses non comestibles, anorexie, boulimie, coprophagie (ingestion de matières fécales), "vol" de nourriture, etc...

D'autres problèmes sont évoqués, comme par exemple, poursuite de voiture, de joggers, nervosité, automutilation, etc..., mais comme ils ne sont mentionnés que par un nombre restreint de propriétaires, nous ne les aborderons pas.

61,75% des chiens présentant des problèmes sont des mâles (n= 247), 38,25% des femelles (n= 153). Ces pourcentages ne signifient rien en eux-mêmes si l'on ne les compare pas à une population de référence. En effet, si la proportion des mâles dans la population dépasse largement celle des femelles, il est normal qu'un plus grand pourcentage de mâles ait des problèmes. Comme des statistiques officielles sont inexistantes, nous avons demandé à quelques vétérinaires travaillant dans des zones représentatives de la population genevoise (ville et campagne) de nous permettre d'avoir accès à leur fichier clients. Nous avons ainsi pu dépouiller 12.000 fiches concernant des chiens venus en consultation pour des problèmes de santé soit 6648 mâles (55,40%) et 5352 femelles (44,60%). Ce sera notre population de référence.

Grâce à une étude statistique* nous permettant de comparer le nombre des chiens mâles et femelles signalés comme ayant des problèmes comportementaux avec le nombre de mâles et de femelles dans la population de référence, nous pouvons déterminer si les différences dans leur nombre respectif sont dues au hasard ou si elles signifient, au contraire, que l'un des sexes a effectivement plus de problèmes que l'autre. Cette analyse a été effectuée pour l'ensemble des problèmes et pour chacun d'entre eux pris séparément.

Lorsque l'on se réfère à cette population de référence, les mâles ont significativement plus de problèmes que les femelles. Si l'on compare les fréquences des problèmes, on s'aperçoit que leur probabilité varie en fonction du sexe (les pourcentages sont établis en tenant compte du nombre respectif de chiens dans chacun des sexes) :

	Mâles	**Femelles**
Agressivité	58,73%	45,27%
envers les maîtres	*45,95%*	*40,30%*
envers les chiens	*43,24%*	*40,30%*
envers les humains#	*37,16%*	*41,79%*
Aboiements	27,00%	25,68%
Manque de propreté	15,48%	20,95%
Peur	12,70%	20,27%
Manque d'éducation	14,29%	10,81%
Destructions	12,30%	16,22%
Fugue	7,14%	4,73%
Problème avec la nourriture	3,17%	2,70%
Chasse	2,38%	3,38%

#Parmi tous les chiens mâles agressifs, pourcentages des individus mâles agressifs envers les maîtres, les congénères et les humains. Idem pour les femelles. Les pourcentages sont supérieurs à 100, en effet, certains chiens présentent 2 ou 3 sortes d'agressivité.

**Test de X2 pour deux échantillons indépendants.*

"Des problèmes, oui, il y en a et pour tous les goûts"

Les mâles sont significativement plus agressifs envers leur maître et envers leurs congénères, aboient significativement plus, se montrent plus agressifs envers les humains de rencontre et obéissent moins que les femelles. Par contre, il n'apparaît aucune différence statistique entre mâles et femelles en ce qui concerne les problèmes d'élimination dans la maison, de destructions et de peur.

25% des chiens ayant des problèmes de comportement sont des animaux croisés ou des bâtards (contre 24,75% dans notre population de référence) ; on peut donc penser que les chiens qui ne sont pas de pure race n'ont ni plus ni moins de problèmes que les autres et que leurs propriétaires se préoccupent autant d'eux, ce qui est plutôt rassurant.

Bien qu'il nous soit impossible de connaître à quel âge précisément les problèmes ont commencé (lors des appels, certains problèmes commencent juste à se manifester alors que d'autres sont déjà installés depuis des mois, voire des années), il nous a semblé intéressant de noter l'âge des chiens au moment où leur propriétaire évoque le problème.

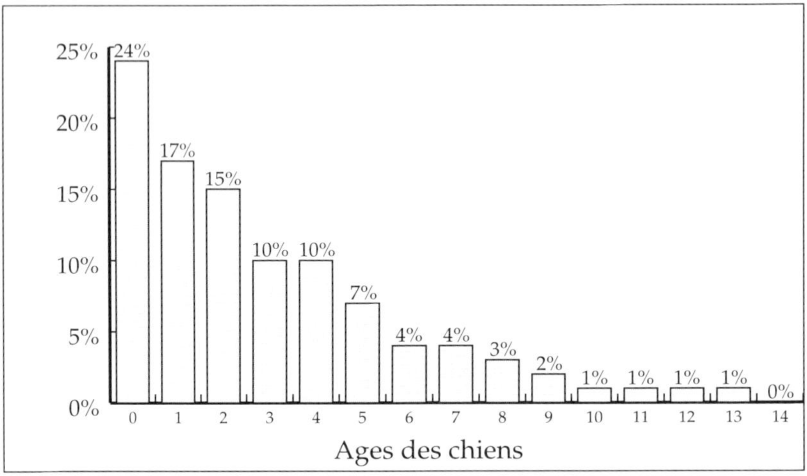

Graphique n°2 : pourcentages et âges des chiens (0= moins de 1 an, 1= 1 an, etc...) au moment où leur propriétaire prend contact avec un comportementaliste (E. Teroni) pour discuter du ou des problèmes qu'ils rencontrent.

Comme nous pouvons le constater, le chien est donc un être à double face, un Dr. Jekyll et Mr. Hyde : il peut augmenter notre bien-être mais également être source de sérieux problèmes. Il est donc intéressant de nous pencher sur les causes possibles, et elles sont nombreuses, de ses troubles comportementaux. Comme les racines de certains d'entre eux se situent dans les premiers mois de vie, il est nécessaire d'acquérir des connaissances sur la manière dont le chien se développe. Il est en effet important de prendre conscience de l'énorme influence jouée par l'environnement au cours des premières semaines. Le chiot que vous allez acquérir à 7, 10 ou 12 semaines (voire plus tard) a déjà tout un passé. Or, comme nous allons le voir, certaines expériences sont tout à fait indispensables pour que votre ami à quatre pattes devienne un chien totalement équilibré.

CHAPITRE V

LE DÉVELOPPEMENT DU CHIOT

A CHACUN SON RYTHME

Beaucoup d'auteurs insistent à juste titre sur l'importance des premiers mois de vie du chiot. "La chose qui m'est apparue réellement dans toute son ampleur, c'est l'importance tout à fait prépondérante de ce temps de la jeunesse du chien pour sa vie ultérieure, mais aussi ce que cela entraîne pour notre propre relation avec le chien... Les différentes influences au cours de la première année imprègnent le chien et elles peuvent être plus fortes que les caractères innés"[425].

De nombreuses observations ont été faites dans le but de décrire le développement du chien. Celui-ci peut se diviser arbitrairement en différentes phases ; le nombre de ces dernières varie en fonction des auteurs. Il est bien entendu que les âges que nous allons citer ne sont à prendre que comme des indications, des moyennes.

En effet, de grandes différences s'observent non seulement entre les races (les chiots de grandes races se développent en général plus lentement que ceux de petites races) mais également entre les individus. Scott[389] estime même qu'à 3 semaines, il peut y avoir au moins une semaine de variation entre les chiots. Par rapport au développement comportemental du loup européen, le développement du chien se fait en mosaïque, plus rapidement dans certains domaines, plus lentement dans d'autres.

Pour Feddersen-Petersen[134,136], on ne peut pas parler du "Développement du Chien", on doit plutôt se référer au développement spécifique des races particulières. En effet, certains paramètres varient énormément en fonction des diverses races alors qu'ils restent constants à l'intérieur d'une race donnée. Cela signifie que les dates moyennes pour l'apparition des divers comportements sont sujettes à de grandes fluctuations raciales*.

D'autres recherches sont actuellement en cours pour étudier non seulement diverses races, mais également diverses lignées d'une même race, ainsi que l'influence des conditions environnementales. Les résultats ainsi obtenus pourront nous donner de précieuses indications sur les besoins minima des différents sujets.

Tout en gardant en tête ces observations et en ne nous focalisant pas trop sur les périodes citées, nous pouvons néanmoins aborder le développement des chiots que nous diviserons arbitrairement en 7 stades :

- stade 1 : la période prénatale
- stade 2 : la période néonatale
- stade 3 : la période de transition
- stade 4 : la période de socialisation
- stade 5 : la prépuberté
- stade 6 : la puberté
- stade 7 : l'âge adulte

STADE 1 : LA PÉRIODE PRÉNATALE

L'influence des expériences maternelles

Cette période est très peu connue. De nombreuses expériences faites sur des rats montrent que les événements vécus

**Par exemple, si les huskies se développent plus rapidement que les loups et que d'autres races de chiens en ce qui concerne la locomotion et le comportement social, chez les bergers allemands, ce sont principalement les comportements olfactifs qui sont en avance. A 5 semaines, le répertoire social des bull-terriers est plus ou moins complet alors que chez les jack-russel-terriers, les west-highland-white-terriers et les bergers allemands, certains comportements sociaux ne font leur apparition que vers la 9è semaine. Bien que la phase sensible pour la socialisation interspécifique se situe aux alentours de la 7è semaine, on constate des différences entre les races : par exemple, la période de socialisation s'étend de la 2è à la 10è semaine chez le golden retriever mais de la 4è à la 18è semaine chez le labrador ; les labradors nécessitent moins de relations sociales avec les humains que les golden retrievers et des relations sociales moins intenses pour être convenablement socialisés.*

par la mère pendant la gestation ont une influence non négligeable sur le développement futur des ratons ; le stress qu'elle subit peut exacerber durablement l'émotivité de ses descendants et entraîner une diminution de leurs performances à venir(420,418,241).

Les situations de stress provoquent des modifications hormonales chez la chienne en gestation, modifications qui, à leur tour, semblent avoir des effets à long terme, aussi bien sur les réponses physiologiques des chiots que sur leurs réactions face à la nouveauté et leurs capacités d'apprentissage(150).

Qu'en est-il des états de bien-être de la mère ? Jouent-ils également un rôle dans le tempérament des futurs adultes ? A notre connaissance, peu de recherches ont été faites dans ce domaine. Denenberg et Whimbey(109) ont mis en évidence que les caresses prodiguées à une rate en gestation augmentaient l'activité de ses descendants. On peut donc penser que "les capacités tactiles du chiot se développant avant la naissance, il n'est pas exclu qu'une forme d'habituation au contact se produise déjà in utero, par caresses données à la mère. Les chiots manipulés de cette façon auraient une tendance au toucher supérieure à celle de chiots nés d'une mère non caressée"(103 p.4).

L'impact des hormones

D'autres influences peuvent se manifester au cours de ce stade. Le système nerveux qui est en plein développement est très sensible aux hormones, particulièrement à celles qui sont véhiculées par le sang maternel. Or, juste avant la naissance, sous l'influence des hormones maternelles, les gonades des foetus mâles vont se mettre à sécréter temporairement (pendant la semaine précédant la naissance et les deux semaines suivantes) de la testostérone. Cette hormone va avoir une influence prépondérante sur le développement futur des chiots mâles. C'est elle qui, en quelque sorte, sexualise l'hypothalamus* et sensibilise certains systèmes organiques aux effets ultérieurs (qui se feront sentir au moment de la puberté) des hor-

**Région du cerveau contrôlant le système nerveux végétatif et une partie du système hormonal.*

mones sexuelles mâles. Au cours de ce processus, il pourrait arriver qu'un foetus femelle, surtout s'il est placé entre deux foetus mâles ou s'il y a une majorité de mâles, soit atteint par une quantité suffisante d'hormones mâles pour provoquer un certain degré de masculinisation(219,220). Cela a été notamment mis en évidence chez les rats, les souris et les hamsters, espèces chez lesquelles on a constaté que les femelles placées dans l'utérus entre deux mâles se montrent dès la naissance plus agressives que leurs soeurs et se comportent plus comme des mâles que comme des femelles(252,82,436,437,60). L'état hormonal précoce est considéré comme un facteur déterminant pour le développement du cerveau, agissant comme un médiateur pour les futures réponses agressives(252).

La mise-bas

La mise-bas peut également être vécue de manière différente par la mère ; le passage de la vie utérine au monde extérieur peut donc exercer une certaine influence sur les chiots. Bien que chez les canidés sauvages vivant dans des conditions naturelles, le mâle et les autres membres de la meute restent dans les environs au moment de la mise-bas, certaines femelles se montrent plutôt agressives à leur égard et les maintiennent à distance surtout pendant les premières semaines de vie des louveteaux(2). On a pu faire les mêmes constatations en ce qui concerne les canidés domestiques(131,267,156). Il est intéressant de noter que dans la meute, la relation hiérarchique entre la femelle et le mâle s'inverse parfois au cours de la seconde partie de la gestation.

Quoi qu'il en soit, la mise-bas est un événement qui ne passe pas inaperçu ; certains mâles y réagissent en émettant des sons spécifiques d'une très grande pureté, distincts des autres sons appartenant au répertoire canin(49) ; nous ne connaissons pas encore la signification de ces sons.

Au vu de telles différences individuelles, il est normal que certaines chiennes recherchent la compagnie de leur maître à ce moment crucial alors que d'autres préfèrent s'isoler et se montrent moins tolérantes envers les étrangers. Il est important que la naissance se déroule dans le calme puisque certaines perturbations environnementales peuvent causer l'interruption momentanée du processus et une augmentation des délais entre les naissances.

STADE 2 : LA PÉRIODE NÉONATALE : DE LA NAISSANCE À 14 JOURS

La période végétative

Cette période est en quelque sorte le prolongement de la vie intra-utérine du stade précédent. Les chiots sont très mal équipés à la naissance car leur système nerveux n'est pas encore totalement développé, le cortex cérébral est pratiquement inexistant et le tracé encéphalographique d'apparence très plate*[(431)].

Le jeune se déplace tout d'abord en rampant sur le sol car ses membres sont incapables de soutenir le poids de son corps. Vers le 10è jour, il commence à utiliser ses pattes antérieures tout en traînant son arrière-train ; les postérieures deviennent solides vers le 15è jour**.

Bien que le cerveau contrôle les battements du coeur, la respiration, l'équilibre (un chiot placé sur le dos est en effet capable de se retourner), il est cependant encore mal organisé. Ceci présente toutefois certains avantages comme de permettre au cerveau de se réorganiser selon les besoins et de pallier à

**La myélinisation (formation d'une membrane autour des fibres nerveuses ayant pour fonction de favoriser le passage de l'influx nerveux) n'est que rudimentaire à la naissance. L'encéphale ne contient quasiment pas de myéline sauf aux endroits de connexion avec le nerf tri-jumeau, le nerf facial, la portion vestibulaire du nerf auditif et une partie des nerfs olfactifs. La moelle épinière est encore très immature, sa myélinisation va se faire de manière progressive dans le sens céphalo-caudal[(158)], ce qui explique que les membres antérieurs du chiot sont fonctionnels avant les postérieurs.*

***Au cours des premières semaines de vie, la vitesse de transmission des informations se fait de manière ralentie à raison de 2m/sec. pour atteindre progressivement 120m/sec. Bien qu'aux alentours de 10 semaines, la distribution de myéline soit régulière à travers tout le néocortex, le processus de myélinisation se poursuit jusque vers 9 mois[(158)]. Par contre, le système neuronal du cortex sensori-moteur, visuel et auditif (densité cellulaire, grandeur des neurones, complexité des dendrites..) atteint une maturité relative vers 6 semaines*

certains traumatismes, ce qui ne serait évidemment pas le cas s'il était complètement développé à la naissance.

Les réponses de l'organisme sont relativement autonomes et de type réflexe*, ce qui n'exclut pourtant pas, comme nous allons le voir, une certaine forme d'apprentissage. En connaissant bien les différents réflexes qui apparaissent ou disparaissent à un âge plus ou moins fixe en fonction de la maturation du système nerveux, on peut assez facilement attribuer un âge au chiot. Par exemple, si tenu par le cou, il a tendance à fléchir son corps (position du foetus), il a certainement moins de 5 jours puisqu'à cet âge, ce réflexe est remplacé par le réflexe d'extension qui va se maintenir jusqu'à la période de transition**.

Le développement des sens

J. Cattet

Les chiots naissent sourds et aveugles : leurs yeux ne vont s'ouvrir qu'aux alentours du 14è jour (entre le 10è et le 16è jour) et la majorité d'entre eux ne réagissent pas aux sons avant 19-25 jours(395). D'ailleurs, la mère ne communique jamais auditivement avec ses jeunes durant les premières semaines de vie.

Le sens gustatif semble bien développé : les substances sucrées déclenchent des léchages alors que les substances amères provoquent des mimiques faciales caractéristiques.

*L'ensemble du comportement est sous contrôle sous-cortical.

**On observe également chez le jeune chiot le réflexe d'extension croisée : le pincement d'un membre a pour conséquence son retrait accompagné de l'extension simultanée du membre opposé. Il y a également le réflexe du fouissage, celui de l'élimination réflexe et bien d'autres encore. Tous ces réflexes tendent à disparaître avec la maturation du système nerveux.

Contrairement à ce que l'on entend souvent dire, le chiot est sensible à la douleur mais il n'y réagit encore que brièvement de manière très diffuse. L'amputation de la queue à l'âge de 3-5 jours provoque des vocalisations intenses accompagnées souvent de défécations et de mictions, signes certains de souffrance(335). Une telle opération, heureusement interdite en Suisse, ne se justifie d'ailleurs pas : la probabilité de blessures à la queue (raison souvent invoquée) n'a pas été prouvée scientifiquement*(100).

Les léchages effectués par la mère juste après la naissance semblent jouer un rôle dans l'échange d'informations : la mère va s'imprégner de l'odeur de ses chiots et imprégner les chiots de l'odeur de sa salive. Ces derniers vont très rapidement chercher à s'approcher de tout ce qui porte l'odeur maternelle(244), ce qui va les aider à trouver plus facilement les mamelles(150) ; lavées au savon, elles n'exercent plus la même attraction. Cela explique pourquoi un chiot qui doit être nourri au biberon refuse parfois de téter.

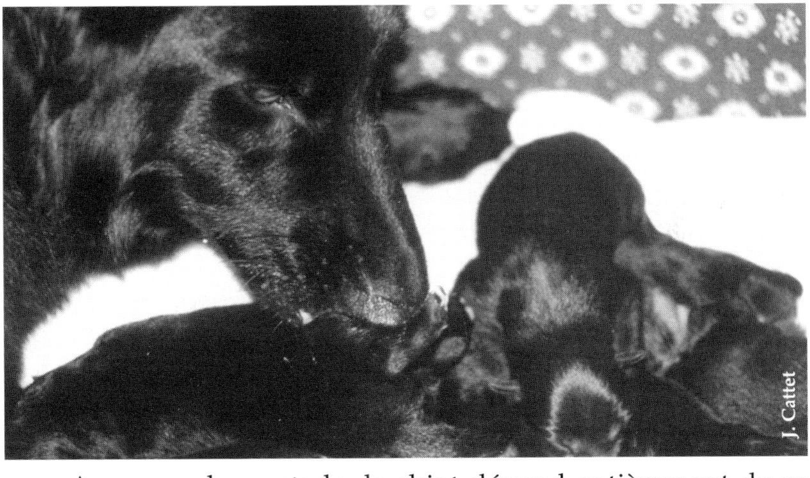
J. Cattet

Au cours de ce stade, le chiot dépend entièrement de sa mère. Il dort pendant la plus grande partie de la journée (environ 90% du temps total). Il s'agit essentiellement de sommeil

La queue joue un rôle important dans la communication intraspécifique, sa coupe peut diminuer la clarté des signaux ; elle peut également perturber l'équilibre du chien.

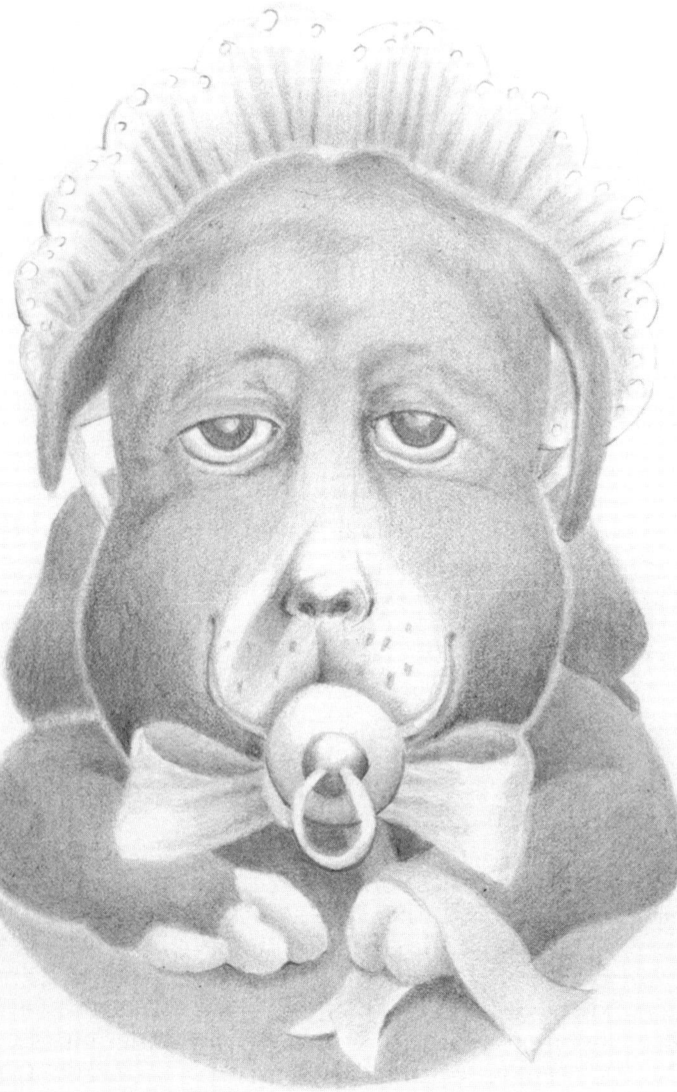

"Les chiots ne semblent pas choisir une mamelle fixe..."

agité (paradoxal) au cours duquel on peut observer de nombreux mouvements des pattes et du corps, des contractions de la face, des oreilles et des paupières, des vocalisations. Jusqu'au 17è jour, les tracés de l'électroencéphalogramme sont identiques, que le chiot soit éveillé ou endormi ; les ondes cérébrales ne se diversifieront que vers la 5è semaine.

Les tétées

Le chiot tète environ 7 à 8 fois en 24 heures mais certaines femelles allaitent beaucoup plus souvent(202). Ces variations individuelles peuvent dépendre du tempérament de la mère, de la quantité et de la qualité de son lait, du nombre de chiots, du nombre de portées qu'elle a déjà eues, des conditions environnementales, etc...

Les chiots ne semblent pas choisir une mamelle fixe ; en général, ils essayent de se diriger vers les tétines qui produisent le plus de lait (en principe les postérieures) et dans ce but, se poussent les uns les autres. Il semble que jusque vers 2 semaines, ce soit le chiot le plus gros qui parvienne le plus souvent à en accaparer une ; néanmoins, si un chiot se trouve déjà en train de téter, il tient si fortement la tétine qu'il peut difficilement être délogé par un autre membre de la fratrie(203).

Juste avant la tétée, le chiot s'agite beaucoup, tourne en rond en rampant et en balançant la tête d'un côté à l'autre. S'il entre en contact avec quelque chose de chaud et de doux, il avance dans cette direction. C'est ce que l'on appelle le réflexe de fouissage (*rooting reflex*) qui l'aide à localiser les tétines. En fait, toute stimulation tactile de la face déclenche des mouvements de reptation dans la direction d'où vient la stimulation. De même, une stimulation tactile des babines entraîne un mouvement de succion. Pour stimuler la production de lait, le chiot fait des mouvements alternatifs de ses pattes antérieures sur la mamelle. Ce geste se transformera plus tard en geste d'apaisement (ritualisation). Il ne faudrait pas considérer la tétée comme une simple distribution de nourriture : elle joue également un rôle dans l'établissement du lien entre le jeune et sa mère(236).

L'élimination

L'élimination n'est pas encore volontaire : ce sont uniquement les léchages de la mère (ou des stimulations de l'abdomen et du périnée) qui déclenchent la miction et la défécation. Au cours de ces léchages, les chiots restent totalement immobiles ; ce comportement va se ritualiser et acquérir une nouvelle signification en devenant peu à peu un geste de soumission passive. Jusqu'à environ 3 semaines, la chienne maintient la propreté de la couche en ingérant selles et urines.

La température corporelle

Des expériences ont montré que les chiots nouveau-nés ne peuvent pas maintenir une température corporelle normale lorsque la température ambiante est inférieure à 6°C ou supérieure à 40°C. Leur résistance augmente progressivement : dès 21 jours, ils sont capables de résister à la chaleur et dès 28 jours au froid[240]. Cependant, comme leurs sensibilités thermique et tactile sont bien développées à la naissance (les chiots ressentent le chaud et le froid et apprécient ce qui est doux), ils sont capables de pallier jusqu'à un certain point les écarts de température en modifiant leur propre comportement : en rampant, ils peuvent s'approcher ou s'éloigner de leurs congénères en fonction des besoins[446].

Ces réactions locomotrices à la température ambiante sont complètement développées à la naissance et peu affectées par l'expérience, en tout cas au cours des trois premiers jours de la vie.

La communication entre la mère et les chiots

Les chiots commencent à vocaliser peu de temps après leur naissance[49,50], quelques uns déjà au cours de la mise-bas, d'autres lors des premiers léchages maternels ou plus tard. On a relevé de grandes différences entre les portées quant à la période d'apparition des différentes vocalisations, mais l'on ne sait pas encore s'il s'agit de différences entre lignées ou entre races. Pendant le processus de mise-bas, la mère ne semble pas réagir aux cris des chiots.

Les pleurs ont pour but de signaler un état de mal-être (perte de contact avec la mère ou la fratrie, impossibilité de trouver une tétine, souffrance). Les différentes recherches n'ont pas encore défini de façon certaine ce qui fait réagir la mère. Certaines observations semblent montrer que les pleurs du chiot sont suffisants pour provoquer une réaction maternelle(161) ; d'autres observations tendent à prouver que, pour réagir, la mère doit voir les mouvements de son chiot(50).

L'activité du chiot modifie grandement le comportement maternel : un chiot actif mais silencieux reçoit plus d'attentions maternelles qu'un chiot bruyant mais peu actif. Si par inadvertance, la chienne se couche sur l'un des chiots, elle ne manifeste en général aucune réaction aux cris de douleur s'ils ne sont pas accompagnés de mouvements. Cependant, les jeunes - même invisibles- peuvent faire accourir leur mère en émettant un cri de détresse particulier, baptisé "*groan*" par Bleicher. A notre connaissance, aucune recherche n'a été faite pour savoir quelles circonstances particulières déclenchaient ce "*groan*". En plus des pleurs, les chiots émettent des grognements de contentement (*grunt*) lorsqu'ils se trouvent bien. Tous ces sons vont se modifier aux alentours du 21è jour.

L'influence de l'environnement

Bien que la vie des chiots soit plus ou moins végétative, il ne faut pas croire que l'environnement n'exerce aucune influence sur eux ; en effet, ils sont tout à fait capables de faire certaines associations simples et subissent l'influence du comportement maternel -par exemple, la fréquence des pleurs ne semble pas être déterminée de manière génétique mais apprise par imitation (expériences suédoises citées par Fogle(150)). Les chiots peuvent être conditionnés à des odeurs(157,244,16), à des signaux(93), à différentes manipulations(50,411) et, sous certaines conditions, peuvent même être reconditionnés(244,24).

Si au cours de ce stade l'influence des frères et soeurs est faible (le chiot n'établit pas encore de véritables relations avec eux, si l'on exclut le simple contact corporel), l'environnement physique joue par contre un rôle non négligeable. Fox[159] a, par exemple, montré que de légers stress subis au cours de cette période pouvaient être bénéfiques : certaines stimulations (lumières, sons, différences de température, etc...) non seulement accélèrent la maturation du cerveau mais favorisent également son développement*.

Dès leur deuxième semaine, les sujets manipulés ont un rythme cardiaque plus rapide et leurs ondes cérébrales lors du sommeil ont une plus grande amplitude que celles des sujets témoins[157]. Comme l'amplitude augmente avec l'âge, Fox fait l'hypothèse que les sujets manipulés ont une plus grande maturité que les autres. Ils sont plus actifs, explorent davantage leur environnement et se montrent très sociables envers les humains. On constate l'effet inverse pour des chiots élevés en isolement. De telles stimulations apprennent aux chiots à réagir plus calmement, à répondre de manière moins émotive aux nouveautés et à acquérir une plus grande stabilité émotionnelle, ce qui sera bénéfique lorsque, plus tard, ils seront confrontés à des situations complexes d'apprentissage ou lorsqu'ils se trouveront en compétition[269].

Comme l'influence des manipulations varie énormément d'une lignée de souris à une autre[193], il se pourrait qu'il en soit de même chez les chiens. La qualité et la quantité des manipulations nécessaires devraient donc être modulées en fonction des réactions individuelles. Quoi qu'il en soit, un peu de bon sens est nécessaire : des stimulations trop fortes peuvent traumatiser les chiots à vie. S'il n'est pas bon de les déranger sans cesse, il est par contre bénéfique de les caresser et de les stimuler un petit moment chaque jour et surtout de ne pas les isoler dans le coin le plus éloigné de la maison. La mère, par son comportement plus ou moins tolérant envers ses congénères ou les humains, va également influencer le nombre de contacts auxquels les chiots seront soumis.

**Les neurones deviennent plus larges, les connexions entre neurones plus nombreuses et plus longues. La croissance du système nerveux central est maximale entre 2 et 4 semaines, celle du cerveau est rapide jusque vers 6-7 semaines puis se ralentit brusquement. Seules les synapses qui sont entrées en fonction vont survivre ; "dès l'âge de 5 à 7 semaines, le nombre de synapses régresse et les réseaux s'organisent"[104].*

Le comportement des adultes envers les chiots

Il est à noter que tous les chiots, quelle que soit leur race, présentent des traits communs : une grosse tête, de grands yeux et un petit nez. Ces caractéristiques corporelles déclenchent des comportements réflexes de soins et inhibent en principe l'agressivité chez les adultes de l'espèce. Cependant, certains adultes peuvent agresser des chiots inconnus. Un tel comportement a également été observé chez des femelles dans des conditions naturelles : chez les dingos par exemple, chiens autrefois domestiqués et retournés à l'état sauvage, la femelle dominante tue en général les portées des autres femelles de sa meute ; il semble que dans certaines régions tout au moins, cela soit le moyen le plus couramment utilisé pour réguler le nombre des individus(91). On a également parfois observé un tel comportement chez les louves(298). Quant aux chiens mâles et jusqu'à preuve du contraire*, leur manque de respect à l'égard des chiots serait plutôt dû au fait qu'à travers la sélection humaine le comportement "paternel" s'est trouvé modifié involontairement.

STADE 3 : LA PÉRIODE DE TRANSITION : DE 14 À 21 JOURS

Le développement des sens

Le début de la période de transition coïncide plus ou moins avec l'ouverture des paupières et se termine au moment des premières perceptions auditives.

Au cours de ce stade, les coordinations motrices s'améliorent ; bien que la démarche ne soit pas encore complètement assurée, le chiot se déplace de mieux en mieux et de plus en plus vite : il est maintenant capable de ramper en avant et en arrière et essaie de faire ses "premiers pas".

Bien que les paupières s'ouvrent entre le 10è et le 16è jour, le chiot n'a pas encore une vision claire. Ses réponses à la

**Récemment, des mises à mort de jeunes par des mâles étrangers ont été observées chez un bon nombre de mammifères, notamment chez les lions et certaines espèces de singes.*

lumière et aux objets mouvants sont encore faibles et variables. Il faut attendre le 21è jour pour que l'orientation visuelle devienne réellement possible. Le canal auditif du chiot s'ouvre entre le 12-14è jour(21). Les premiers sursauts aux bruits ont été observés entre 9-15è jour(153) ; la localisation auditive commence déjà vers le 16è jour mais demeure peu stable jusqu'au 26è jour*(21). Les conditionnements à des signaux lumineux ou sonores sont peu probables avant le 18è jour(182).

Si les chiots passent encore énormément de temps à dormir, ils restent éveillés plus longtemps (environ 35% du temps). Le sommeil lui-même se modifie : les phases de sommeil paradoxal** diminuent pour faire place à des phases de sommeil calme.

Les chiots sont désormais capables de régulariser leur température corporelle, le réflexe de fouissage disparaît ainsi que l'élimination réflexe. Le chiot n'a plus besoin des léchages de sa mère et en général, il préfère quitter le "nid" pour éliminer à l'extérieur.

Le passage à la nourriture solide

Les premières dents de lait apparaissent. Les jeunes se mettent à manger seuls de la nourriture solide vers le 18è jour ; c'est également le début du lapement. Il arrive parfois que - tout comme le font leurs congénères sauvages- les chiennes régurgitent ce qu'elles ont mangé pour en faire profiter leurs

**La plupart des auteurs fixaient le premier sursaut au bruit à la fin de ce stade, c'est-à-dire vers 21 jours. Pourquoi de telles différences ? Il pourrait s'agir d'une part de différences génétiques entre les divers sujets testés, d'autre part de différences dans les méthodologies utilisées. Il semble, par exemple, que la réaction des chiots passe du tout au rien en fonction du choix des bruits testés : des sons "neutres" (par exemple un coup de sifflet) provoquent des réactions moindres que des sons ayant une "signification biologique" pour les chiots. Même dans cette dernière catégorie, on observe des réactions plus ou moins intenses : les gémissements de chiots provoquent une plus grande attention que les aboiements de la mère(21).*

***Phase du sommeil pendant laquelle le relâchement musculaire est maximal alors que l'activité cérébrale rappelle celle de l'état de veille. La majorité des rêves y prendraient place(353).*

chiots. Les petits canidés sauvages quêtent d'ailleurs de la nourriture en léchant les babines des adultes de la meute lors de leur retour au gîte. Ce comportement s'observe également chez les chiots et va se transformer peu à peu en rituel de salutation, destiné aussi bien aux congénères qu'aux humains, ce qui explique la tendance des chiens à accueillir "leurs" humains en bondissant sur eux.

Des relations plus actives

C'est également vers le 14è jour qu'un nouveau son baptisé par Bleicher[(50)] le *"yelp-whine"* apparaît dans le répertoire vocal : c'est un cri de détresse de haute intensité, similaire aux pleurs précédents mais plus puissant. La mère y est extrêmement sensible. Si le chiot se trouve dans une situation qu'il juge très effrayante, il va non seulement émettre ce cri de détresse mais en plus déféquer, ce qui aura pour conséquence d'alerter la chienne en stimulant ses canaux auditif et olfactif.

Nous assistons aux premières relations actives dans la fratrie : les premiers léchages réciproques s'observent vers le 17è jour et les premiers jeux font leur apparition ; il s'agit de mordillements d'oreilles et de pattes accompagnés parfois par de petits grognements et quelques battements timides de la queue. Bien que les chiots n'aient pas une mamelle "personnelle", un chiot affamé est tout à fait capable de prendre la place de son frère ou de défendre sa place dès l'âge de 2 semaines. Des observations suivies ont révélé une hiérarchie linéaire rudimentaire, les animaux les plus lourds étant le plus souvent "dominants", ce qui ne sera pas toujours le cas par la suite[(120)].

Les chiots se sentent tellement en sécurité dans leur "nid" qu'ils n'éprouvent aucun sentiment de peur : un inconnu quel qu'il soit est flairé et léché.

Grâce à tous ces progrès, la découverte du monde peut commencer !

STADE 4 : LA PÉRIODE DE SOCIALISATION : DU 21E JOUR À ENVIRON 10-12 SEMAINES

La maturité des sens

Les ondes électriques du cerveau entre phases d'activité et de repos sont maintenant nettement distinctes et vers 4 semaines deviennent comparables à celles de l'adulte*. Le chiot devient assez agile pour courir, sauter et garder son équilibre**. Les chiots s'orientent bien par rapport aux bruits et leur vision est relativement bonne***. Jusqu'à 4 mois cependant, la vision reste floue et l'identification des objets ou des individus est difficile, ce qui explique pourquoi certains sujets grognent ou aboient contre des personnes qu'ils connaissent pourtant parfaitement : ils ne les ont tout simplement pas reconnues(72). L'exploration buccale est intense : les jeunes font connaissance des objets des alentours en les mordillant.

Le développement des mimiques

Vers la 5è semaine, la face change totalement d'expression ; ce n'est plus le masque rigide du stade précédent. Grâce à l'allongement du museau, au contrôle des muscles des oreilles et des babines, le chiot peut exprimer de multiples mimiques. Vers la 6è semaine, la plupart des patterns comportementaux adultes de l'espèce canine sont acquis (selon Zimen(457), 80% des comportements adultes sont déjà mis en place) mais il ne faut pas oublier que des recherches récentes ont mis en évidence de grandes divergences entre les races.

Les premiers aboiements retentissent vers 20-24 jours au cours des jeux ; les chiots émettent des gémissements qui ressemblent de plus en plus à ceux des adultes. Les grognements

**Cependant, le cerveau ne deviendra un système réellement intégré que vers 5 à 6 semaines, époque à laquelle les lobes frontaux terminent leur développement, condition indispensable pour faire des apprentissages complexes.*

***Entre la 6è et la 7è semaine, la myélinisation se termine, les coordinations motrices sont de plus en plus semblables à celles de l'adulte ; il en est de même pour le rythme veille/sommeil.*

****La myélinisation du cortex auditif se termine vers 10 semaines(157).*

apparaissent également mais ne seront associés à des actes agressifs que vers la 8è semaine ; quant aux aboiements agressifs, il est rare qu'ils apparaissent avant la 12è semaine[50].

L'adaptation à l'environnement

Bien que dès le début de cette période le chiot soit capable de quitter la couche, il a peu tendance à s'en éloigner et préfère rester près de ses frères et soeurs. L'exploration des environs se fait relativement lentement et consiste en de nombreux allers et retours : quelques pas au-delà de la limite du connu et le jeune fait marche-arrière à toute vitesse ! Placé dans un environnement inconnu, il exprime son désarroi en urinant ou déféquant, ce qui a pour effet d'attirer la mère. Certains jeunes urinent également chaque fois qu'au cours de leurs explorations ils franchissent la frontière entre univers familier et vaste monde (peut-être est-ce une façon de se réassurer en s'entourant d'odeurs familières ?).

D'après certains auteurs, la période s'étendant entre la 8è et la 10è semaine serait une période très sensible pour le chiot, car c'est à cet âge qu'il serait le plus à même de développer des réponses d'évitement s'il est confronté à des expériences traumatisantes, qu'elles soient physiques ou "psychologiques"[165]. De telles expériences pourraient avoir des effets à long terme[157], surtout si elles ont eu lieu entre la 8è et 9è semaine.

En raison de tous les progrès réalisés, l'individu interagit de plus en plus avec son milieu et ses conspécifiques (parents, fratrie). Les premières relations sociales se développent ainsi que les premiers attachements émotionnels. C'est le début des activités de groupe, chacun imitant ce que fait le voisin.

Au cours de cette période, le chien va découvrir son identité canine, apprendre à reconnaître les espèces amies, s'adapter à son environnement. C'est cette faculté d'apprentissage qui a permis à son ancêtre, le loup, de s'adapter à des environnements si diversifiés, de conquérir de nombreux territoires, de survivre dans des milieux parfois hostiles (de plus en plus souvent hélas !). C'est elle qui permet à nos compagnons à quatre pattes d'adapter leur comportement en fonction du milieu social qu'ils sont amenés à fréquenter et de trouver leur place dans des civilisations humaines extrêmement différentes.

Ce stade est en fait une période sensible en ce qui concerne non seulement la formation des relations sociales primaires (c'est-à-dire les premiers attachements) mais également l'imprégnation à un milieu. Pourquoi période sensible ? Parce que les expériences que le chien va vivre pendant ce laps de temps sont cruciales pour le reste de sa vie et que certaines d'entre elles sont absolument nécessaires si l'on veut qu'il devienne un adulte bien dans ses poils. Si certains manques peuvent être rattrapés pendant les périodes ultérieures et certains comportements réajustés, cela ne sera possible qu'au prix de grandes difficultés.

Examinons d'un peu plus près ce qui se passe.

L'imprégnation à ses congénères ou socialisation intra-spécifique

L'importance du jeu

A sa naissance, le chiot ne sait pas qu'il fait partie de l'espèce canine et doit apprendre à devenir un animal social ; les 6 premières semaines de sa vie semblent jouer un rôle de premier plan dans cet apprentissage bien qu'il soit encore éventuellement possible -sous certaines conditions dont nous reparlerons- de combler certains déficits au cours des semaines suivantes. Les diverses recherches éthologiques mettent en lumière le rôle prépondérant des jeux dans l'acquisition de son identité de chien. Les contacts que le chiot entretient avec ses frères et soeurs sont donc très importants puisque c'est surtout avec eux que les jeux sont les plus intenses et deviennent de plus en plus élaborés. C'est en jouant que les jeunes vont exercer les diverses postures typiques de leur espèce et vont peu à peu leur attribuer une signification grâce aux réactions qu'elles provoquent chez leurs congénères. Ils vont chasser leurs frères, les attaquer, les poursuivre, aboyer contre eux, essayer de leur prendre leurs jouets, solliciter leur participation au jeu, se soumettre, défendre leur "proie"...En bref, se comporter en chien et apprendre ce qui est acceptable ou non dans le monde canin.

Des manifestations précoces du comportement sexuel sont également observées pendant les jeux, déjà vers 3-4 semaines ; aussi bien les mâles que les femelles peuvent ainsi monter leurs frères et soeurs et exécuter même quelques poussées pelviennes.

Comme les vocalisations sont beaucoup plus nombreuses au cours des relations avec les frères et soeurs qu'au cours des relations avec la mère, ce sont surtout les relations entre chiots qui vont leur donner une signification[137]. En l'absence de fratrie, ce sont les parents ou d'autres chiens avec lesquels ils sont en contact suivi qui vont socialiser le chiot.

L'apprentissage des traits communs aux chiens

L'une des caractéristiques de la socialisation intra-spécifique est de ne retenir des congénères que les traits communs à l'ensemble de la gent canine (les caractéristiques aussi bien individuelles que raciales sont négligées). Un chiot correctement imprégné est tout à fait capable de reconnaître un congénère quel que soit son aspect, qu'il se présente sous la forme d'un chihuahua ou d'un dogue. Il semble donc certain que c'est l'aspect comportemental plutôt que l'aspect physique qui est pris en compte[291]. Cependant, si l'on songe que certaines caractéristiques raciales (oreilles tombantes, museau aplati) peuvent diminuer l'impact de diverses mimiques, il est grandement souhaitable que le chiot soit, déjà au cours de ce stade, en contact avec des représentants de diverses races d'où l'importance de leur faire fréquenter des classes de jeux*.

La socialisation intra-spécifique n'exclut cependant pas des préférences individuelles : les traits particuliers des individus avec lesquels le chiot a grandi et les conditions dans lesquelles il s'est développé peuvent influencer ses préférences futures aussi bien au cours des jeux que dans le choix d'un partenaire sexuel (expérience de Fox, citée par Appleby[15]). Si le chiot bénéficie de contacts prolongés à la fois avec des

**Sous la conduite de personnes spécialisées, les chiots sont réunis régulièrement afin qu'ils puissent garder un contact suivi avec d'autres chiots et être confrontés au cours des jeux à différentes stimulations, telles que des bruits, des vélos, d'autres animaux, etc...*

membres de son espèce et avec des membres d'autres espèces, sa socialisation intra-spécifique est dirigée envers les sujets qui lui sont génétiquement les plus proches : des caniches nains élevés en compagnie de leurs pairs et de chacals montrent une préférence pour leur propre espèce, notamment au cours des jeux(136).

L'impact de l'isolement

Un chiot nourri au biberon suite à la mort ou au rejet de sa mère ou un chiot placé trop tôt (avant la 6è semaine) dans un environnement humain sera gravement perturbé s'il n'a plus d'interactions ou seulement des interactions sporadiques avec ses congénères. Comme il est "programmé" pour faire une imprégnation, il va la faire sur l'espèce avec laquelle il a le plus de contacts, en général les humains, mais suivant les circonstances il peut la faire sur d'autres espèces animales. Des chihuahuas élevés individuellement dès l'âge de 3 semaines avec des chatons préfèrent à 12 semaines la compagnie des chats à celle de leurs frères et soeurs élevés normalement(155). Ils peuvent néanmoins se resocialiser rapidement une fois remis en contact avec leurs pairs(157).

"Un chien isolé socialement des autres chiens se montre par la suite asocial vis-à-vis d'eux, soumis à l'extrême ou alors tellement asocial qu'il en est agressif"[356 p.240,355] ; il peut réagir par une excitation diffuse[311], rester complètement passif, ne pas savoir répondre à l'agressivité de ses congénères, jouer de manière indépendante en les ignorant. En un mot, il est peu probable qu'il établisse de vraies relations avec ses congénères[147,311]. Réciproquement, les autres chiens ont tendance à rejeter un conspécifique non socialisé à son espèce et peuvent, dans les cas extrêmes, se montrer très agressifs à son égard, voire le prendre en chasse comme s'il s'agissait d'un représentant d'une autre espèce.

Même un isolement social de courte durée (par exemple une semaine entre la 4è et la 5è semaine) peut provoquer des déficits semblables à ceux observés après un plus long isolement ; remis dans leur fratrie, les chiots jouent seuls et préfèrent explorer les objets inanimés plutôt qu'entrer en contact avec leurs pairs[168].

Mais, si le chiot n'a pas eu la chance de grandir avec des compagnons de son espèce, y a-t-il un espoir quelconque de correction par la suite ? Contrairement à ce qui se passe chez quelques espèces (certains oiseaux par exemple) chez lesquelles l'imprégnation (ou empreinte) est immédiate et souvent irréversible, le chien réagit de manière plus souple. Tout dépend de l'âge du chiot, de son tempérament et de l'environnement. Elevé en isolement complet (de ses congénères) jusqu'à 9 semaines, un jeune peut récupérer son retard très facilement s'il est réintroduit dans un groupe de ses pareils (il semble que la notion de groupe soit très importante et que la présence de chiots normalement socialisés soit extrêmement bénéfique) ; à 16 semaines cependant, il n'y a plus guère d'espoir : le chiot non imprégné va subir rejets et attaques[147].

La présence de compagnons de jeux du même âge ou d'un âge proche semble également primordiale si l'on veut que notre futur compagnon sache modérer la pression de ses mâchoires lorsque, plus tard, il jouera avec nous. Cet apprentissage -appelé inhibition de la morsure- se fait aux alentours de la 5è semaine grâce aux réactions que ses propres comportements déclenchent chez ses pairs lorsqu'il joue de manière trop brusque avec eux. S'il serre trop fort ses mâchoires, il va provoquer une certaine souffrance et une réplique de son vis-à-vis qui va se retourner et mordre à son tour. Il y a alors de fortes chances pour que le jeu se transforme en bagarre. Comme chaque morsure est immédiatement sanctionnée par la réponse de son vis-à-vis, le chiot va, petit à petit et tout naturellement, être conditionné à modérer la pression de ses mâchoires. Cependant, il est impératif que les humains continuent cet apprentissage en réagissant de manière ferme chaque fois que le jeu devient douloureux. Souvenez-vous que les petites dents de lait vont rapidement se transformer en redoutables canines et que votre petit ami est en train de vous tester... Nous en reparlerons.

Pour que ces apprentissages perdurent, il faut que l'animal ait la possibilité de garder des contacts avec ses pairs. Sans cela, il risque de se désocialiser. Si, chaque fois que vous voyez pointer au loin une truffe et un bout d'oreille, vous vous précipitez pour saisir à bras le corps votre toutou, vous ne lui rendez pas service !

La socialisation inter-spécifique

L'importance des contacts positifs

C'est au cours de la même période, surtout jusqu'à la fin du troisième mois, que le chiot va s'habituer aux différentes espèces animales (y compris l'homme) qu'il est amené à côtoyer. La tendance à former des liens émotionnels avec ce qui l'entoure semble être très forte puisque ces liens se forment, que le chiot soit récompensé, traité avec indifférence ou même légèrement puni(394).

Dès la 3è semaine, le chiot est attiré par tout objet nouveau, surtout s'il est animé. Une fois acquise une certaine familiarité avec les différentes espèces avec lesquelles il est en contact, il aura tendance à considérer ces espèces comme des espèces amies : ayant appris à les connaître au cours de son jeune âge, le chien ne les craindra plus et se montrera amical à leur égard.

Des recherches ont cependant montré que, contrairement à ce qui se passe pour l'imprégnation intra-spécifique, l'imprégnation inter-spécifique (tout au moins celle concernant les hommes, qui a été étudiée plus en détail) semble être beaucoup plus individualisée. S'il n'a des contacts qu'avec un certain type de personnes, il risque d'éprouver plus tard une certaine crainte à l'égard d'autres personnes présentant des caractéristiques physiques ou comportementales différentes. Pour qu'il soit le plus sociable possible, il est donc indispensable que le chiot puisse établir des contacts positifs très étendus avec de nombreux types de personnes : notamment avec des bébés, des enfants de différents âges, des hommes, des femmes, des adolescents, des jeunes adultes, des personnes âgées, etc... Ce sont les différences comportementales observées entre ces différentes catégories d'êtres humains qui expliquent parfois les réactions agressives que certains chiens manifestent envers les enfants : leur brusquerie, leur manifestation de tendresse intempestive peuvent être mal interprétées par un animal qui n'a pas pu apprendre dans son jeune âge ce qu'est le comportement typique d'un jeune enfant.

Grâce à certains travaux, nous pouvons comprendre un peu mieux comment cette socialisation se déroule. L'âge du chiot au moment de ses premiers contacts avec des humains va non seulement influencer son comportement immédiat mais également les relations futures qu'il va établir avec les hommes. A 3 semaines, les premiers contacts avec un expérimentateur passif sont aisés et très intenses ; à 5 semaines, si le chiot se montre réticent au premier abord, il surmonte vite ses craintes et devient rapidement très amical. Passé cet âge, le contact devient plus ardu et demande parfois quelques jours(173) ; les difficultés augmentent si l'expérimentateur se montre actif et essaie d'approcher et de toucher l'animal ou fait des gestes brusques ; la peur peut même se transformer en agressivité(311).

L'impact d'un manque de contact avec les humains

Les chiens élevés en isolement jusqu'à leur 14è semaine réagissent à l'approche humaine par un état d'excitation émotionnelle diffuse et courent dans tous les sens alors que ceux qui ont bénéficié d'une seule semaine de socialisation entre la 3è et la 9è semaine s'approchent sans crainte.

La période s'étendant entre la 3è et la 7è semaine est la période au cours de laquelle les chiots se montrent les plus réceptifs à la socialisation inter-spécifique, tout au moins en ce qui concerne les humains(354,395) ; la 7è semaine semble être un pic à partir duquel la capacité de socialisation commence déjà à diminuer(394). A partir de la 8è semaine, la peur prend le pas sur la motivation à établir des contacts(147). Il est donc impératif qu'entre sa 3è et sa 13è semaine le chiot ait des contacts avec des représentants de notre espèce si l'on veut qu'il puisse par la suite établir des relations normales avec nous.

Bien socialiser un chiot ne suffit cependant pas ; il faut encore maintenir un bon niveau de socialisation pour que les effets perdurent : priver un chiot de 12 semaines de contacts humains pendant 2 semaines peut influencer négativement et à long terme son attitude non seulement à l'égard des hommes en général[354] mais également à l'égard de ses soigneurs si ces derniers se sont montrés indifférents[162]. Le maintien de contacts est encore plus important lorsque nous avons à faire à des sujets de tempérament timide. Enfin, une socialisation même limitée, entre la 5è et la 9è semaine, semble faciliter l'apprentissage de la marche en laisse[173].

Contrairement à la conclusion pessimiste de Freedman et ses collègues[173], d'autres auteurs ont montré qu'un loup ou un chien adulte non socialisé à l'homme peut apprendre à développer une bonne relation avec lui, mais ce processus est de longue durée, requiert beaucoup de patience et reste limité : l'animal va établir des relations privilégiées avec les personnes connues mais continuera à se comporter en animal sauvage vis-à-vis d'inconnus[450,334].

Comment assurer une bonne socialisation ?

Y aurait-il des choses particulières à faire pour que cette socialisation inter-spécifique soit la meilleure possible ? Il semble que la distribution de nourriture se surajoutant aux caresses n'augmente pas l'attachement à l'homme*[62]. Le processus de socialisation ne semble pas être inhibé par les punitions[147], sauf pendant les périodes très sensibles[158]. Bien que ce processus puisse être mis en échec par la pauvreté de l'environnement, il semble être en priorité un processus interne, une "force" qui pousse en quelque sorte le chiot à établir des contacts[396].

Maintenant, il nous reste à savoir combien de temps il faudrait consacrer aux chiots pour qu'ils deviennent bien socialisés. Si, pour le chien, la socialisation aux humains est relative-

**Bien que la faim semble accélérer ce processus[128], la relation plus intense établie entre le chiot et son soigneur pendant la période de privation alimentaire ne persiste cependant pas quand le chiot est à nouveau nourri à volonté.*

ment rapide, c'est une caractéristique à mettre certainement sur le compte de la domestication(135). En effet, pour Fuller(177), il suffit de sortir les chiots de leur cage d'isolement environ 20 minutes par semaine (chaque session comprenant des jeux, des manipulations, etc...) pour qu'ils se comportent comme des chiots élevés en laboratoire mais non isolés. Wolfle(448) va encore plus loin puisqu'il pense que 5 minutes par semaine et par chiot sont suffisantes ! Ces affirmations valent éventuellement pour des chiots de laboratoire qui passeront toute leur vie dans un environnement pauvre et constant, avec des contacts interspécifiques limités au minimum. Nous pensons quant à nous qu'une socialisation si limitée ne peut en aucun cas rendre le chien apte à la vie familiale. Pour que le chien soit vraiment socialisé, de nombreux contacts journaliers (avec jeux, caresses, etc...) sont absolument indispensables. Enfin, une bonne socialisation aux humains influence à la fois le comportement du chien vis-à-vis des humains et son comportement vis-à-vis de ses congénères et ceci, même s'il a toujours bénéficié de contacts intra-spécifiques(138).

E. Teroni

L'attitude des chiots à l'égard des humains, peut également être influencée par leurs géniteurs, de manière génétique ou par imitation*(63,124). Wilsson(447) va encore plus loin et émet l'hypothèse que l'attitude de la mère vis-à-vis de ses chiots influence la familiarité avec laquelle ces derniers vont établir, vers l'âge de 8 semaines, des contacts avec une personne se tenant passivement dans leur enclos : si les relations mère-

Il est évident que si la chienne manifeste des signes de peur à l'approche de tout être humain, les chiots apprendront très vite à craindre tous les hommes.

chiots sont très intenses (nombreuses morsures inhibées pour les rappeler à l'ordre ou nombreuses séances de léchage), les chiots semblent avoir plus de difficulté à établir un contact avec l'humain.

Tous les sujets ne se comportent pas identiquement, certaines races de chiens (ou certaines lignées) semblent se socialiser plus ou moins rapidement que d'autres et rattrapent plus ou moins vite leur retard(394,134,135).

L'imprégnation sur l'environnement

Le milieu (divers objets, bruits, odeurs, etc...) dans lequel se déroulent les premières semaines de vie du chiot va également avoir une influence prépondérante sur ses réactions futures face aux nouveautés. En découvrant son environnement immédiat puis en explorant les alentours, le chiot va apprendre à identifier tout ce qui l'entoure. Ce milieu constitue une sorte de cadre de référence (et ceci indépendamment pour chacun des sens) qui va servir de modèle auquel seront comparées les situations nouvelles que le chiot devra affronter au cours de sa vie. Ce phénomène va lui permettre de régulariser son émotivité : il n'aura par la suite aucune réaction si la situation lui semble "normale". Cette imprégnation au milieu (une sorte d'apprentissage par habituation) se fait en parallèle avec le processus de socialisation dont nous venons de parler.

Si l'on considère les pleurs comme un signe d'anxiété, on s'aperçoit que dès l'âge de 3 semaines, le chiot commence à faire la différence entre un lieu familier et un lieu inconnu(147) sur la base de ses caractéristiques chimico-sensorielles(308) ; à 4 semaines, il reconnaît sa mère et sa fratrie sur la base des mêmes informations(226). C'est aux alentours de la 7è semaine que la réaction du chiot placé dans un enclos inconnu et vide est la plus forte(129). Ses vocalisations diminuent notablement entre l'âge de 5 et 8 semaines si l'enclos contient divers stimuli et si le jour précédent l'expérience, il a été mis en contact avec un être humain(167).

En grandissant, le chiot acquiert donc plus de confiance en lui : il vocalise moins et son activité augmente d'autant plus qu'il a déjà eu l'occasion d'être confronté à la nouveauté. Comme les auteurs cités ci-dessus ont utilisé pour leurs expériences des environnements très semblables, nous ne pouvons pas généraliser leurs résultats et conclure que tous les problèmes d'adaptation se résoudront d'eux-mêmes par habituation et maturation. En effet, si le niveau moyen de stimulation est extrêmement bas, ce qui est le cas pour des chiots élevés en isolement, le degré de stimulation requis pour maintenir son équilibre sensoriel (appelé homéostasie sensorielle) est bas et l'animal ne se sent à l'aise que dans un milieu peu stimulant. Placé dans un milieu plus riche, ces animaux répondent à des stimulations modérées de la même manière que des chiens élevés normalement répondraient à des stimulations très fortes. Une augmentation du ou des stimuli (en nombre ou en intensité) provoquera une attention accrue, suivie -selon les cas- de réactions de peur qui peuvent vite se transformer en panique. Dans certains cas, notamment lorsque la fuite ou le retrait ne sont pas possibles, on observe également des comportements dirigés sur son propre corps (l'animal se mordille sans cesse la queue, se lèche les pattes ou d'autres parties du corps, se ronge les griffes, etc...). Bien que ces auto-mutilations puissent provo-

"un chiot élevé jusqu'à l'âge de 3 mois dans un chenil et habitué à éliminer sur un sol bétonné va souvent se retenir d'éliminer dans l'herbe et attendre le retour à la maison pour pouvoir enfin se soulager sur le carrelage de la cuisine".

quer des lésions, parfois importantes, elles permettent de diminuer l'anxiété.

Pour un chien élevé dans un milieu totalement différent de celui dans lequel il est ensuite amené à vivre (par exemple un chien élevé en pleine campagne et transporté en ville après l'âge de 12 semaines), les troubles sont parfois si importants qu'il est préférable de replacer le chiot dans son milieu d'origine. L'inverse peut également se produire : un chien élevé dans un milieu extrêmement riche, puis placé dans un milieu plus pauvre, peut être amené à s'adonner à des mouvements stéréotypés (tourner en rond, faire des va-et-vient incessants, rigoureusement identiques, etc...), mouvements lui permettant d'augmenter son niveau de stimulation.

Le phénomène de l'imprégnation au milieu peut également expliquer les difficultés rencontrées par certains chiots au cours de l'apprentissage de la propreté : un chiot élevé jusqu'à l'âge de 3 mois dans un chenil et habitué à éliminer sur un sol bétonné va souvent se retenir d'éliminer dans l'herbe et attendre le retour à la maison pour pouvoir enfin se soulager sur le carrelage de la cuisine, tout simplement parce qu'il a appris à utiliser ce genre de substrat pour faire ses besoins ! L'imprégnation alimentaire peut également expliquer les difficultés que font certains sujets pour accepter une nouvelle nourriture.

Les effets de l'isolement

Lorsque l'isolement est sévère et de longue durée (jusqu'à 7-10 mois), les chiens peuvent présenter des perturbations comportementales également dans un milieu semblable à leur environnement familier de vie : ils se montrent alors soit hyperactifs et leur activité est diffuse, non dirigée[81] soit, au contraire, hypoactifs, certains même se couchent et s'endorment ; on parle alors "d'un sommeil hypnotique de déplacement face à une activation émotionnelle trop intense"[110 p.178].

Des expériences, même très limitées, faites pendant la période d'isolement peuvent se révéler bénéfiques : une ou deux expositions brèves à un nouvel environnement contribuent à augmenter le nombre des explorations et à diminuer celui des vocalisations[419,167]. De simples contacts visuels de courte durée peuvent également porter leurs fruits[157]. Ces divers résultats démontrent que la pauvreté de l'environnement a un effet néfaste sur la curiosité des chiots alors qu'un milieu très riche les pousse à explorer toujours plus les nouveautés*[453].

L'isolement a des effets encore plus étranges et inattendus : il rend les chiots incapables de trouver les comportements adéquats leur permettant d'échapper à des stimuli douloureux même... 2 ans après leur sortie de l'isolement[310] !

A nouveau, les divers faits cités doivent être considérés comme des généralités puisque tous les animaux ne réagissent pas de la même façon. Des chiens de tempérament peureux seront beaucoup plus affectés par un isolement précoce que d'autres chiots plus téméraires. Certains auteurs pensent même que certaines races de chiens seraient plus sensibles que d'autres aux effets d'un isolement, même peu sévère.

L'acquisition de la notion de hiérarchie

L'acquisition de la notion de hiérarchie se fait tout d'abord au cours des relations que le chiot établit avec sa mère -éventuellement son père- et ses frères et soeurs pour ensuite s'étendre aux membres de la famille humaine dans laquelle il va être amené à vivre.

Le changement du comportement maternel

Vers la 3-4è semaine, la plupart des chiennes modifient leur comportement et se montrent moins tolérantes lors des tétées : elles allaitent dorénavant en position debout pour des périodes de plus en plus courtes. Le sevrage proprement dit peut commencer, entre la 4è et la 7è semaine, selon les mères.

**Bien qu'au sortir d'une période d'isolement, l'électroencéphalogramme montre des salves d'activité désynchronisées (pour un isolement s'étendant au-delà de 10 mois, l'électroencéphalogramme reste anormal)[159], les différences comportementales entre sujets élevés normalement ou en isolement ne semblent pas être dues à une diminution des aptitudes mais plutôt à un état de stress qui provoquerait une sorte de blocage.*

La chienne quitte de plus en plus souvent ses chiots et commence à les repousser activement quand ils cherchent à téter en grognant ou en pratiquant une morsure inhibée du museau s'ils insistent ou se montrent trop turbulents(202,287). Chaque mère réagit en fonction de son tempérament, de son passé et éventuellement du tempérament de ses chiots. Il se pourrait que de telles différences individuelles aient une incidence sur la plus ou moins grande facilité avec laquelle ces derniers seront ensuite éduqués par les humains(447,169,172).

Le rôle du père

Les recherches menées par Trumler(425) sur des meutes de dingos montrent que le père a un rôle important à jouer dans l'éducation de ses rejetons. Lorsque les jeunes dingos quittent le terrier pour la première fois vers 21 jours, le mâle est dans tous ses états. Infatigable, il cherche à jouer avec eux, les saisit, les lance en l'air... Les chiots vont alors se jeter sur le dos ou regagner la sécurité du terrier, ce qui peut être un apprentissage capital pour la survie. Passé ce premier cap, le père se montre extrêmement tolérant : il veille à ce qu'aucun autre chien ne touche à la nourriture avant que ses rejetons ne soient rassasiés, il se laisse même "voler" la nourriture de la gueule.

Cependant, plus les jeunes grandissent, plus il fait valoir ses droits.

Quand ils ont la possibilité de côtoyer leurs rejetons, les chiens mâles ne participent pas tous aussi intensément à leur éducation (dans nos conditions d'élevage, les "aptitudes paternelles" ont peu d'importance et les humains ne les ont pas retenues au cours de leur sélection artificielle). Certains remplissent bien leur rôle alors que d'autres s'en désintéressent très vite et se montrent plus enclins à rechercher un coin tranquille. Cependant, il est assez rare que les mâles se montrent agressifs envers les chiots, connus ou inconnus, bien que l'on ait pu parfois observer des mises à mort de chiots par leur père (expériences allemandes citées par Althaus[11]).

Tout comme celui de la chienne, le comportement du chien vis-à-vis de ses rejetons n'est pas sans influence sur le comportement de ces derniers : des chiots durement disciplinés par leur père semblent plus enclins à adopter des comportement agressifs que des chiots élevés par un mâle bienveillant (recherches citées par Abrantes[4]).

Certains chiens sauvages (vivant sans contact avec les humains) ont été observés alors qu'ils jouaient avec leurs chiots. Cependant, contrairement à ce qui se passe chez les loups, ils n'ont jamais participé à l'apport de nourriture ; chez les chiens, il semble que ce soit seulement la mère qui remplisse une telle tâche. Des observations menées en parallèle sur des groupes de loups et de caniches élevés dans des conditions semblables montrent que la domestication et la sélection artificielle ont rendu plus difficile l'intégration des jeunes chiens dans le groupe des adultes. Alors qu'âgés de 1 mois 1/2, les louveteaux sont déjà pris en charge par le mâle alpha (c'est-à-dire, le dominant) et les subadultes, les mâles caniches adultes et subadultes semblent plutôt éviter d'entrer en relation avec les chiots. Les premiers vrais contacts entre eux ont lieu à la puberté, au moment où, attirés par les jeunes femelles, les mâles adultes éloignent agressivement tous leurs congénères de même sexe, y compris les jeunes mâles[136,137]. Il faut cependant rester prudent quant à la généralisation de ces résultats puisque l'on observe des variations comportementales entre races et lignées.

Le rôle des autres adultes

Quoi qu'il en soit, les chiots doivent petit à petit apprendre à se comporter de manière sociale, à respecter leurs aînés et s'ils ne le font pas spontanément, ils seront bien vite rappelés à l'ordre. A 2 mois 1/2, le chiot sera grondé s'il s'approche d'un adulte, mâle ou femelle, en possession d'un os ; s'il se trouve lui-même en possession de l'os, il a environ une chance sur deux de se le faire voler par un chien mâle, connu ou inconnu (à cet âge, les femelles se montrent beaucoup plus tolérantes) ; à 6 mois, il a tout intérêt à faire son deuil de l'os(120) ! La fin de la tolérance à l'égard des chiots est associée à l'augmentation du niveau de testostérone qui se produit chez les mâles entre 4 et 6 mois avec un pic aux alentours de 10 mois (avant de décliner peu à peu pour atteindre le niveau adulte).

Bien entendu, au cours de la période de socialisation, il ne s'agit encore pour les chiots que de respecter leurs aînés en évitant de dépasser les bornes ; ils continuent à occuper une place à part et ne sont pas encore intégrés dans la hiérarchie des adultes.

La hiérarchie dans la fratrie

Cet apprentissage de la hiérarchie va encore évoluer grâce aux contacts entre frères et soeurs. Dès les premières chamailleries, le chiot va prendre conscience peu à peu de la notion de rang social dans la fratrie en fonction des réactions que suscitent ses comportements (il fait de même par rapport aux humains avec lesquels il vit). L'établissement d'une relation hiérarchique avec ses pairs est un processus normal qui prépare l'intégration future des jeunes dans la meute des adultes. Chaque chiot essaie de défendre sa nourriture, parfois avec acharnement et apprend à faire respecter ses droits. Cependant, les débuts de la hiérarchisation dans la fratrie sont encore très flous et varient en fonction des circonstances et de la motivation de chacun.

Un début de hiérarchisation corrélé avec le poids du chiot a été observée déjà vers 2 semaines lorsqu'un chiot affamé en repousse un autre ou défend "sa" mamelle(120). D'autres observations faites auprès de différentes races ont montré qu'aux alentours de 5 semaines, 31% des relations dans la fratrie pouvaient être qualifiées de relations de dominance(395,348). Ces relations sont d'abord fluctuantes puis se stabilisent peu à peu, tout au moins en ce qui concerne les rangs extrêmes qui semblent clairement établis vers 8 semaines(452,120,159).

Vers 3-4 mois, la hiérarchie devient linéaire et relativement stable ; à cette époque, le rang est fortement corrélé avec le sexe, le poids et la tendance exploratrice de chacun des sujets (les chiots mâles, les plus lourds et les moins peureux face à la nouveauté tendant à occuper les rangs les plus élevés). Si différentes fratries sont mélangées, les déterminants du rang sont en général le sexe et l'âge (les mâles ou les sujets les plus âgés occupent les rangs les plus hauts)(120) ; par contre, les chiots élevés en isolement perdent leur droit d'aînesse(311). Les agressions deviennent moins directes et prennent la forme de démonstrations de dominance ou de soumission avec quelques combats, plutôt occasionnels.

Cependant, dans quelques lignées de certaines races (notamment les bull-terriers), il arrive que les chiots doivent être séparés vers 6-7 semaines car les animaux s'infligent de graves blessures. On assiste parfois également à la formation de gangs qui s'acharnent sur les plus faibles. De tels comportements sont anormaux et sont apparus suite à la sélection artificielle exercée par l'homme. Dans des cas extrêmes, on obtient des comportements tellement aberrants que la survie même des individus s'en trouve compromise(385).

Mesure des tendances sociales

En ce qui concerne les tendances sociales des chiots par rapport aux humains mesurées par les tests de Campbell (test d'évaluation du comportement), on n'observe aucune corrélation entre la 7è semaine (premier test) et la 16è semaine (2è test) et ceci pour de nombreuses races étudiées : 50% des sujets passent de la catégorie "dominant" à la catégorie "neutre" ou de "neutre" à "soumis" ; 12% deviennent plus dominants(33).

Comme vous avez pu le constater, le stade de la socialisation est extrêmement important pour le développement de nos chiens. Il est cependant évident que ce que les chiots ont acquis pendant son déroulement n'est pas fixé définitivement. Il est impératif que les chiots aient la possibilité de maintenir des contacts avec d'autres chiens (chiots ou adultes), avec des humains (hommes, femmes, bébés, enfants, adultes, personnes âgées...) et de fréquenter toutes sortes d'environnements. Un chiot confiné dans un jardin sans possibilité d'en sortir va perdre une grande partie de son acquis et peut se désocialiser ou devenir peureux face à la nouveauté.

STADE 5 : LA PRÉ-PUBERTÉ : DE 10-12 SEMAINES JUSQU'À LA MATURITÉ SEXUELLE.

Une place à part entière dans le groupe

Au cours de cette période, appelée aussi période juvénile, les divers comportements ne changent pas de manière significative, si ce n'est que les chiots deviennent plus adroits dans leurs mouvements. On assiste à la stabilisation du rang social entre frères et soeurs. Cette hiérarchie est à la base de la répartition des rôles lors de la chasse en commun chez les loups ou les chiens sauvages. Les bagarres sont rares car les jeunes chiens sont maintenant capables de réagir de manière nuancée et d'adapter leur comportement à chaque situation spécifique. Les remises en question se terminent le plus souvent par l'adoption de mouvements ritualisés exprimant domination ou soumission. Ce n'est plus seulement la force physique qui compte pour obtenir un rang élevé, c'est surtout l'intelligence et la force de caractère. Les parents, reconnus comme chefs de meute incontestés, exercent leur autorité et souvent un seul regard suffit pour faire rentrer dans le rang le plus récalcitrant. Le groupe parental s'est transformé en meute dans laquelle les jeunes sont devenus des partenaires à part entière. Ils prennent part à la défense territoriale et, avec leurs aînés, ils chassent les membres étrangers. Ils commencent également à aboyer en entendant différents bruits, surtout de nuit(50). Le père organise beaucoup de jeux mimant la chasse.

Les chiens retournés à l'état sauvage deviennent déjà indépendants vers l'âge de 4 mois[99].

Une période sensible

Selon Brunner[64], entre le 4è et le 6è mois, le chien traverse à nouveau une période très sensible au cours de laquelle il sera marqué plus fortement par des événements traumatisants. Cela est à mettre en parallèle avec les observations de Fox[156] : entre 3 et 5 mois, le loup devient tout à coup très peureux (à un degré qui n'avait jamais été observé auparavant) envers de nouveaux stimuli et envers des personnes étrangères ; de même, il réagit fortement à toute modification apportée dans son milieu ambiant. Cette crainte face à toute nouveauté renforce l'attachement des louveteaux aux membres de leur meute et augmente leur méfiance vis à vis des loups inconnus. Ce processus est très important puisque la première cause de mortalité au Minnesota est la mise à mort par d'autres loups[307]. L'intensité et la durée de la perturbation sont dépendantes du lieu : elles sont plus importantes dans le milieu familier que dans un environnement non familier.

Bien que les capacités d'apprentissage des chiots soient rapides, il est déconseillé à cet âge de leur faire effectuer des tâches difficiles car ils ont encore tendance à s'exciter pour un rien et ont de la peine à maintenir une attention soutenue pendant de longues périodes.

Pour Feddersen-Petersen[134], il y a une nouvelle phase de socialisation entre 6 et 9 mois ; les expériences vécues à cet âge vont consolider les tendances sociales du chien ainsi que son assurance.

La relation avec les humains

Dans la famille humaine, le chiot se montre en principe soumis et facile à éduquer ; il commence à s'attacher à des personnes particulières et à l'instar de ce qui se passe dans la meute envers des chiens inconnus, il montre ses premières réactions d'aversion à l'égard des étrangers.

STADE 6 : LA PUBERTÉ

L'augmentation de l'agressivité

Si la puberté apparaît soudainement chez les femelles avec les premières chaleurs -généralement entre 10 et 12 mois[(231)]-, elle se fait plus progressivement chez les mâles et est associée à l'augmentation du niveau de testostérone. Celui-ci atteint un pic vers 10 mois[(120)] avant de se "stabiliser" à un niveau inférieur. La maturation sexuelle se décèle lorsque les mâles commencent à lever la patte.

Au cours de cette période, le corps subit donc de nombreuses modifications hormonales qui contribuent à augmenter l'agressivité à l'égard des congénères de même sexe. Au moment du pic de la testostérone, les chiots mâles se trouvent constamment en butte aux harassements des mâles adultes auxquels ils doivent apprendre à se soumettre. Dans des groupes comprenant entre 10 et 20 chiens de même sexe et de même âge, on observe souvent de graves combats, parfois mortels, au moment de la puberté[(211)] ; ces combats sont plus sévères entre les femelles, principalement au moment où une femelle de bas rang entre en oestrus, ce qui la fait monter dans la hiérarchie[(135)].

Le chien, mâle ou femelle, peut également montrer une certaine agressivité à l'égard de ses propriétaires dans le but d'établir son rang dans le groupe familial. Selon Overall et Beebe[(344)], les femelles qui vont développer une agressivité de dominance envers les humains commencent très tôt, souvent avant 6 mois, à montrer de l'agressivité envers leurs maîtres. En ce qui concerne les mâles, bien que certains sujets soient également précoces, cette agressivité se développe plutôt au moment de la maturité sociale, vers 18-24 mois, voire plus tard.

Il est intéressant de constater que l'agressivité envers les maîtres et les humains inconnus semble se développer beaucoup plus tôt que l'agressivité envers les congénères (connus ou inconnus). Deux hypothèses nous viennent à l'esprit : soit les humains émettent des signaux ambigus qui laissent envisager au chien qu'il pourrait prendre la tête de la meute -les menaces sont alors émises pour tester l'humain-, soit ils démissionnent complètement et laissent à leur compagnon à quatre pattes tous les privilèges réservés au chef -les menaces sont alors à considérer comme des avertissements et les morsures comme des sanctions.

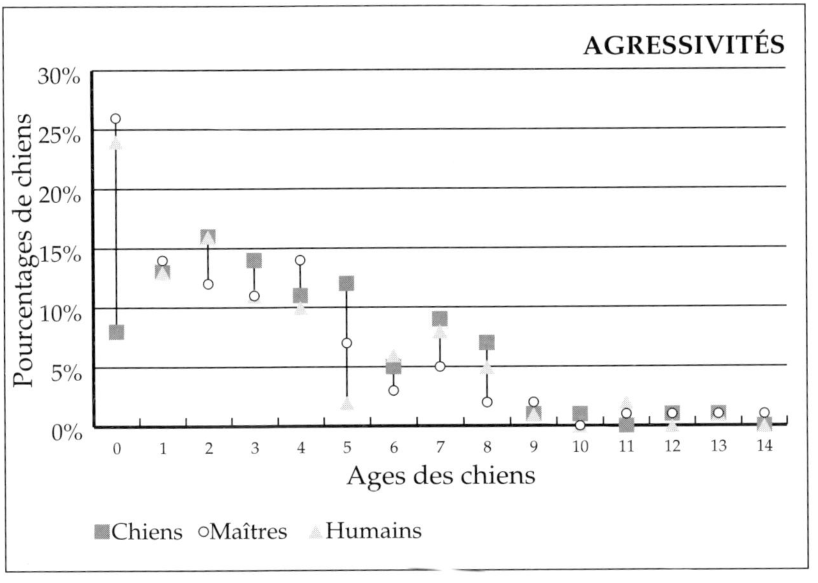

Graphique n°3 : Pourcentages et âges des chiens qui manifestent de l'agressivité à l'égard de leur maître, d'humains en général ou d'autres chiens. Données obtenues sur la base de 400 appels téléphoniques de maîtres se plaignant de problèmes comportementaux de leur chien.

La perturbation des comportements habituels

La période de la puberté est très difficile pour les propriétaires (et pour les chiens qui cherchent leur place) et rappelle étrangement l'adolescence telle qu'elle se déroule chez les humains. Les chiens ont tendance à s'enfuir, à ne plus obéir ou même à se rebiffer contre leur maître. Ces "fugues" seraient normales dans la nature car c'est en effet vers 4 mois que les chiots commencent à devenir relativement indépendants. Certains chiens adoptent des comportements craintifs inexplicables, d'autres des comportements capricieux ou semblables à des comportements déséquilibrés. Ces comportements incompréhensibles -qui pourraient faire penser que notre chien a perdu toutes ses bonnes manières- disparaissent généralement aussi vite qu'ils sont apparus, pour autant tout au moins que les humains sachent y répondre correctement, c'est-à-dire qu'ils restent fermes sans chercher à mater le chien. En cas de découragement, qu'ils se rassurent en pensant que cette période n'est que transitoire. Bien entendu, tous les sujets ne réagissent pas de façon identique ; cette période peut passer inaperçu.

E. Teroni

STADE 7 : L'ÂGE ADULTE

C'est au cours de ce stade, généralement entre 18 et 36 mois*, que le chien atteint sa maturité sociale, âge auquel il pourrait réellement "songer" à prendre la tête de la meute. L'atteinte de l'âge adulte ne signifie aucunement que tout soit joué : de nombreuses observations montrent en effet que le tempérament est encore sujet à des modifications, principalement chez les grandes races dont le développement est lent. Avec les années, le chien va acquérir de plus en plus de maturité et devenir moins rapidement excitable. Tous continuent à

L'âge de la maturité est grandement influencé par la race du chien.

apprendre de multiples choses ; le placement dans un nouvel environnement peut même parfois changer le comportement de l'animal et faire disparaître, comme par magie, les problèmes comportementaux.

Si le chien a atteint un rang élevé dans la "meute familiale" (qui sait, peut-être même la place du chef ?), il peut se montrer agressif envers ses maîtres, ce qui, dans certaines circonstances, est un comportement normal. En effet, un leader ne reçoit pas d'ordres et il considère ces derniers comme des remises en question de son autorité. Certains chiens se montrent agressifs pour la nourriture, d'autres pour leur place de repos ou des objets particuliers, surtout ceux qui semblent avoir une valeur affective pour le maître. Cette agressivité peut se manifester sous forme de menaces, grognements, voire morsures. Il est rare qu'un tel comportement apparaisse du jour au lendemain ; les prémices ont certainement apparu au cours du stade précédent mais ont été souvent, malheureusement, ignorées des propriétaires.

Il est à signaler que dans la nature, les loups qui le désirent peuvent quitter la meute alors que les chiens, même ceux qui ont un caractère relativement fort, sont obligés de rester dans la famille... Cela peut expliquer un certain nombre de conflits.

Nous venons de voir à quel point le chien a besoin d'un environnement riche pour se développer normalement et devenir un adulte bien dans sa peau. Il convient maintenant d'essayer de comprendre comment il appréhende son environnement.

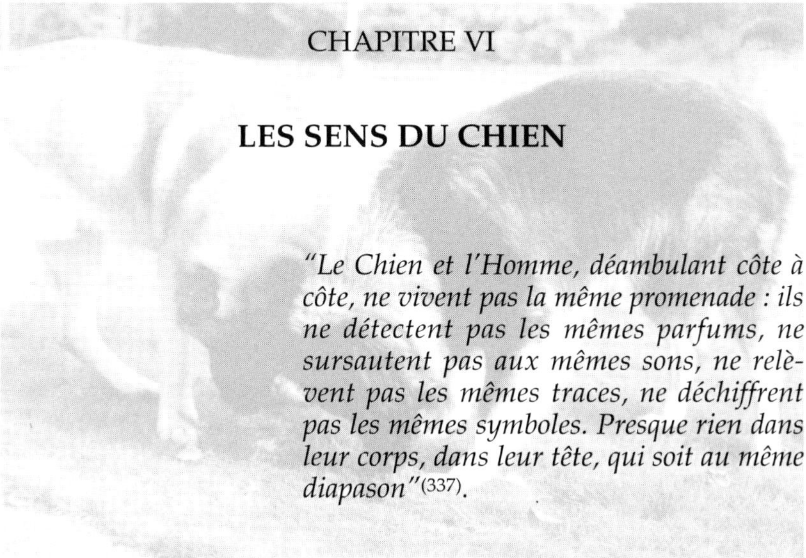

CHAPITRE VI

LES SENS DU CHIEN

"Le Chien et l'Homme, déambulant côte à côte, ne vivent pas la même promenade : ils ne détectent pas les mêmes parfums, ne sursautent pas aux mêmes sons, ne relèvent pas les mêmes traces, ne déchiffrent pas les mêmes symboles. Presque rien dans leur corps, dans leur tête, qui soit au même diapason"(337).

Interrogeons-nous maintenant pour savoir comment le chien appréhende l'univers dans lequel il vit. Pourquoi est-il si absorbé à renifler certains poteaux, certains coins de mur, tellement absorbé qu'on a parfois bien de la peine à le faire avancer ? Comment peut-il savoir bien avant nous qu'un membre de la famille va arriver dans quelques instants ?

Nos moyens d'investigation

Les organes sensoriels permettent à l'animal de déterminer la nature du signal (visuel, olfactif, auditif...), son intensité et, dans le cas de certains récepteurs, sa direction. Les membranes des cellules sensorielles répondent aux signaux qu'elles perçoivent en modifiant localement les propriétés électriques de leur surface. Ceci permet aux cellules nerveuses qui leur sont connectées de prendre connaissance du message qui sera transmis au cerveau, de proche en proche, par le système nerveux qui va décider de la réponse à donner.

Malheureusement, bien que l'on sache un grand nombre de choses, on est encore bien loin de tout savoir sur la manière dont les chiens perçoivent le monde qui les entoure. Comme nos petits amis ne peuvent pas nous expliquer ce qu'ils "ressentent", différentes techniques ont été mises sur pied pour essayer de s'en faire une idée.

La première technique consiste à observer les réactions de l'animal. Mis en présence d'un nouveau stimulus, il est amené à orienter la partie de son corps concernée dans la direction de ce stimulus. Par exemple, le chien va fixer un nouvel objet puis, éventuellement, s'en approcher ou le fuir, il va suivre une trace odorante ou flairer longuement une pierre, il va tourner les oreilles dans la direction d'un bruit, etc... Utilisée en laboratoire dans des conditions contrôlées, cette méthode peut nous fournir quelques indications. Malheureusement, l'animal s'habitue très rapidement à de nouveaux stimuli, ses réactions s'estompent vite et les expérimentateurs s'épuisent à devoir constamment renouveler les expériences pour pouvoir obtenir des résultats à long terme.

La deuxième technique, la méthode du conditionnement instrumental, nécessite un apprentissage préalable : on enseigne à l'animal à accomplir une certaine tâche seulement suite à un certain signal (il doit, par exemple, presser une touche avec sa patte chaque fois que retentit une sonnerie ou une sonnerie d'une certaine intensité). Toute réponse correcte est récompensée (par exemple, par une distribution de nourriture) alors que les réponses incorrectes sont soit sanctionnées (par exemple, par un jet de citronnelle sur le museau) soit ignorées. Une fois l'apprentissage installé, on modifie le signal soit quantitativement (le son devient, par exemple, de plus en plus faible), soit qualitativement (le son devient de plus en plus aigu). En répétant de nombreuses fois de telles expériences, on peut détecter les seuils sensoriels* (dans notre exemple, le seuil auditif) de l'animal. S'il ne réagit plus à partir d'un certain nombre de décibels alors qu'il s'empresse d'appuyer sur le levier lorsque l'expérimentateur augmente l'intensité du son, il y a de fortes chances pour que son manque de réaction signifie qu'il n'a tout simplement pas perçu le signal.

La troisième technique, la méthode physiologique, ne prend pas en compte l'animal dans son ensemble mais s'inté-

**Seuil : limite à partir de laquelle est perçue une sensation ou une variation dans la sensation.*

resse à des réactions plus ponctuelles. Toute perception d'une stimulation est traduite par des modifications électriques au niveau des cellules sensorielles réceptrices ; ces impulsions électriques sont ensuite transmises au cerveau par les différents nerfs sensoriels concernés. Ces phénomènes électro-physiologiques peuvent être détectés grâce à l'utilisation de certains appareils très sensibles*.

Toutes ces méthodes requièrent beaucoup de temps et d'argent. Chaque espèce animale étant différente, il n'est pas possible de généraliser les résultats obtenus. On comprendra donc qu'il reste encore certains points en suspens. Ce travail est d'autant plus ardu que l'espèce humaine n'est pas sensible à certaines stimulations qui peuvent être de première importance pour l'animal étudié. Comment en effet envisager quelque chose qui nous est inconnu ? Citons comme exemple les ultrasons perçus par le chien mais non détectables par l'oreille humaine. Une autre difficulté consiste à trouver les stimuli auquel le chien est le plus sensible. Une odeur de rose le laissera sans doute indifférent alors que l'odeur d'une femelle en chaleur mettra tout de suite ses sens en éveil.

Après toutes ces mises au point, il est temps d'entrer dans le vif du sujet.

LA VISION

Toutes sortes de théories ont été émises concernant la manière dont les chiens voient le monde. De la vision des couleurs à celle en noir et blanc, en passant par la vision de certaines couleurs privilégiées (différentes selon les auteurs)... Tout a été dit.

L'étude des canidés vivant en meute a mis en évidence le rôle primordial de la vision puisque la plupart des communications proches se font sous forme de mimiques, souvent très fines. Lorsqu'il s'agit de décoder l'"humeur" de son vis-à-vis,

**L'électroencéphalographe, l'électrorétinographe et l'électroolfactographe permettent d'enregistrer les activités d'un ensemble de cellules nerveuses ; d'autres méthodes plus fines permettent d'enregistrer l'activité de neurones particuliers.*

chaque canidé prend en compte non seulement son attitude générale, mais également toute modification de ses mimiques : froncement plus ou moins marqué du museau, ouverture plus ou moins importante de la gueule, position des poils, modification de la pupille, etc...

La physiologie de l'oeil

Du point de vue de leur structure, les yeux canins sont très semblables aux yeux humains et fonctionnent selon les mêmes principes. Cependant, la plupart des chiens ont des yeux plus aplatis et situés plus latéralement que les nôtres et, étant plus petits que nous, ils ne voient pas le monde sous la même perspective, ce que l'on oublie très souvent.

Bien qu'ils puissent modifier la forme de leur cristallin, leur accommodation n'est pas aussi fine que la nôtre. Leur champ visuel (c'est-à-dire la portion de l'espace qu'ils peuvent voir en gardant les yeux immobiles) est plus étendu que le nôtre* mais leur bulbe oculaire est moins mobile. La portion du champ consacré à la vision binoculaire qui permet l'évaluation des distances et des profondeurs est moindre chez le chien que chez l'homme -entre 30 et 60°(314) et 80 et 110°(190) pour le chien contre 130° pour nous. Il en est de même du pourcentage des fibres non croisées (partant de la rétine et rejoignant l'hémisphère du cerveau situé du même côté) qui sont responsables de la vision binoculaire (25% chez le chien contre 50% chez l'humain)(58). En conséquence, les chiens disposent principalement d'une vision de type périphérique, monoculaire et leur aptitude à accommoder (c'est-à-dire à changer leur focus, ce qui permet la vision normale d'objets situés à différentes distances) est plus limitée que la nôtre.

S'ils ont de la peine à voir un objet immobile se trouvant sous leur nez et si leur vision, comparée à la nôtre, est certainement un peu floue, ils nous sont par contre bien supérieurs

Entre 280° pour un chien au museau allongé et 250° si le museau est plus aplati contre 180° pour l'homme.

"...les chiens disposent principalement d'une vision de type périphérique, monoculaire et leur aptitude à accommoder est plus limitée que la nôtre."

quand il s'agit de repérer des mouvements, surtout sur de grandes distances*

Bien entendu, par la sélection artificielle, l'homme a créé des races de chiens fort diverses quant à leur morphologie, ce qui peut avoir une grande influence sur les informations visuelles que chacune d'entre elles peut recueillir. Selon la forme de la tête, les yeux se trouvent placés différemment, certains en position frontale, d'autres en position latérale, leur forme peut varier, leur mobilité est plus ou moins grande...

La vision des couleurs

En ce qui concerne la vision des couleurs, il faut savoir que la rétine contient deux types de photorécepteurs -les cônes et les bâtonnets- qui permettent à l'oeil de percevoir la lumière. Alors que les cônes servent à la vision des couleurs, les bâtonnets, eux, ne décèlent que le noir et le blanc mais sont sensibles à des faisceaux lumineux très faibles. Le pourcentage des cônes est moins élevé dans l'oeil des chiens que dans l'oeil des humains, ce qui signifie que la vision des couleurs est moins performante chez les chiens que chez nous. L'oeil possède différents types de cônes, chaque type étant sensible à une longueur d'onde différente. Le chien n'en possède que deux (il est ce que l'on appelle dichromatique) : ceux qui sont sensibles à des longueurs d'onde apparaissant comme bleu et vert aux yeux humains(212). L'homme en possède trois : ceux qui sont sensibles au bleu, au vert et au rouge. Les chiens n'auraient donc pas la possibilité de voir les jaunes, les rouges et les oranges.

Peut-être pourrait-on appliquer à la vision du chien ce qu'a dit Gordon Walls(440) à propos du chat : "Pour tout animal riche en bâtonnets et semi-nocturne, les lumières spectrales les plus riches apparaissent au mieux comme de subtils tons pastels d'une nature incertaine."

**Certains auteurs citent le cas de chiens de berger obéissant aux signaux de leur maître se trouvant à 1km, voire 1,5km !*

La vision nocturne

Quant à la vision nocturne, si tous les auteurs s'accordent pour reconnaître que celle du chien est supérieure à la nôtre, on ne sait pas encore exactement jusqu'à quel point. Les pupilles des chiens sont capables de se dilater passablement, ce qui permet à une lumière même de très faible intensité de stimuler la rétine. Leurs yeux possèdent un très grand nombre de bâtonnets, récepteurs rétiniens sensibles à une excitation lumineuse même de très faible intensité, indispensables à la vision nocturne. Le fond de leur oeil est tapissé d'une couche de cellules réfléchissantes, le *tapetum lucidum** (absent chez l'*homo sapiens*) qui agit comme un intensificateur de lumière et permet une meilleure utilisation de la lumière ambiante, aussi faible soit-elle. C'est ce processus qui fait briller les yeux des chiens (et ceux de quantité d'autres animaux) lorsqu'ils sont éclairés de nuit par une source lumineuse. Cela ne signifie toutefois pas que les animaux possédant un tapetum lucidum soient capables de voir dans l'obscurité complète ; en effet, un minimum de rayonnement est indispensable pour que la rétine fonctionne.

L'acuité visuelle

Le dernier point à examiner est celui de l'acuité visuelle**. Pour que deux points puissent être séparés, il faut que chaque image de ces deux points soit perçue par une cellule visuelle différente, activant chacune une fibre différente, et également que ces cellules soient séparées par une troisième cellule, cette dernière non excitée par le flux lumineux. Or, le nerf optique

**Son rôle consiste à réfléchir vers les récepteurs rétiniens une partie des rayons lumineux qui, sans cette couche, seraient absorbés par des zones non visuelles. Selon Giffroy[190], le tapetum lucidum permet de doubler la quantité de lumière parvenant aux récepteurs. Le tapetum pourrait également agir en modifiant la longueur d'onde de la lumière réfléchie afin de la rendre plus proche de la longueur d'onde optimale pour la sensibilité des bâtonnets -ce qui permet d'augmenter les contrastes- comme cela a été prouvé chez d'autres espèces[314].*

***Distance minimale entre deux points permettant encore au sujet de les distinguer l'un de l'autre.*

du chien comprend environ 167.000 fibres nerveuses, alors que celui de l'homme en compte environ 1,2 millions. C'est la fovéa (ellipse horizontale d'environ 2 mm placée au centre de la rétine et dont chaque cellule est rattachée à une fibre nerveuse) qui fournit la meilleure acuité visuelle. Très développée chez l'homme, elle l'est peu chez le chien, espèce chez laquelle on observe de nombreuses différences entre les races, les lignées et les individus*.

Ces constatations physiologiques de même que différentes observations permettent d'affirmer que le chien distingue mal le contour des objets immobiles ou les différents éléments d'une configuration ; son acuité visuelle comparée à la nôtre serait approximativement de 20/75, c'est-à-dire qu'il devrait se trouver à 20 pieds (6 mètres) d'un objet pour en voir clairement les détails quand l'humain les voit clairement déjà à 75 pieds (22,8 mètres)[(314)].

Des expériences démontrent que si l'on présente aux chiens une série de flashs lumineux, ils peuvent distinguer jusqu'à 90 flashs par secondes[(86)], ce qui est beaucoup plus rapide que l'oeil humain[(290)]. Ces constatations tendent à montrer que les canidés perçoivent le monde "plus rapidement" que les humains, d'où leur plus grande vitesse de réaction. Cela signifie qu'une émission télévisée peut parfois apparaître aux chiens comme une succession rapides d'images fixes[(212)].

L'AUDITION

Chez de nombreuses espèces de mammifères, l'audition joue un rôle de premier plan ; il en est de même chez les canidés. Les hurlements des loups servent à délimiter les territoires respectifs de meutes voisines, à avertir les autres membres de la meute qu'un étranger pénètre sur le territoire et à reprendre contact avec la meute[(305)] comportement que l'on peut observer chez nos compagnons à quatre pattes lorsqu'ils aboient quand quelqu'un s'approche de leur propriété ou lorsqu'ils hurlent s'ils se trouvent seuls. Si les manifestations vocales des canidés

**Entre 6.400 et 14.000 cellules ganglionnaires par mm^2[(212)].*

domestiques sont nettement plus nombreuses que celles de leurs cousins sauvages, la "faute" est en grande partie due à la sélection artificielle faite par l'homme qui, dès le début de la domestication, a privilégié les individus qui, en donnant de la voix, l'avertissaient de certains dangers. Les émissions sonores sont également utiles pour communiquer son état d'âme à son voisin. C'est ainsi que les chiots signalent à leur mère que quelque chose ne va pas. Lors de rencontres conflictuelles, les signaux sonores ont pour but de renforcer le message émis par les mimiques.

Quelques notions de physiologie

Une plus grande partie du cerveau est consacrée à l'audition chez le chien que chez l'homme. Leurs oreilles mobiles et indépendantes l'une de l'autre donnent aux canidés la possibilité d'être à l'écoute de leur environnement sans devoir bouger la tête et la faculté de distinguer avec une grande précision la provenance d'un son. On sait que le chat utilise deux techniques différentes pour localiser la source d'un son pur : 1) pour des sons de basse fréquence (la fréquence d'un son détermine sa hauteur), il tient compte de l'écart temporel d'arrivée du signal à chacune de ses oreilles ; 2) pour des sons de fréquences plus élevées (qui ont des longueurs d'ondes trop courtes pour qu'il puisse utiliser la même technique), le chat tient compte des différences d'intensité des sons parvenant à chacune de ses deux oreilles. On peut raisonnablement penser que le chien fait de même.

Puisque ces différences sont en grande partie à mettre sur le compte du masquage opéré par la tête (le son est moins intense pour l'oreille la plus distante), on devrait trouver des sensibilités auditives variables en fonction de la race(58). Cependant, on n'a pas encore pu les mettre en évidence(223).

La sensibilité auditive

Le chien serait capable de localiser la source d'un son en 6/100è de seconde(12). Il faut souligner à ce sujet que les chiens

"Le chien serait capable de localiser la source d'un son en 6/100è de seconde. Les chiens aux oreilles dressées sont avantagés car les pavillons agissent comme des amplificateurs. "

aux oreilles dressées sont avantagés car les pavillons agissent comme des amplificateurs.

Si la plupart des chercheurs s'accordent pour attribuer aux chiens une audition semblable à la nôtre en ce qui concerne les sons de basse fréquence, il semble que le chien soit capable de distinguer certains infrasons* (seuil inférieur : 10Hertz pour le chien contre 16 Hertz pour l'humain). Si l'on compare humains et chiens, ces derniers nous surpassent de beaucoup en ce qui concerne la perception des sons aigus ; en effet, ils détectent de nombreux ultrasons**. Alors que notre limite supérieure se situe aux alentours de 20.000 Hertz (tout au moins dans notre prime jeunesse car cette faculté diminue ensuite plus ou moins rapidement), les chiens quant à eux peuvent aisément capter des sons jusqu'à 40.000, voire 45.000 Hertz[(222)]. Grâce aux techniques électrophysiologiques, certains chercheurs ont même décelé des réponses pour des sons de 60.000 Hertz[(351,380,228)].

Du point de vue écologique, une telle aptitude apporte une aide précieuse pour la chasse, tout au moins lorsque de grosses proies ne sont pas disponibles et que les chiens et leurs cousins sauvages doivent se rabattre sur diverses espèces de rongeurs. Ils peuvent ainsi repérer les ultra-sons émis par leurs proies potentielles et suivre avec facilité leurs déplacements, même dans les hautes herbes. L'homme a mis à profit cette capacité en construisant des sifflets utiles à l'éducation de nos petits amis et inaudibles à l'oreille humaine.

Les chiens sont capables de faire des distinctions très fines entre deux sons presque identiques. Ils apprennent, par exemple, très vite à faire la distinction entre le bruit du moteur de la voiture de leur maître et celui d'une autre voiture, même si le modèle est identique. De même, s'ils répondent au sifflet ultrasonique utilisé par leur éducateur, ils ne réagissent pas à celui destiné à faire obéir le copain.

**Vibration de même nature que le son mais de fréquence trop basse pour être perçue par l'oreille humaine.*

***Ultrason : vibration de même nature que le son mais de fréquence trop élevée -de 20 kHz à plusieurs centaines de mégahertz- pour qu'une oreille humaine puisse la percevoir. Pour mémoire, 1 Hz correspond à 1 vibration par seconde.*

A des fréquences comprises entre 500 et 16.000 Hertz, leur audition semble être environ 4 fois supérieure à celle des humains[185]. Selon Morris[319], un hurlement de loup peut être détecté par un congénère se trouvant à 6 km., Mech[301] parle même de 10 à 11 km.

Même au cours de leur phase de sommeil paradoxale, les chiens semblent être capables de différencier divers stimuli auditifs et d'y réagir en conséquence[8].

Hoerlain[228] a montré qu'au-delà de 90 à 110 dB, les sons avaient tendance à provoquer une sensation douloureuse chez les chiens. On a tout de suite essayé de mettre à profit ces observations en créant des sifflets destinés à écarter nos petits amis quand ils ne sont pas désirables (utilisés par exemple par des joggers dont la passion a tendance à déclencher le comportement de poursuite). Certains de ces gadgets ont été testés mais les résultats sont peu concluants : si certains (entre 118 et 120 dB) sont plus efficaces que d'autres, ils provoquent des réactions différentes selon les individus : fuite ou aboiements[48]. Dans une autre recherche, si 89% des sujets testés n'ont eu aucune réaction ou des réactions très minimes, 11% ont adopté différents comportements : peur, fuite, menaces, voire agressivité[254].

Tous les stimuli acoustiques ne devraient pas être utilisés indifféremment car ils n'ont pas tous la même valeur pour nos compagnons à quatre pattes et certains sont plus efficaces que d'autres pour provoquer une réponse particulière. Il vaut, par exemple, mieux utiliser 4 brefs coups de sifflets (ou des ordres brefs) si l'on désire que notre chien revienne vers nous ou se montre plus actif alors qu'un coup de sifflet (ou un mot) plus long est plus utile si l'on veut que le chien se couche ou cesse une activité(295).

Tout comme les nôtres, les facultés auditives de nos chiens ont tendance à diminuer avec l'âge et un grand nombre d'entre eux terminent leur vie en étant sourds.

L'OLFACTION

L'olfaction est essentielle chez les canidés notamment pour chasser et communiquer avec ses congénères.

Pour qu'une odeur soit perçue, il faut qu'il y ait contact entre les molécules odorantes et les cellules chimioréceptives*. Pour qu'un tel contact puisse s'établir, ces molécules doivent parvenir à l'organe olfactif en étant véhiculées par un courant d'air ou inhalées activement, ce qui implique qu'elles soient volatiles.

Bien que la capacité à détecter des odeurs varie passablement en fonction de la race et donc de la sélection artificielle effectuée par l'homme, il est indéniable que les chiens, même les moins doués, nous surpassent considérablement dans ce domaine (les chiffres varient quelque peu selon les auteurs, nous nous référons aux travaux de Le Magnen(266). La plupart des chiens ont pour caractéristiques un allongement de la région de chanfrein et un développement de la muqueuse

---

**C'est Ottoson(342) qui a mis en évidence la nécessité du contact : la perception olfactive est impossible lorsque la muqueuse est recouverte d'un filtre en matière plastique. "La molécule odorante est d'abord solubilisée dans le mucus. Une fois que la concentration suffisante (seuil) est atteinte, la molécule est absorbée par un récepteur olfactif"(190 p. 13). Le niveau de stimulation dépend du nombre de molécules qui atteignent la muqueuse par unité de temps(141) et varie en fonction de la vitesse du courant d'air.*

tapissant l'intérieur du nez ; cette dernière fait de nombreux replis (volutes ethmoïdales) qui ont pour conséquence d'augmenter sa surface. Un berger allemand possède environ 200 millions de cellules olfactives, un fox 147 millions, un labrador 225 millions (l'homme environ 10 millions). La muqueuse une fois aplatie atteint chez l'homme une surface de 10 cm^2 alors qu'elle recouvre 170 cm^2 chez un berger allemand, 85,3 cm^2 chez un fox et 200 cm^2 chez un labrador.

E. Teroni

Non seulement, comme nous venons de le voir, les chiens ont une muqueuse olfactive plus étendue et des récepteurs olfactifs plus nombreux, mais encore, la sensibilité unitaire de chacun de ces récepteurs semble meilleure chez les chiens que chez les humains*. L'aire cérébrale consacrée au traitement des informations olfactives est également plus étendue chez nos amis à quatre pattes que chez nous ; les neurones impliqués dans l'olfaction seraient 40 fois plus nombreux[(312)]. Le mucus (sécrétion visqueuse produite par les glandes de la muqueuse) qui est utile à la fois pour dissoudre et concentrer les molécules odorantes est également sécrété en plus grande quantité chez

**La plupart des neurones récepteurs sont placés sur des cils baignés dans le mucus ; chez le chien (comme d'ailleurs chez le chat), les cils sont à la fois plus longs et plus nombreux que chez d'autres espèces animales, ce qui augmente à la fois leur sensibilité et leur pouvoir discriminatoire[(58)]. Ces cellules sont continuellement renouvelées[(340)].*

les chiens. N'oublions pas que leur nez est également très mobile et sans cesse en action.

Le chien est encore avantagé par le fait qu'il possède un organe qui est absent chez nous : l'organe voméro-nasal, appelé également organe de Jacobson, organe séparé du système olfactif. De taille plus réduite chez le chien que chez d'autres mammifères, il est cependant très bien irrigué. De plus, les récepteurs de l'organe voméro-nasal des canidés sont exceptionnels par le fait qu'ils possèdent des cils(9). Situé dans le plancher de la cavité nasale, cet organe débouche par un canal derrière les incisives de la mâchoire supérieure. Chez d'autres espèces animales, il est spécialement sensible aux phéromones*. Par une mimique caractéristique appelée "*Flehmen*", consistant principalement à aspirer l'air en ouvrant largement la gueule, nez froncé, l'animal facilite le contact entre les substances odorantes et l'ouverture du canal. On peut émettre l'hypothèse qu'il est ainsi capable à la fois de les sentir et de les goûter.

Bien que le chien n'ait jamais été, à notre connaissance, observé en train d'exécuter cette mimique, il effectue cependant, à certains moments, des mouvements rapides et répétés de la langue contre le palais(19). Il y a donc de fortes chances pour que les fonctions de l'organe voméro-nasal soient les mêmes que chez d'autres mammifères et qu'elles concernent spécifiquement le comportement sexuel**. Les informations recueillies par ce système seraient ensuite transmises directement au système limbique (ensemble de structures situées sous le cortex cérébral, jouant un rôle sensoriel et comportemental - concernant surtout les émotions et l'affectivité- et intervenant dans la mémoire). Pour cette raison, Fogle(150) pense que l'organe voméro-nasal n'est pas impliqué dans l'appréciation consciente des odeurs mais plutôt dans la perception inconsciente des hormones sexuelles.

*"*Une phéromone est une substance chimique, ou un mélange de substances chimiques, secrétée à l'extérieur d'un organisme et qui provoque sur l'organisme de la même espèce qui le reçoit, un comportement ou une réaction physiologique spécifique*"(297).

***Tous les auteurs ne sont cependant pas d'accord. Ewer(130) pense que cet organe n'est pas fonctionnel chez le chien puisqu'aucun récepteur chimique n'a été retrouvé à cet endroit.*

Des capacités différentes

Voilà pour les moyens mis à la disposition des chiens par la nature. Mais il reste à voir comment ils utilisent de tels moyens. Les chiens sont-ils réellement capables de toutes les prouesses qu'on leur attribue ? Il y a certainement une grande part de vérité dans toutes ces anecdotes puisque les chiens sont utilisés avec le succès que l'on sait dans de multiples tâches impliquant l'olfaction : rechercher des personnes ensevelies sous une avalanche ou des décombres*, détecter de la drogue ou des explosifs, suivre diverses traces. En débusquant le gibier et en le poursuivant, ils apportent également une aide inestimable pour le chasseur sans oublier que c'est parfois grâce à eux si l'on peut se régaler de ces délicieux champignons appelés truffes... Des chiens entraînés peuvent même reconnaître les vaches en oestrus et les séparer du troupeau(165) !

Cependant, tous les sujets n'ont pas exactement les mêmes capacités : certains sont plus doués que d'autres (il semble notamment que certaines races de lévriers utilisent en priorité leur vision pour chasser dans des espaces découverts, ce qui ne veut absolument pas dire qu'ils soient incapables d'utiliser leur olfaction). Certains obtiennent de meilleurs résultats le nez au ras du sol, d'autres préfèrent humer l'air ambiant. Une étude systématique comparant les capacités olfactives des différentes races reste à faire. Si l'hérédité joue un rôle indéniable, il ne faudrait pas pour autant sous-estimer le rôle joué par l'apprentissage (apprentissage de la chasse du jeune dans la meute ou du chien en compagnie de son maître).

Les conditions atmosphériques sont aussi à prendre en considération. La meilleure condition pour suivre une piste est réalisée lorsque la température du sol est légèrement supérieure à celle de l'air, ce qui se produit notamment en début de soirée, moment où ils se mettent en chasse(19). Si la température du milieu ambiant est élevée, ce qui est le cas en été, la substance odorante occupe un volume d'air plus grand tout en étant

Il se pourrait qu'un détecteur d'ondes infrarouges, situé dans son nez, aide le chien dans cette tâche(459).

moins concentrée. La détection sera donc plus rapide mais moins précise. L'humidité de l'air joue également un certain rôle : en effet, si le degré hygrométrique diminue trop, la muqueuse a tendance à s'assécher, ce qui provoque une perte de l'acuité olfactive. Si l'humidité augmente, les molécules odorantes hydrosolubles se concentrent autour des gouttelettes d'eau en suspension dans l'air, ce qui les rend plus perceptibles : un terrain humide conserve donc mieux les odeurs. Le vent est également important puisqu'il apporte ou éloigne les odeurs(66).

La sensibilité olfactive

Ceci pris en considération, un chien moyen est capable de détecter un nombre infini d'odeurs, même si elles sont diluées de nombreuses fois. Cependant, on ne peut pas généraliser les résultats obtenus : le seuil de perception est en effet différent en fonction de la substance testée. Voici quelques exemples.

En ce qui concerne le seuil de détection, il est :

- 108 fois inférieur à celui de l'homme pour l'acide acétique, l'un des constituants des sécrétions de la peau humaine(332) ;
- 300 fois inférieur pour l'acétate d'amyle (beagles(255)) ;
- 1000 à 10.000 fois inférieur pour l'ionone (bergers allemands(320)) ;
- 1 million de fois inférieur pour l'acide n-butyrique, un composant de la transpiration(150).

Quant aux dilutions, le chien retrouve la trace :

- de l'acide acétique, même s'il est dilué un million de fois, ce qui revient à percevoir une seule goutte de vinaigre dans 50 litres d'eau(102) ;
- de l'acide sulfurique à une solution encore 10 fois supérieure !*

Un bloodhound peut suivre une trace de pas vieille de 4 jours(319). Par ailleurs, il suffit qu'une personne tienne un objet

**Pour d'autres acides organiques, voir Moulton et ses collègues(320).*

pendant 2 secondes pour que le chien puisse retrouver ce même objet parmi d'autres et ceci même si, entre temps, d'autres personnes l'ont manipulé[278] ! Un chien peut encore détecter la trace odorante d'un doigt 6 semaines après la déposition de l'empreinte sur du verre, même si ce dernier a entre temps été manipulé par d'autres personnes. Le laps de temps passe à 2 semaines si le verre est placé à l'extérieur[250].

E. Teroni

Le chien est tout à fait apte à faire la distinction entre un objet portant l'odeur de son maître et un objet portant l'odeur d'une autre personne ; cependant, lorsque les odeurs proposées proviennent de différentes régions corporelles (par exemple les aisselles du maître et les mains de l'inconnu), les résultats diffèrent selon les recherches[61,388,423]. Discerner les odeurs individuelles des différents membres de la famille semble facile[243], même lorsqu'il s'agit de jumeaux hétérozygotes (faux jumeaux) vivant dans le même environnement ou de jumeaux homozygotes (vrais jumeaux) vivant dans des environnements différents. La tâche devient cependant impossible s'il s'agit de jumeaux homozygotes vivant dans le même environnement(225).

Pour suivre une piste, le chien va s'orienter par rapport à un gradient odorant.* L'animal peut retrouver la source odorante en fonction du décalage qu'il perçoit entre sa narine droite et sa narine gauche**. Aucun problème si on place le chien au début de la piste. Mais comment fait-il pour choisir la bonne direction si on l'amène perpendiculairement (c'est-à-dire à 90 degrés) à un endroit quelconque de la trace ? Dans de telles conditions, un chien naïf choisit la direction plus ou moins au hasard (c'est-à-dire qu'il va remonter ou descendre la piste)(412,284). Cependant, si l'on renforce le choix correct, il peut apprendre très vite. Placé face à la piste, il va alors faire quelques allers et retours sur celle-ci dans le but de comparer les empreintes successives et leurs différentes intensités. Or, dans l'expérience citée plus haut, la différence de concentration odorante entre deux empreintes successives était de 1/1800 ! En cas de trace continue (par exemple les ornières laissées par des roues de bicyclette), la tâche devient impossible.

Quant au pistage, il se déroule en trois phases :

1) la recherche initiale de la trace : les chiens se déplacent rapidement en reniflant entre 10 et 20 fois entre chaque respiration ;
2) la prise de décision : ayant trouvé la trace, le chien choisit la direction à suivre : il ralentit l'allure et renifle entre 2 et 5 empreintes ; certains chiens s'arrêtent plus longuement à chaque empreinte ; cette phase dure en moyenne 3 à 5 secondes ;
3) le pistage proprement dit au cours duquel l'allure et le nombre de reniflements redeviennent similaires à ceux de la phase 1.

---

*"*Quand l'un des noyaux est excité avant l'autre ou quand un noyau reçoit une excitation plus intense, une narine étant par exemple bouchée, le noyau le plus précocement ou le plus intensément excité envoie un message inhibiteur à son homologue, ce qui accentue la dissymétrie de l'excitation*"(268 p.43).

**"*Ce sont les impacts des molécules odorantes sur les récepteurs chimiques symétriques qui permettent à l'animal de se diriger*"(268 p.62).

Des éthologues observant des loups dans la nature pensent qu'ils sont capables grâce à leur odorat de détecter du gibier se trouvant à 2 kilomètres(302).

J.-M. Landry

L'olfaction joue également un rôle non négligeable dans la prise alimentaire ainsi que dans le comportement sexuel, aussi bien en ce qui concerne la recherche d'un partenaire sexuel que la motivation sexuelle en elle-même, mais ce rôle varie en fonction de l'expérience(367,20). On trouve en effet des connections directes entre le nez et les régions du cerveau régulant de tels comportements. L'acuité olfactive des chiens dépend notamment de leur taux d'hormones sexuelles*.

Les chiens se montrent capables de détecter certaines

*"*Les hormones sexuelles modifient le seuil de sensibilité des récepteurs olfactifs, organes de détection des phéromones mais aussi organes de détection de toutes les sensations d'odeurs. Ainsi, les stéroïdes interviennent dans les vastes domaines de la vie du chien qui dépendent de son odorat. La testostérone augmenterait ses capacités olfactives alors que les oestrogènes les diminueraient. Ceci a été mis en évidence dans des expériences de pistage au cours desquelles les chiens mâles étaient plus performants quelques jours après avoir reçu une injection de 100 mg d'acétate de testostérone et les chiennes en oestrus se révélaient pratiquement anosmiques" (expériences de Thiellement(417)). "En fait, une imprégnation oestrogénique est indispensable au bon fonctionnement de l'odorat chez la chienne (les chiennes castrées perdent en effet beaucoup de leur odorat). Ce n'est qu'à partir d'un certain seuil que les oestrogènes et les progestagènes inhiberaient l'odorat"(280 p. 20). "... Les chiennes en gestation auraient une très bonne acuité olfactive dans les jours précédant la mise-bas"(190 p. 15).*

maladies, la prise régulière de médicaments, certains produits ingérés par l'homme, certaines particularités de la microflore ; ils peuvent anticiper les crises épileptiques[137], semblent modifier leur comportement lorsqu'ils sont confrontés à une personne souffrant d'un cancer[331] et ont la capacité de "traduire" les émotions humaines en reniflant certaines sécrétions glandulaires.

Pour la petite histoire, certains produits vendus dans le commerce dans le but d'éloigner les chiens ne semblent pas avoir des propriétés aversives suffisantes pour les repousser[449] : aucune odeur n'est en elle-même dissuasive à moins qu'elle n'ait été préalablement associée à un renforcement négatif.

LE TOUCHER, LA RÉCEPTION DE LA TEMPÉRATURE ET DE LA DOULEUR

Le toucher est le premier sens à apparaître ; il permet au chiot de se développer normalement : un chiot qui ne peut pas établir de contacts corporels deviendra un adulte peureux et aura tendance à s'isoler. Pendant les premières semaines de leur développement, les chiots restent regroupés sur leur couche et lorsqu'ils se trouvent momentanément éloignés de leurs frères et soeurs, ils cherchent à s'en rapprocher. Peu à peu, ils prennent de la distance mais, même s'ils n'ont plus besoin d'un contact si intense, l'importance du toucher se prolonge tout au long de leur vie. Grâce à ce sens, ils peuvent communiquer avec leurs congénères : ils se blottissent contre eux, leur donnent des coups de pattes, les lèchent ; en jouant, ils établissent sans cesse des contacts corporels. C'est aussi en partie par le toucher qu'ils indiquent leur position hiérarchique : par exemple, le dominant pose sa tête ou sa patte sur le cou du dominé ou saisit son museau dans sa gueule. Les communications tactiles jouent un grand rôle dans l'établissement des relations sociales et sont importantes pour le maintien du groupe ; certains chiens passent une grande partie de leur temps libre à se lécher.

Quelques notions de physiologie

Qu'en est-il du point de vue anatomique et physiologique ? Le peau du chien contient de nombreux récepteurs sensoriels répartis sur l'ensemble de son corps. Les vibrisses (poils sensoriels spécifiques se trouvant en grand nombre sur le museau, au-dessus des yeux et sous les mâchoires) lui permettent également de recueillir de nombreuses informations sur l'environnement proche. Implantées dans des régions bien irriguées et contenant de nombreuses terminaisons nerveuses, elles semblent être utiles pour déterminer la forme et la texture des objets et jouer un rôle dans la détection des courants d'air(150). Elles fournissent également des indications sur la localisation de la tête dans son environnement immédiat, informations surtout utiles de nuit ou lorsque l'animal doit se mouvoir dans un passage étroit.

La sensibilité à la température

Les chiens sont sensibles aux variations de température qui modifient la réponse des mécanorécepteurs*. La peau du chien contient deux sortes de thermorécepteurs** : les récepteurs spécialisés pour la détection du froid*** et les récepteurs spécialisés dans la détection du chaud****. Citons également les détecteurs à infra-rouges situés dans le nez et découverts par le Dr Zotterman(459).

Le chien possède encore deux sortes de récepteurs spécialisés dans la détection des sensations douloureuses : l'un répond à des stimulations mécaniques de la peau (pincements,

**Mécanorécepteur : récepteur sensoriel sensible à des stimulations mécaniques souvent très faibles(353).*

***Thermorécepteur : organe animal périphérique sensible aux températures dont il informe les centres nerveux(353).*

****Leurs fibres sont myélinisées et donnent une réponse maximale aux alentours de 25-30° ; un autre de ces récepteurs dont la fonction est encore inconnue se trouve sur les babines et donne une réponse maximale à 35°.*

*****Leurs fibres ne sont pas myélinisées et donnent une réponse maximale aux alentours de 40-42°(13).*

compressions, etc...), l'autre est sensible aux températures extrêmes de la peau, aussi bien chaudes que froides.

En quoi les contacts corporels sont-ils utiles au chien ? Il semble, juste retour des choses, qu'ils reçoivent des caresses un bienfait comparable à celui que nous obtenons à les caresser : on observe entre autres une diminution du rythme cardiaque et de la pression sanguine. Il ne s'agit cependant pas d'une réaction réflexe automatique puisque seules les caresses d'un humain connu et apprécié apportent de tels bienfaits. A l'inverse, les caresses distribuées par un étranger peuvent provoquer une augmentation du rythme cardiaque[373]. En un mot, caresser notre toutou nous calme et le calme. Ne négligeons donc pas de lui indiquer par ce moyen notre satisfaction pour son obéissance.

"Les chiens ont beaucoup moins de papilles gustatives que les humains : de ce fait, ils sont nettement moins gourmets que nous".

LE GOÛT

Quelques notions de physiologie

Les chiens ont beaucoup moins de papilles gustatives que les humains : environ 2000 pour les premiers contre 10.000 pour les seconds. De ce fait, ils sont nettement moins gourmets que nous. Bien que leurs cellules gustatives puissent différencier entre sucré, salé, acide et amer, elles le font de manière moins précise que les nôtres(150) : pour le chien, il serait plus juste de parler de goûts plaisants, déplaisants et neutres.

La préférence alimentaire

L'odorat est associé si étroitement au goût qu'il est difficile de les dissocier ; l'odorat semble primordial pour la détection de la source de nourriture mais la texture et le goût de cette dernière jouent également un rôle. En effet, lorsque l'odeur n'est pas associée au goût (par exemple un plat sentant la viande mais n'en contenant pas), la préférence alimentaire initiale ne dure pas(233). Si l'on présente aux chiens un choix de deux écuelles contenant chacune une sorte de viande mélangée à des céréales, la majorité d'entre eux préfèrent le porc et le boeuf à l'agneau et au cheval, de la viande cuite plutôt que crue et devant un même contenu, ils jettent leur dévolu sur une nourriture humidifiée et tiède (Houpt et Smith, 1981). Les chiens rendus temporairement anosmiques (c'est-à-dire privés de leur odorat) n'ont pas de telles préférences ; cependant, ils restent encore capables de jeter leur dévolu sur l'écuelle contenant une certaine proportion de viande par rapport à celle qui n'en contient aucune(232). Si on leur présente une nouvelle nourriture, la plupart d'entre eux la choisissent de préférence, pour un certain temps tout au moins(323).

Les papilles gustatives les plus abondantes sont celles qui répondent aux substances sucrées : les chiens ont donc une nette préférence pour les douceurs. Malheureusement, ces dernières ne sont pas particulièrement bonnes pour leur santé et certaines sont mêmes néfastes. Pour ne citer qu'un exemple, le chocolat contient de la théobromine qui, à certaines doses, peut se révéler fatale pour nos petits amis. Ce risque est d'autant plus grand que l'élimination de cette substance se fait beaucoup plus lentement chez le chien que chez l'homme[(273)].

Pourquoi certains chiens se montrent donc si gourmands, refusant parfois la nourriture que leur maître leur présente alors que d'autres avalent tout ? Comme chez les humains, il y a de petits et de gros mangeurs parmi les chiens. Cependant, il ne faudrait pas oublier que la prise de nourriture ne peut pas être séparée du contexte social dans lequel l'animal se trouve. Manger avant ou après ses maîtres ou seulement quand ils sont présents, engloutir rapidement sa pâtée ou chipoter dans son assiette...Tous ces comportements peuvent avoir des significations bien différentes des interprétations qu'on veut bien leur donner. Refuser systématiquement une certaine nourriture, exiger une pâtée différente chaque jour ou chaque semaine est bien souvent aussi une manière de manipuler son maître et de lui montrer sa dominance !

UN AUTRE SENS ?

Vous avez tous lu certaines histoires extraordinaires qui courent sur les chiens. Médor, confié à des voisins, retrouve ses maîtres qui ont déménagé à des centaines de kilomètres, dans un endroit totalement inconnu de l'animal. Frimousse a "senti" la mort de son maître et s'est mise à hurler au moment précis où ce dernier a rendu l'âme alors qu'il se trouvait en déplacement à l'étranger. Astérix regarde fixement le plafond tous les soirs à la même heure et se met à gémir. Certains de ces faits sont troublants et mériteraient qu'on les étudie de manière scientifique (ce qui, à notre connaissance, n'a pas encore été fait sérieusement) afin que l'on puisse contrôler toutes les données du problème. Quelques comportements apparemment étranges sont parfois émis au hasard et se trouvent renforcés par l'attention qu'ils attirent de la part des humains.

Il y a certes bien des choses encore inexpliquées dans le domaine animal. Mais nous pensons qu'avant de recourir à des explications extrasensorielles, il serait bon d'analyser ces phénomènes de la manière la plus rationnelle possible. Nous avons vu, par exemple, que les chiens n'étaient pas toujours sensibles aux mêmes stimuli que nous. Il se pourrait qu'un grand nombre de comportements inexpliqués soient tout simplement à mettre sur le compte de leur grande sensibilité sensorielle et de leur extraordinaire don d'observation.

Les études menées sur l'orientation spatiale de différentes espèces animales nous montrent, par exemple, que les animaux sont capables de se diriger en utilisant la position des étoiles, de la lune et du soleil comme compas. Ils peuvent également prendre en considération des infrasons provenant, par exemple, des vagues de la mer se trouvant à une grande distance, construire une carte des odeurs qui les entourent, enregistrer les mouvements qu'on leur fait subir. Les chauves-souris sont capables de détecter leurs proies grâce aux ultrasons qu'elles émettent. On a retrouvé des cristaux de magnétite dans la tête de certains mammifères* les rendant sensibles au champ magnétique terrestre dont certains paramètres pourraient leur servir de boussole (l'homme lui-même en posséderait mais aurait perdu leur mode d'emploi[27].

Sur la base d'informations sensorielles encore mal connues, les animaux pourraient aussi "prévoir" les tremblements de terre. Certains captent des changements dans la pression atmosphérique et cherchent un refuge bien avant les premiers coups de tonnerre, etc... Tous ces comportements qui semblaient magiques ont donc fini par recevoir une explication rationnelle.

Nous l'avons vu, le chien n'appréhende pas le monde de manière identique à nous. Ces différences, notamment le fait que le chien ait accès à un monde odorant d'une richesse inouïe, qu'il perçoive beaucoup mieux des objets en mouvement que des objets immobiles, doivent certainement se refléter dans la manière avec laquelle il communique avec ses semblables et avec les humains qu'il côtoie. Alors, qu'en est-il de ses moyens de communication ?

**On en a trouvé notamment chez les dauphins[458] et chez divers espèces de rongeurs[292,293,23].*

CHAPITRE VII

LA COMMUNICATION DU CHIEN

M. Chanton - Éthologiste

LA COMMUNICATION NON VERBALE

Aucun propriétaire de chien ne pourra nier la formidable capacité de son animal à se faire comprendre et à interpréter les réactions des humains. Lorsqu'on observe deux chiens ensemble, on constate d'emblée que leur comportement, loin d'être aléatoire, dévoile au contraire toute une gamme d'attitudes, de sons et de signaux qui leur permettent de communiquer. Quels que soient leur taille, leur race ou même leur pays d'origine, tous les chiens, même lorsqu'ils se rencontrent pour la première fois, se comprennent très bien.

Bien entendu, nos compagnons à quatre pattes n'articulent pas de sons, n'utilisent pas de mots, mais ils se comprennent parce que leur mode de communication repose sur toute une série de signaux acoustiques, visuels ou olfactifs qui obéissent à des règles et qui ont une signification reconnue de tous. En ce sens, l'ensemble des comportements qui visent à véhiculer un message à autrui (quel qu'il soit) forme un "langage".

Cette forme de communication, dite non verbale, n'est pas le propre des chiens mais se retrouve à travers l'ensemble du règne animal, y compris chez l'homme. Le corps est en effet un formidable moyen d'expression. D'après la façon dont on bouge, la façon dont on se tient, ou encore, l'expression de notre visage, nous transmettons des messages, consciemment ou non. Chez l'homme comme chez l'animal, le corps reflète les états émotionnels et les intentions et c'est parce que l'homme ne communique pas seulement à travers les mots qu'il peut intuitivement comprendre une grande partie du "langage" non verbal des animaux.

Les messages que renvoie notre corps sont tels que, s'ils ne correspondent pas à notre discours verbal, celui-ci sera perçu comme étant moins crédible. Si un vendeur vous vante la qualité d'un produit mais baisse la tête et évite tout contact visuel direct, il donnera l'impression d'être peu sûr de son article. Il est très improbable que vous vous laissiez convaincre.

De même, en l'absence de toute forme de langage verbal, on peut exprimer clairement certaines intentions. Dans les rapports de séduction entre hommes et femmes par exemple, une certaine façon de regarder une personne désirée, de se tourner vers elle et de s'en approcher, suffit largement à communiquer son attirance.

Les signaux visuels offrent de nombreux avantages tant pour l'émetteur que pour celui qui les reçoit. Ils peuvent être instantanément exhibés ou retirés en réponse aux changements dans l'environnement social. Ils permettent aussi d'exprimer les émotions à différents degrés.

LES MOYENS DE COMMUNICATION CHEZ LE CHIEN

Chez le chien, le corps tout entier est source d'expression. La mobilité de ses oreilles, de sa queue, de ses pattes, de son corps et enfin de sa face lui permet, en combinant les signaux, d'exprimer toutes sortes d'émotions et d'intentions. La façon dont il se tient, la manière dont il se déplace, permettent à ceux qui l'observent de savoir dans quelle disposition il se trouve. En règle générale, plus une espèce est sociale, plus le "langage" non verbal est élaboré. Pour un animal de meute, pouvoir communiquer avec ses congénères est une question de survie. Chez les canidés moins sociaux qui ne se rencontrent que pendant les périodes de reproduction, les signaux de communication sont moins nombreux. En revanche, les odeurs que ceux-ci produisent sont plus fortes que celles des loups ou des chiens[161]. Ces derniers utilisent toutefois aussi l'olfaction pour recueillir de nombreuses informations au cours de leurs rencontres et accordent une attention particulière à la face et à l'arrière-train.

Pour appuyer le "langage" du corps, les chiens possèdent également un vaste répertoire de sons, de grognements, de hurlements, d'aboiements ou de pleurs. Ces sons reflètent eux aussi l'état émotionnel de l'animal et peuvent être comparés à ce qu'on appelle le paralangage chez l'homme. On pousse des cris lorsqu'on a mal ou lorsque quelque chose nous surprend et nous fait peur.

Certaines vocalisations ne viennent pas seulement renforcer les signaux visuels ou olfactifs mais peuvent, dans certains cas, agir à elles seules comme des signaux et véhiculer un message. Lorsqu'un individu pénètre dans la propriété, le chien grogne ou aboie pour prévenir son maître. Si les chiens sont très éloignés les uns des autres, ou se trouvent dans un environnement dense -comme, par exemple, une forêt, où la visibilité est mauvaise- ou pendant la nuit, les sons sont plus efficaces pour communiquer avec un congénère que les signaux visuels. Chez le loup (mais aussi chez certains chiens) les hurlements sont émis par tous les membres d'une meute et servent, entre autres, à indiquer la présence du groupe et ainsi l'occupation du territoire. Ces hurlements sont toujours de longue durée et d'une fréquence qui varie entre 1.200 et 2.900 Hertz[(161)].

Notons ici que, bien que nous prenions toujours le loup comme modèle pour mieux comprendre nos compagnons, il existe toutefois certaines différences entre l'espèce sauvage et l'espèce domestiquée. L'élevage sélectif a en effet provoqué des changements dans certains comportements, par exemple, en abaissant ou en augmentant leurs seuils d'apparition[(156,131)]. Comparés aux loups, les chiens ont un répertoire de signaux visuels moins complexe. Ils ont, par contre, tendance à émettre des sons plus souvent que leurs ancêtres. Il est est possible qu'au cours du processus de domestication, la pression sélective pour le "silence", nécessaire aux prédateurs sauvages, ait été relachée. Ceci, couplé avec une augmentation de la dépendance et la néoténisation ou l'infantilisme avec recherche d'attention, a développé chez le chien une tendance à aboyer beaucoup plus[(85)].

En règle générale, et ceci s'applique à toutes les espèces animales y compris l'homme, on peut classer les sons émis en deux groupes : les sons aigus et les sons graves. Les premiers sont déjà présents à la naissance et déclenchent l'approche d'un conspécifique et particulièrement de la mère. Ils expriment généralement la peur, la douleur ou le malaise et, lorsqu'ils sont moins aigus, l'envie de jouer. Les seconds apparaissent pendant le développement et visent au contraire à augmenter la distance sociale. Ils indiquent habituellement la menace, la colère et la possibilité d'agression.

Nous-mêmes, lorsque nous sommes fâchés, avons tendance à prendre une voix plus grave, comme pour impressionner l'autre. Au contraire, notre voix tend à monter dans les aigus lorsqu'on exprime une envie de jouer, lorsqu'on s'adresse à un bébé ou encore lorsqu'on cherche à amadouer quelqu'un.

Les vocalisations forment essentiellement un "langage" émotionnel. Ainsi, quel que soit le son émis, plus la motivation ou l'excitation est forte, plus le son est intense.

Tous les sons peuvent être combinés entre eux, soit par émission successive, soit par superposition. Un mélange de ces deux formes de combinaisons est également possible : un son mixte peut, par exemple, être alterné avec un son pur. Lorsqu'un chien est placé dans une situation qui l'effraie, alors qu'il est malgré tout prêt à se défendre, il peut alterner en même temps que son expression corporelle et faciale, les sons de peur et de menace.

Il est également probable que le toucher soit un élément important dans la communication canine. Ces animaux ont en effet de nombreux contacts tactiles et ceux-ci doivent certainement leur permettre d'échanger des informations, notamment sur les émotions et les intentions de chacun. Malheureusement nous ne disposons pas encore de suffisamment de données à ce sujet pour comprendre l'importance de cette modalité dans la communication de nos compagnons.

Pour bien comprendre ce que le chien exprime, ce sont toutes les parties de son corps qu'il faut observer, car chacune de ces parties peut fournir un ou plusieurs signaux. C'est lorsque tous les signaux sont combinés ensemble qu'ils acquièrent un sens. Mais de quoi peuvent bien"parler" les chiens ? Bien sûr, la communication non-verbale ne leur permet pas de débattre de grands thèmes philosophiques, ou encore de commenter les agissements de la meute voisine.

On peut regrouper les principaux sujets d'expressions chez le chien en trois groupes :

- les relations sociales, comme les salutations, la dominance, la menace, la soumission et le marquage ;
- les états affectifs, comme la peur, l'excitation, le contentement ou l'intérêt ;
- les besoins et les désirs, comme la sollicitation au jeu ou la recherche d'attention.

LES RELATIONS SOCIALES

Nous nous forgeons une idée générale d'une personne d'après sa façon de bouger, de marcher, de se tenir, d'établir ou d'éviter le contact visuel, etc... Les signaux corporels donnent une impression immédiate. Chez les loups ou les chiens, c'est pareil. On distingue facilement le leader par son[163].

Les salutations

Lorsque deux chiens se rencontrent, s'ils sont tous deux animés d'intentions pacifiques, ils vont se saluer. Ce sont des comportements ritualisés qui visent à neutraliser les possiblités d'agression. Ces "cérémonies" incluent toutes sortes de com-

J. Gonnet

portements détournés de leur contexte initial, comme les comportements liés à la cour et aux soins parentaux.

Les animaux s'approchent généralement l'un de l'autre par le côté, s'immobilisent, se reniflent avec attention le museau et les oreilles, puis se tournent autour en se reniflant l'arrière-train (le plus sûr lève la queue, le moins sûr à tendance à cacher ses glandes anales en maintenant sa queue en position basse). Après cette première approche, ils peuvent commencer à jouer. Dans le cas contraire, les animaux vont adopter des comportements de dominance et de soumission et établir ainsi leurs rangs respectifs(3).

La dominance

La dominance n'est pas uniquement une affaire de force physique et fort heureusement, les relations sociales ne se règlent que rarement par la bagarre. C'est avant tout la force de caractère qui est mise en jeu. Il arrive en effet qu'un chien de petite taille -comme, par exemple, le yorkshire terrier- domine un chien de grande taille -comme, par exemple, le berger allemand ou le dogue.

L'animal dominant cherche avant tout à impressionner, à intimider. Il va donc mettre tout en oeuvre pour avoir l'air grand et sûr de lui. Il se tient droit sur ses pattes, la tête haute et les oreilles dressées et tournées vers l'avant. La queue elle aussi est en position haute. Pour intimider davantage son adversaire, le chien dominant va le fixer dans les yeux.

Les loups et certains chiens grognent parfois lorsqu'ils saluent un congénère, réaffirmant sans doute ainsi leur dominance. Il arrive également que les chiens grognent au cours des jeux mais l'analyse sur audiogramme(161) révèle qu'il n'existe pas de différence significative entre un grognement de jeu ou de menace : ce sont les signaux émis par la face et le corps qui font la différence.

M. Chanton - Éthologiste

Ce type d'attitude ne se manifeste pas uniquement en présence d'un chien inconnu. Même lorsque les chiens vivent ensemble, l'animal qui détient la supériorité hiérarchique va fréquemment faire la démonstration de son rang, comme pour confirmer son autorité. La situation devient gênante quand cette démonstration s'adresse au maître lui-même ! Les chiens ou les loups peuvent également exprimer leur domination en saisissant entre leurs mâchoires le museau du subordonné, en lui donnant de petits coups de museau sur la tête ou sur le cou, en se tenant au-dessus de lui ou en plaçant son museau ou sa patte sur le cou, les épaules ou le dos du subordonné. Il peut aussi monter sur le subordonné de manière "pseudo-sexuelle".

Si l'animal à qui s'adresse cette forme d'intimidation accepte la supériorité de celui qui se considère comme leader, les choses n'iront pas plus loin et leur relation pourra prendre un tour amical.

De la menace à l'attaque

Il arrive parfois qu'aucun des deux chiens ne soit prêt à accepter la supériorité de l'autre. Les postures de dominance vont alors rapidement se faire plus menaçantes. Dans une posture de menace typique, le chien va fixer l'autre droit dans les yeux et montrer les dents, la gueule entrouverte et les lèvres tirées horizontalement vers l'avant et verticalement pour dévoiler les canines. Pour accroître d'avantage la posture, les poils de l'échine vont se dresser (piloérection). La tête est maintenue en position haute et les oreilles sont soit dressées et tournées vers l'avant, soit tirées sur le côté et vers le bas. Les chiens peuvent également émettre un grognement bas en fréquence et en intensité. Qu'ils soient seuls ou couplés à d'autres sons comme l'aboiement, les grognements sont généralement des signaux de menace. Leur durée et leur intensité varient en fonction de l'intensité de la rencontre sociale.

Si l'adversaire n'est toujours pas impressionné et n'adopte pas une attitude soumise et humble en détournant le regard et en s'éloignant tout doucement, la menace va devenir sévère. La tête va se baisser et pointer en direction du rival. Les quatre pattes sont maintenues raides et le chien semble marcher sur la pointe des pieds. En guise d'intimidation, le chien peut également lever la patte et uriner, puis gratter le sol bruyamment tout en grognant. Chez certains chiens, la queue est arquée au dessus du dos et maintenue rigide. Chez les loups, elle est tenue droite et presque à la verticale. Le bout de la queue peut être agité par des mouvements rapides mais de petite amplitude(159).

A ce stade, si aucun des deux adversaires ne se soumet, ils vont passer à l'attaque. Dans la plupart des cas, le conflit se règle par des claquements de dents dans l'air et des morsures inhibées, mais il peut parfois aller jusqu'à des morsures violentes. Celles-ci sont généralement déclenchées par la douleur ressentie par l'un ou les deux animaux, ce qui explique pourquoi, lorsque les maîtres s'en mêlent et tentent de séparer leurs chiens en tirant dessus, ils aboutissent souvent à l'effet inverse et accroissent encore davantage l'agressivité de leurs chiens.

La soumission

Lorsqu'un chien se soumet (par exemple, lorsqu'on le réprimande), celui-ci va immédiatement détourner le regard, tirer les lèvres vers l'arrière et coucher les oreilles. La queue est maintenue entre les pattes postérieures et peut être agitée dans cette position. S'il est touché, le chien va s'immobiliser. Il peut également ramper sur le ventre en agitant la queue et en effectuant des mouvements de langue comme pour lécher. Il se comporte de la même façon qu'un loup qui aurait été remis à sa place par un supérieur hiérarchique.

S'il est sévèrement réprimandé, il peut détourner le regard tout en levant une patte avant, indiquant ainsi son intention de rouler sur le dos. Certains chiens roulent sur le dos en signe de soumission complète, découvrant ainsi du même coup les parties génitales. Ce comportement est comparable à celui que les jeunes adoptent face à leur mère lorsqu'elle leur lèche les parties génitales pour stimuler l'émission d'urine et de selles. Comme les chiots, dans cette position, le chien peut uriner. Il est bien évident que le punir pour avoir uriné serait non seulement injuste mais surtout incompréhensible pour l'animal.

Tous ces signaux, dits de **soumission passive**, ont pour objectif de faire diminuer la menace et de calmer la colère de

celui à qui ils sont adressés. Le chien adopte ici un comportement des plus humbles dont les signaux sont à l'opposé de ceux adoptés dans la dominance ou la menace offensive : il se fait petit, détourne le regard et cherche à montrer qu'il n'est en rien menaçant. Entre chiens, ce comportement stoppe net toute agressivité de celui à qui il s'adresse. Certains maîtres devraient apprendre que continuer à réprimander un chien qui manifeste sa soumission va à l'encontre des règles canines et place le chien dans une situation de détresse qui peut, si elle se répète, le pousser à mordre pour s'en sortir.

Les signaux de soumission passive peuvent être couplés avec des signaux de **soumission active** ou de s**alutation amicale**. Lorsqu'un chien voit son maître rentrer à la maison, il aboie d'excitation, bat de la queue placée en position haute et fait des bonds en direction du maître. Lorsqu'il est proche de lui, son comportement change et sa soumission active inclut des élé-

ments de soumission passive. Il peut notamment se coucher sur le dos et uriner ou s'accroupir en battant de la queue en la maintenant en position basse.

Lors de la soumission active, ou salutation, les chiens peuvent adopter une expression faciale particulière en étirant les lèvres vers l'arrière, la bouche entrouverte et les coins des lèvres relevés.

La soumission est une solution intelligente et sage. Plutôt que de s'engager dans une bagarre perdue d'avance, mieux vaut rester dans l'ombre des animaux dominants pour profiter des opportunités qui permettent d'accéder aux ressources vitales. En se montrant soumis, les individus d'un groupe pourront aussi tirer avantage de la force même du groupe, particulièrement lorsqu'il s'agit de se défendre contre des rivaux(4).

Le marquage

C'est au moment de la puberté que la plupart des chiens commencent à lever la patte et à marquer les objets verticaux du voisinage. Ce comportement est essentiellement adopté par les mâles, les femelles n'utilisant que rarement cette posture. Ces dernières urinent aussi moins fréquemment que les mâles qui déposent de petites giclées d'urine tout au long de leur promenade*.

Que nous soyons propriétaires de chiens ou pas, nous avons tous remarqué que les chiens mâles urinent souvent au cours d'une promenade et que mâles et femelles passent une grande partie de leur promenade à renifler avec délectation poteaux, coins de murs, cailloux et brins d'herbe. Quelquefois même, ils semblent figés, comme hypnotisés, par les effluves qu'ils ont détectés.

Chez les canidés sauvages, les marquages jouent un rôle très important dans la délimitation territoriale ; il y a en effet deux fois plus de marquages aux limites qu'au centre du terri-

Il peut toutefois arriver qu'une chienne urine à la manière des mâles si elle a, par exemple, subi un traitement précoce à base d'androgènes ou si, pendant sa vie intra-utérine, elle a été atteinte par la testostérone sécrétée par les foetus mâles(219).

toire[302]. Un loup solitaire qui traverse le territoire d'une meute évite de signaler son passage par des dépôts urinaires. Les loups et les dingos ont également tendance à marquer autour des ressources partagées par le groupe, comme l'eau dans les régions arides, les terrains de chasse et les bords des sentiers parcourus régulièrement par la meute, particulièrement les intersections[91]. On a émis l'hypothèse que ces marquages seraient utilisés pour faciliter l'orientation spatiale[349].

Le marquage pourrait aussi avoir pour fonction de synchroniser la reproduction entre les sexes. Les études montrent en effet que lorsque leur taux de testostérone et d'oestrogène augmente, les canidés marquent plus fréquemment et s'intéressent davantage aux odeurs déposées par leurs congénères de sexe opposé[91,305,304,367].

Chez nos canidés domestiques, aucune observation n'a pu mettre en évidence le fait que les marquages olfactifs servent à délimiter le territoire[394,41]. En effet, les marquages ne sont pas respectés en tant que frontières puisque les congénères passent outre[41]. Dans certaines situations cependant, le chien peut utiliser ses marquages comme marques de son statut supérieur ou de ses possessions. Il semble en effet y avoir une corrélation entre la fréquence des dépositions urinaires d'un animal et son statut social[137]. Lorsque le chien domine les humains, il n'est pas rare qu'il lève la patte dans le lit de ses maîtres ou sur des objets leur appartenant, notamment certaines pièces de vêtement.

Le marquage permettrait aussi aux chiens de se rassurer lorsqu'ils se trouvent dans des endroits peu fréquentés ou en terrain inconnu puisqu'ils marquent alors plus fréquemment[41,215,259,127]. Mêmes constatations lorsqu'ils se trouvent dans une zone tampon entre deux territoires[282,283]. Placé dans un enclos occupé préalablement par d'autres chiens, un chien mâle dépose de nombreuses marques odorantes (en moyenne 5,9 pendant les cinq premières minutes) puis l'intensité de ses marquages baisse notablement[215].

Les marquages semblent également être source de nombreuses informations, style "Gazette du Coin". En suivant certains mâles qui avaient la possibilité de se balader comme bon leur semblait, on a pu constater qu'ils "mettaient un point d'honneur" à aller renifler quotidiennement certains postes odorants[181]. La détection des odeurs laissées par d'autres chiens ne se fait cependant pas toujours. Dans 47% des cas, le chien passe à côté des marques urinaires déposées lors d'une promenade précédente (environ 2 heures plus tôt) par lui-même ou par un autre chien (mâle ou femelle, connu ou inconnu) sans manifester la moindre réaction. Lorsque le chien s'arrête, on observe six comportements différents (reniflement, déposition urinaire sur ou à côté du marquage préexistant, grattage du sol avec ou sans grognement, léchage de la marque, grincement de dents). Ce sont les dépositions urinaires de mâles inconnus et de femelles en chaleur qui provoquent le plus de réactions[201]. Le chien peut différencier les mâles connus des inconnus sur la seule base de leurs marquages urinaires[122]. Par contre, une certaine expérience sexuelle semble être un préalable indispensable pour que le chien puisse différencier de manière uniquement olfactive l'état reproductif d'une femelle : les mâles sexuellement expérimentés passent significativement plus de temps à renifler l'urine d'une femelle en oestrus que celle d'une femelle en chaleur alors que les mâles sexuellement inexpérimentés ne font pas une telle différence[116,32]. La préférence des femelles dépend de leur état hormonal : en état d'oestrus, l'urine des mâles a la cote.

Il semble donc qu'en reniflant l'urine d'un congénère, le chien soit capable non seulement de déterminer le sexe de l'émetteur et son état reproductif, mais également de retirer des informations sur son âge, son état de santé, sur ce qu'il a mangé* et, s'il s'agit d'un animal connu, sur son identité[367]. De même, les émotions ressenties au moment du marquage, telles que la colère, la peur ou la satisfaction, qui ont un effet sur les sécrétions hormonales, pourraient être détectées par celui qui renifle le dépôt[92]. Pensez-y lors de vos prochaines promenades quand Médor ne veut plus avancer, paraissant hypnotisé par ce qui ne provoque bien souvent que votre dégoût.

**Certaines composantes de l'urine sont modifiées en fonction de l'état nutritif*[107,108,306].

"Les marquages semblent également être source de nombreuses informations, style "Gazette du Coin"."

Quant aux fèces, si les mâles passent plus de temps à renifler celles des femelles, ils ne semblent pas être en mesure de détecter leur réceptivité sur la base de ces seules informations. Les indications fournies par les sécrétions des glandes anales, la salive ou la cire des oreilles (toutes choses qui semblent intéresser les chiens au moment des rencontres) semblent moins précises(117). Les sécrétions anales d'une femelle en chaleurs peuvent cependant provoquer une certaine excitation chez les mâles(113) et chez les femelles(200). Les chiens adultes évitent de s'approcher des objets souillés par les sécrétions anales d'un chien apeuré(114), ce qui n'est pas le cas des chiots (un processus de maturation ou un apprentissage semble donc nécessaire).

Les chiens passent beaucoup de temps à se renifler les uns les autres (surtout la tête, le cou, les commissures des lèvres et les zones génitales) ; ils font de même avec les humains qu'ils sont amenés à côtoyer. Les recherches portant sur les relations établies entre les enfants ou les adultes et leur chien montrent que les différentes parties du corps ne sont pas flairées de manière aléatoire(145,142,143,316,317,318,125). Leur choix dépend des événements qui se sont déroulés juste avant le début de cette activité. Si le contact de l'enfant était amical, les reniflements sont dirigés vers le visage ; en cas de comportement litigieux, le chien reporte son attention sur les mains et les bras. Une odeur connue (par exemple, celle du propriétaire) dirige les reniflements sur différentes parties corporelles alors qu'en cas d'odeur inconnue (par exemple, celle d'un étranger), le chien se concentre sur la zone ano-génitale. Toutes ces données laissent à penser que certaines zones corporelles (surtout le visage, les bras, ou les mains) donnent au chien des informations sur l'état émotionnel de son vis-à-vis alors que d'autres zones (principalement la zone génitale) sont plus utiles pour son identification.

Contrairement aux autres modes de communication, le marquage présente l'avantage d'émettre des informations de façon différée. Mais pourquoi les chiens marquent-ils en hauteur et pourquoi grattent-ils le sol ensuite ? Probablement pour attirer le plus d'attention possible sur le dépôt et ainsi, sur le message qu'il contient. Si l'odeur est placée sur un objet en hauteur, elle se diffuse plus facilement et surtout plus loin dans l'atmosphère. La saillance des objets marqués dépend de leur nombre. En effet, une observation des dingos a révélé que moins il y a d'objets en hauteur dans l'environnement, et plus ils sont marqués. Si les objets sont saillants et peu nombreux, l'animal est très attiré et se sent obligé de les renifler tous. S'apercevant que d'autres y ont laissé leur odeur, il les marquera à son tour[91].

Gratter le sol permet de marquer doublement le lieu, en déposant l'odeur des glandes interdigitales et en attirant l'attention des congénères (gestuelle et herbe foulée). Le fait de voir un autre mâle marquer est un déclencheur visuel très fort qui suscite automatiquement le marquage du mâle observateur[41]. Par contre, le grattage du sol ne semble pas jouer un rôle significatif dans la diffusion des odeurs puisque les substances déposées sont rarement touchées au cours de l'opération[41,350].

LES ÉTATS AFFECTIFS

La peur

Lorsqu'on amène un chien craintif pour la première fois dans un lieu inconnu, il va saliver, tenir la tête basse, les oreilles en arrière, la queue entre les pattes postérieures et peut, dans certains cas, uriner. Tous ces signaux indiquent que le chien a peur.

Cette expression est très proche de l'expression de soumission. En effet, le chien se soumet parce qu'il éprouve une certaine crainte envers celui qu'il considère comme son supérieur hiérarchique. Lorsque le chien a très peur, les signaux de soumission sont accentués, la tête est maintenue basse, les oreilles complètement plaquées vers l'arrière et la queue tellement plaquée entre les pattes arrières qu'elle remonte sous le ventre du chien.

Le chien peut aussi émettre des sons lorsqu'il souffre ou est inquiet. Les pleurs typiques sont de courte durée et le plus souvent cycliques (fréquence moyenne : 2000-3000 Hertz). Les loups et les huskies[161] sont les seuls à étendre ces sons sur plusieurs secondes. On peut comparer ces pleurs aux "miaulements" caractéristiques des jeunes chiots lorsqu'ils sont mal à l'aise ou apeurés.

L'intérêt

Lorsqu'on dépose un nouvel objet dans son jardin, le chien va immédiatement aller voir et étudier l'objet en question. Il le regarde, incline légèrement la tête sur le côté, la gueule détendue et entrouverte et les oreilles dressées et pointées vers l'avant. La queue est tenue presque à l'horizontale et pointe dans la direction opposée au museau, mais sans raideur.

L'excitation

Dirigez-vous vers la porte d'entrée, prenez la laisse et le collier, et voilà le chien qui bondit vers vous en battant vigoureusement de la queue. Plus la queue bat vite, plus l'excitation est intense. L'ampleur du mouvement n'est pas ici à prendre en considération puisqu'elle est étroitement liée à la race et à la morphologie du chien.

La queue est aussi maintenue dans une position haute mais à un angle différent de celui adopté lors d'un comportement agressif ou amical.

Lorsqu'il est excité et content, le chien accompagne presque toujours ses mouvements de joie d'une expression faciale joueuse (gueule entrouverte et halètements). On peut comparer ceux-ci au rire chez l'homme puisqu'ils sont produits dans des contextes similaires, comme lors de rencontres ou de jeux.

Le contentement

Un certain type de grondement (*grunt*), différent du grognement de menace, est parfois émis lorsque le chien éprouve un certain soulagement, par exemple lorsqu'un stimulus inconfortable est retiré, lorsqu'il est installé confortablement, quand le chien est caressé par son maître ou encore, lorsque le chiot retrouve le contact avec sa mère.

Le chien qui se gratte ou se roule dans une substance tellement malodorante qu'elle ferait fuir tout humain, adopte une expression faciale particulière*. Les lèvres sont légèrement tirées vers l'arrière, les oreilles sont baissées et les yeux à demiclos. Le chien peut également coucher sa tête sur ses pattes, les yeux mi-clos, lâchant un soupir qui en dit long.

Lorsqu'on voit son chien s'exprimer de la sorte, c'est qu'il éprouve un profond plaisir.

LES BESOINS ET LES DÉSIRS

La sollicitation au jeu

Le chien d'humeur joyeuse qui cherche un partenaire pour une partie de poursuite, agit de façon tout à fait typique, ne prêtant à aucune confusion. L'expression faciale est similaire

**Plusieurs explications ont été proposées pour ce comportement :*
1. masquer les odeurs corporelles pour optimaliser la chasse ;
2. attirer l'attention des congénères sur soi ou sur le passage d'une proie ;
3. comportement individuel sans signification biologique.

à celle de la soumission mais elle est moins intense. Les oreilles sont tournées vers l'avant et le chien halète d'excitation tout en agitant sa queue dans la position haute. Le train-avant de l'animal est couché au sol, comme pour faire une révérence. Le chien peut aussi lever alternativement les pattes avant, simulant exagérément une approche.

E. Teroni

Pour inciter une personne à le poursuivre, il peut également bondir en avant, feindre une morsure ou encore donner un coup de museau puis bondir en arrière avant de s'enfuir en courant.

La recherche d'attention

Il serait trop long de décrire ici tous les moyens dont sont capables les chiens pour capter notre attention. Les stratégies adoptées par nos compagnons canins dépendent d'une part de leur tempérament, d'autre part de la réaction du maître face à certains de leurs agissements. Si le fait de courir après sa queue fait venir son maître qui va lui parler et chercher à le calmer, le chien recommencera à chaque fois qu'il aura envie qu'on lui accorde un peu d'attention. Il en va de même pour le chien qui aboie, creuse, pleure, et.... Certains chiens vont même jusqu'à faire semblant d'attraper des mouches, sautant et claquant les dents dans l'air, au grand désespoir des maîtres qui les croient devenus fous*.

Lorsqu'il s'agit d'attirer l'attention sur eux, surtout lorsque les maîtres sont occupés ou reçoivent des visiteurs, les chiens savent se montrer particulièrement ingénieux.

Mais un signal semble toutefois avoir la préférence de nos amis, au grand dam de nos voisins : l'aboiement. De tous les canidés, c'est le chien qui possède le plus large répertoire d'aboiements. Les chiens aboient dans des contextes très variés : salutations, sollicitation au jeu, défense, recherche d'attention, détresse, vocalisations de groupe, etc...

Les aboiements peuvent être simples ou couplés avec des jappements ou des grognements. Lorsqu'ils sont amicaux, les aboiements sont plus aigus que dans des situations de menace.

Le fait qu'ils soient produits dans des contextes aussi différents tend à montrer que les sons ne véhiculent pas à eux seuls une information mais visent plutôt à attirer l'attention. Ce sont les autres indices, visuels et olfactifs, qui donnent la signification au signal(50).

Dans certaines situations, nos amis canins expriment de véritables besoins et appuient leur requête par des pleurs comme lorsqu'ils ont une envie pressante de sortir se soulager, ou qu'ils ont véritablement faim. Ces pleurs se distinguent des pleurs de peur ou de souffrance par leur plus grande intensité. Ils peuvent se combiner avec des jappements qui sont une forme raccourcie et contractée de pleurs. Ils sont tout à fait spécifiques aux chiens et peuvent aussi se combiner en alternance avec un grognement ou un aboiement.

LES SIGNAUX AMBIVALENTS

Si les signaux de dominance ou de soumission sont clairs et facilement reconnaissables, il arrive parfois que le chien en situation conflictuelle émette des signaux contradictoires.

**Attention : certains de ces comportements peuvent indiquer d'autres problèmes, aussi bien physiques que "psychologiques".*

Ceux-ci peuvent être émis soit successivement, soit simultanément. S'il aperçoit quelque chose qui l'intéresse mais l'inquiète en même temps, il va alternativement lever puis baisser la tête, la queue, et les oreilles. Ces changements de position signifient que le chien est successivement attiré et inquiet face à un situation inconnue.

Un exemple courant est celui du chien qui mord par peur. Placé dans une situation qui l'effraie, le chien va combiner des éléments de soumission et d'agressivité. Si les gens se font facilement mordre par ce type de chien, c'est que bien souvent le chien exprime de la soumission avec sa face (oreilles en arrière et lèvres tirées vers l'arrière), mais la queue, maintenue en position haute, indique qu'il est malgré tout prêt à passer à l'attaque.

Lorsque l'intrus s'immobilise ou recule doucement, le chien se calme, mais si, au contraire, il avance au-delà d'une certaine limite, c'est-à-dire au-delà de la distance critique* du chien, ce dernier mordra pour se défendre.

Une situation comparable dans laquelle différents signaux sont exprimés est bien connue de nos amis les facteurs. Lorsqu'un chien aperçoit un facteur qui pénètre dans la propriété, il peut, par exemple, immédiatement se mettre à aboyer furieusement manifestant ainsi son agressivité. Mais lorsque le facteur, qui continue courageusement son chemin, arrive à proximité du chien, celui-ci se calme et recule parce qu'il a peur. Dès que le facteur, ayant accompli son devoir, se retourne et s'en va, le chien se remet aussitôt à aboyer.

Ces quelques exemples illustrent bien le fait qu'il faut regarder l'ensemble des signaux émis par le chien pour comprendre ce que celui-ci exprime et adapter son propre comportement en conséquence.

Les modifications artificielles

Les différents signaux permettent aux chiens de communiquer entre eux et sont universellement reconnus. Toutefois,

**Distance critique : c'est la distance à partir de laquelle un animal, qui n'a pas la possibilité de s'enfuir, se trouve obligé de faire front contre son agresseur.*

les choses se compliquent lorsque les hommes sélectionnent des traits qui vont entraîner une ambiguïté dans certains signaux visuels(404). Les grandes oreilles pendantes, par exemple, réduisent la capacité de l'animal à utiliser ces structures comme signaux de communication. De même, de très longs poils limitent la capacité de piloérection et rendent moins évidente la détection des signaux émis par les yeux et la gueule. Le recours à la chirurgie pour modifier la longueur de la queue ou la forme des oreilles accroît encore davantage l'ambiguïté de certains signaux. Ainsi, pour certaines races de chiens, les signaux de communication sont devenus difficiles à interpréter.

L'élevage sélectif a également favorisé, en fonction des besoins, l'une ou l'autre des modalités sensorielles, en en faisant des particularités raciales. Certains chiens utilisent d'avantage les signaux visuels que d'autres, qui privilégient plutôt les signaux olfactifs(156). D'autres encore auraient plus facilement tendance à aboyer. D'après Feddersen-Petersen(137) et Goodwin et ses collègues(199), il y aurait également des différences interraciales par rapport au nombre de signaux émis par chaque partie du corps. Les loups adultes exprimeraient, par exemple, 60 signaux avec la tête, contre 14 pour les caniches, 16 pour les bergers allemands et 43 pour les malamutes.

Chez des chiens sélectionnés pour le combat, l'homme a réduit les comportements de menace, favorisant ainsi la capacité à se battre. Un grand nombre de ces chiens passeraient directement à l'attaque et ne laisseraient aucune possibilité à l'adversaire de ramener l'interaction sur un mode plus pacifique. De même, on a favorisé la tendance à mordre et à maintenir sa proie chez des races comme le pitbull(277).

Ces différences morphologiques ou comportementales peuvent parfois conduire à des erreurs d'interprétation en rendant certains signaux moins clairs. Ainsi, des études comparatives entre des populations de chiens de même race dont la queue a été coupée ou non, montrent que les interactions agressives sont plus fréquentes entre les chiens sans queue(137,199). D'une manière générale, en comparaison avec les loups, les chiens mordent plus rapidement que leurs ancêtres. Les comparaisons entre groupes de loups et groupes de caniches élevés dans les mêmes conditions montrent également que les relations agressives apparaissent plus tôt et sont parfois plus sérieuses chez les caniches que chez les loups(138). Différentes hypothèses ont été avancées pour expliquer ce phénomène. Les études portant sur l'ontogenèse* des loups et des caniches nous révèlent que les jeux sociaux sont très fréquents chez les louveteaux et ont tendance à augmenter au cours de la première année. Au contraire, chez les caniches, de tels jeux sont plus rares, souvent teintés d'agressivité et diminuent au cours de la première année. Une fois les caniches adultes, les conflits mineurs se transforment plus souvent en combat. Alors que les conflits entre les loups d'une même meute, sont en principe ritualisés, dans 70% des cas, les caniches poursuivent le combat même après que leur adversaire a adopté l'attitude de soumission. D'après Feddersen-Petersen, cette tendance accrue pour l'agressivité serait liée aux expressions plus grossières de nos chiens.

**Développement de l'individu depuis l'oeuf fécondé jusqu'à l'état adulte(353).*

CHAPITRE VIII

L'ORGANISATION SOCIALE DES CANIDÉS

L'IMPORTANCE DU RESPECT DE LA HIÉRARCHIE

Lorsqu'on passe en revue les différents moyens de communication des chiens, il apparaît clairement que leur principal sujet de conversation tourne autour de la question : "qui domine qui ?". Cette question est tellement fondamentale qu'elle va influencer la plus grande partie des interactions, non seulement entre un chien et ses congénères, mais aussi entre un chien et son maître.

La question de la dominance est bien connue de la plupart des propriétaires de chiens qui savent que, s'ils veulent se faire obéir de leur animal, ils doivent exercer sur lui une certaine autorité. Malheureusement, cette notion est souvent mal comprise et confondue avec celle de rapport de force, d'agressivité. Résultat : soit les maîtres crient constamment après leur chien ou, pire encore, le frappent pour l'obliger à obéir, soit, ne voulant pas avoir ce type de rapport avec leur compagnon à quatre pattes, ils décident tout simplement d'abdiquer, et tant pis si celui-ci n'en fait qu'à sa tête. La première méthode, parfois préconisée par certains mauvais dresseurs (puisqu'il faut "casser" le chien) est non seulement cruelle mais souvent néfaste. Elle peut engendrer divers troubles comportementaux allant de l'agressivité, offensive ou défensive, à la prostration. Mais si les maîtres qui ont choisi la deuxième solution pensent rendre leur chien heureux en le laissant agir à sa guise, ils se trompent lourdement. En effet, lorsque l'on cède à ses moindre caprices, on place son chien dans une position bien inconfortable : celle de chef ; cependant, à d'autres moments, on exige qu'il obéisse comme un subordonné. Or, ces deux positions, chef et subordonné, sont incompatibles, ce qui va créer pour l'animal incompréhension et frustration. C'est la porte ouverte à toutes sortes de problèmes comportementaux. Pour tenter d'assumer sa position ou de soulager son inconfort, le chien peut, dans certains cas, adopter des comportements de défense, de fuite ou de compensation, qui sont jugés "indésirables" par le maître. Ce dernier risque rapidement de se désintéresser d'un tel animal et de l'abandonner.

La notion de hiérarchie sociale est pour le chien un concept fondamental qu'il est important de réhabiliter si l'on veut améliorer les relations entre les hommes et leurs compagnons canins. Méconnaître les lois qui régissent cette hiérarchie revient à nier la nature même de son animal et laisser libre cours à toutes sortes d'interprétations faussées par l'esprit des propriétaires, même bienveillants.

UN GROUPE ORGANISÉ

Les loups

Pour qu'un groupe d'animaux, quel qu'il soit, puisse fonctionner de façon efficace, il doit disposer d'un système d'ordre entre les membres et d'un système de communication pour promouvoir cet ordre. Sans ces deux aspects, c'est la survie du groupe qui est menacée. Chez les loups, la communication et l'ordre social sont particulièrement bien développés et leur permettent non seulement de cohabiter avec un minimum de conflits, mais aussi de coordonner leurs efforts au cours des différentes activités de la meute : la chasse, les déplacements ou l'élevage des petits.

On peut distinguer deux ordres hiérarchiques distincts dans la meute : l'ordre des mâles et l'ordre des femelles. Tous deux sont linéaires en ce sens que, si l'animal A domine B et que B domine C, alors A domine C. Les individus au sommet de cette hiérarchie sont appelés "mâle alpha" et "femelle alpha". La position particulière de cette dernière lui confère également le droit de dominer les autres mâles.

Le mâle et la femelle alpha forment un couple qui est à l'origine de la meute puisqu'ils sont les parents de la plupart de ses membres. La femelle alpha est en général la seule à se reproduire et veille à sauvegarder ce privilège en agressant les autres femelles si elles sollicitent un mâle ou si elles sont réceptives. Sa seule présence peut parfois suffire à inhiber les chaleurs de ces dernières. Toutefois, dans les périodes d'abondance, on peut observer deux portées dans 20 à 40% de meutes ; mais la plupart des louveteaux engendrés par des femelles subordonnées ne suvivent pas[302].

Chez le mâle dominant, la situation est un peu différente. Des observations dans plusieurs meutes tendent à montrer que, si le mâle alpha est le plus sollicité par les femelles en période de reproduction, son activité sexuelle diminue fortement alors que sa position de chef de groupe se renforce. Il peut arriver exceptionnellement que ce soit le mâle bêta (juste au-dessous du mâle alpha) qui s'accouple avec la femelle dominante, ce qui n'enlève rien au prestige du chef de meute[299].

Le mâle bêta occupe la position la plus difficile dans la meute. En effet, convoitant la place la plus haute dans la hiérarchie, il se lie fortement au couple alpha avec lequel il va coopérer étroitement. Ce faisant, il est aux premières loges pour déceler les moindre signes de faiblesse du souverain (âge, état de santé, etc...). Par ailleurs, pour conserver sa place de second, il doit maintenir tous les autres membres de la meute sous sa coupe et repousser leurs tentatives pour monter en grade.

On peut distinguer trois autres classes de loups :

1) les animaux subordonnés sexuellement matures et hiérarchisés entre eux ;

2) les loups dont le rang est si bas qu'ils se tiennent à l'écart des membres importants de la meute et gardent une position périphérique par rapport au groupe (loups oméga). Ils sont souvent les souffre-douleur de la meute ;
3) les juvéniles.

Des observations sur des louveteaux tendent à montrer que le statut social d'un loup peut être établi très tôt. Les différences génétiques influencent probablement le tempérament et ainsi le rôle social de chaque individu(281,258). Lorsqu'ils ont trois semaines, les petits commencent à jouer à se battre, activité qui va établir un ordre de dominance entre eux. L'un des louveteaux, habituellement le plus fort, mais surtout le plus sûr de lui, peut facilement être identifié comme l'instigateur et le catalyseur de la plus grande partie des interactions sociales entre les jeunes. Il est aussi celui qui a le plus souvent en sa possession des objets nouveaux, comme des os ou des petites proies (insectes, rongeurs, etc...). Les louveteaux moins assurés, plus timides, ont une forte tendance à suivre un tel individu. Alors qu'il grandit, l'allégeance que les autres lui manifestent va le positionner en tant que chef du groupe des juvéniles(163 p.58). Tant que les animaux ne sont pas parvenus à maturité sexuelle, l'ordre hiérarchique s'établit provisoirement entre les juvéniles, sans distinction de sexe.

Les membres de la meute se montrent généralement très amicaux les uns envers les autres (sauf envers oméga). L'ordre hiérarchique permet à chacun de connaître sa place et ses droits et assure ainsi une cohabitation harmonieuse. Plus la meute est ancienne, plus sa structure sociale est stable. En effet, plus il y a de louveteaux qui grandissent sous la surveillance d'un mâle alpha, plus la position de celui-ci est renforcée(299) et moins il y a de conflits à l'intérieur de la meute. Les observations montrent qu'en effet, les individus alpha établissent leur dominance très tôt sur les jeunes, surtout lorsque ceux-ci prennent trop d'initiative(302,305). Il semble également que la régurgitation de nourriture permette aux adultes d'exercer un certain contrôle sur les louveteaux. En effet, si ces derniers insistent trop, les adultes n'hésitent pas à grogner(305).

La position du dominant n'est que rarement remise en question et il n'a pas besoin d'avoir recours à la menace pour se faire respecter. Au contraire, il est bien souvent l'individu le plus calme du groupe. Son influence sur les autres va jusqu'à déterminer l'ambiance de la meute (s'il est de nature amicale et joueuse, l'ambiance générale de la meute est amicale et détendue)[163]. De même, l'assurance du dominant va lui permettre de préserver son statut ainsi que l'harmonie du groupe. En d'autres termes, plus le mâle dominant est sûr de lui et de sa position, plus la hiérarchie du groupe est stable et l'ambiance paisible. A l'inverse, si le statut des loups de haut rang n'est pas clairement défini ou si la meute n'est composée que de jeunes individus, de nombreux conflits vont éclater, chacun essayant de monter "en grade".

Dans la plupart des cas cependant, l'ordre social est stable et les individus de rang supérieur ne manifestent que rarement de l'agressivité envers les animaux subordonnés.

Deux événements particuliers peuvent rompre l'ordre établi :

- avant et pendant les périodes de reproduction, les interactions entre les loups s'intensifient. Celles-ci peuvent être de nature amicale, mais aussi conflictuelle, les animaux étant parfois rivaux. Si la stabilité de base de la meute est maintenue, on peut observer de nombreux changements de statuts au cours de ces périodes. Des bagarres parfois violentes éclatent mais se résolvent au cours d'interactions ritualisées et ne provoquent que rarement des blessures graves ;

- la perte du mâle dominant peut également occasioner de grands chambardements dans le groupe. Lorsqu'il meurt, devient trop vieux ou malade pour maintenir son statut, la compétition qui éclate entre les membres subordonnés est telle que la structure sociale du groupe éclate. Si le nouveau chef de meute n'a pas encore créé de liens d'allégeance avec les autres loups, il ne sera pas capable de maintenir l'unité de la meute. Certains jeunes adultes ayant un tempérament de chef peuvent alors choisir de quitter leur meute d'origine pour en former de nouvelles[307].

Les dingos

Une structure sociale toute à fait similaire à celle des loups se retrouve également chez les dingos. Ces derniers descendent probablement du loup indien (*Canis Lupus Pallipes*) dont de petits groupes domestiqués auraient été importés en Australie par des hommes préhistoriques. Retournés à l'état sauvage depuis 3000 ans, ils se sont répandus sur tout le continent[336].

L'observation des dingos peut nous aider à mieux comprendre le comportement de nos compagnons puisqu'on peut les considérer comme constituant la seule race pure de chiens. Ils se situent entre les loups et nos chiens actuels.

De même que chez le loup, les meutes de dingos sont pour la plupart constituées d'un couple et de leurs petits ainsi que de quelques-uns de leurs descendants plus âgés. Ici encore, le groupe est régi par un ordre hiérarchique entre ses membres(91).

Bien que la meute comporte plusieurs femelles sexuellement matures, en général, seule la femelle alpha se reproduit et chaque meute n'élève qu'une seule portée par an, tout comme les loups. Par ailleurs, des observations tendent à montrer qu'il est possible que la femelle dominante pratique l'infanticide. En effet, certaines femelles subordonnées paraissent gestantes pendant les périodes de reproduction mais n'élèvent jamais de petits(91).

Ici encore, tous les membres de la meute coopèrent pour la chasse et l'élevage des petits. Tous aident le couple alpha à les nourrir en leur régurgitant de la nourriture. Lorsqu'ils grandissent, les adultes leur apportent des morceaux de proies. Plus tard, (entre 9-14 semaines), ils sont emmenés, pour se nourrir, en périphérie des lieux de chasse. Enfin, ils peuvent accompagner les adultes sur le terrain même de la chasse. Les chiots sont sevrés vers la 16è semaine mais restent avec la meute dont ils partagent les activités.

LE CHOIX D'UNE VIE EN MEUTE

Cette forme particulière de structure sociale que l'on observe chez les loups et les dingos procure aux animaux un certain nombre d'avantages quant à leur survie. Lorsque plusieurs individus mettent leurs efforts en commun, ils sont capables de défendre un grand territoire, permettant au groupe de disposer d'un nombre suffisant de proies. Ces proies peuvent aussi être plus grandes que s'ils chassaient en solitaire, ce qui permet d'accroître les chances de chacun de manger à sa faim.

Des observations sur les loups et les dingos révèlent que la taille de la meute dépend non seulement de la disponibilité de la nourriture, mais aussi de la taille des proies. Ainsi, plus les proies sont grandes (par exemple, des élans), plus les meutes sont grandes et inversement(242). De même, un territoire qui comporte un grand nombre de proies pourra abriter une meute plus large qu'un territoire où la densité des proies est faible[(91)]. Toutefois, dans la grande majorité des cas et même dans des conditions écologiques idéales, les meutes se composent généralement de 8 à 12 individus. La taille de celles-ci dépend de quatre facteurs :

- le nombre minimum d'individus nécessaires pour localiser et tuer une proie de façon sûre et efficace ;
- le nombre maximum d'individus qui peut se nourrir à sa faim du résultat de la chasse ;
- le nombre d'individus avec lequel chaque membre de la meute peut tisser des liens sociaux ;
- la quantité de compétition sociale que chacun peut supporter[(299)].

Ce type de structure favorise également la survie des jeunes puisqu'ils sont nourris conjointement par plusieurs membres adultes de la meute. Par ailleurs, la vie en groupe assure une meilleure protection à chacun des membres.

La variété des tempéraments procure à la meute une diversité de capacités individuelles qui, ensemble, forment une "supra-intelligence"[(163,302)].

La notion de territoire*

Une observation des loups du Minnesota[(299)] a révélé que les meutes évitent d'entrer en contact les unes avec les autres et s'établissent sur des territoires dont les frontières sont bien délimitées et respectées, ce qui n'exclut pas que par endroits, les territoires puissent se chevaucher[(152)]. Le respect du territoire est important si l'on sait qu'une grande proportion de loups tués par des conspécifiques le sont le long des frontières territoriales[(303)]. Toutefois, en période de disette, les frontières ne sont plus respectées[(456)].

Il ressort de l'étude de Harrington et Mech[(213,214)] que les hurlements jouent un rôle important dans les relations inter-

---

**Territoire : partie de l'espace vital défendue contre l'intrusion d'individus de la même espèce.*

meutes en signalant l'occupation d'un territoire. Les loups répondent plus fréquemment aux hurlements des meutes voisines lorsqu'ils se trouvent en présence d'une proie fraîchement tuée ou de louveteaux nouveaux-nés. Ces hurlements seraient donc surtout efficaces pour permettre d'éviter des rencontres malencontreuses lorsque deux meutes s'approchent d'un lieu où leurs territoires se chevauchent ou lorsqu'une meute retourne vers un lieu qu'elle n'a pas fréquenté depuis longtemps et dont les marquages odorants se sont fortement estompés.

Ainsi, les marquages et les hurlements sont complémentaires dans la régulation de l'espace. Les premiers permettent une communication à long terme et ponctuelle, les deuxièmes sont immédiats et se propagent sur de grandes distances.

L'influence de l'environnement sur la structure de la meute

Des comparaisons entre des meutes vivant dans des habitats différents ont mis en évidence le fait que la structure même d'une meute est susceptible de varier en fonction des facteurs environnementaux. Les loups vivant, par exemple, dans les parcs nationaux d'Amérique du Nord continuent à vivre normalement en meute. A l'inverse, les loups européens -populations pour lesquelles la forte compétition avec l'homme a limité le nombre d'animaux dans un lieu donné- vivaient jusqu'à peu en solitaire, avec peu ou pas de chances de se reproduire, ou en petits groupes constitués du couple et de leurs petits de l'année, comme c'était le cas en Italie. Dans ces lieux, la taille du groupe était limitée d'une part par l'intervention humaine, et, d'autre part, par le manque de disponibilité de nourriture. Dans les Abruzzes, par exemple, l'analyse des excréments a révélé que les principales sources de nourriture des loups provenaient des décharges publiques. Il semble cependant qu'actuellement, suite de la réintroduction d'ongulés sauvages, ces populations forment aujourd'hui des meutes plus larges (les loups issus de la population italienne qui ont colonisé le Mercantour se regroupent en meutes de 8 ou 9 individus).

Chez les dingos, des comparaisons entre meutes ont révélé les mêmes tendances : les dingos qui se sont établis dans des endroits sauvages tendent à former des meutes larges et stables. En revanche, dans les régions pastorales, les groupes sont plus petits et les variations à l'intérieur des meutes sont essentiellement dues à l'intervention humaine[91].

Mais revenons à ce qui nous préoccupe : la question de la dominance. Quelle que soit la structure de la meute, celle-ci est toujours dirigée par un chef. Tâchons maintenant de mieux comprendre quel est le rôle de de dernier et comment il assure sa suprématie.

LA POSITION "ALPHA"

Quelques avantages

On peut distinguer deux aspects dans la position de chef de meute : les privilèges et les obligations. Lorsqu'il y a compétition, pour la nourriture par exemple lorsque la proie est de petite taille, la dominance prend la forme d'un privilège, puisque les animaux de haut rang vont s'octroyer l'objet convoité. Les autres membres de la meute ne tentent en aucun cas de s'interposer mais cherchent à amadouer les deux membres alphas par toute une série de mimiques de soumission exagérées. Lorsque la proie est de grande taille, il arrive que tous les membres de la meute mangent en commun ; cependant, une fois tous rassasiés, c'est le mâle alpha qui s'octroie les restes(305).

Par ailleurs, comme nous l'avons vu, en principe, seule la femelle alpha se reproduit ; quant au mâle alpha, s'il n'est pas toujours le père des louveteaux, il est convoité en priorité par les femelles lorsqu'elles sont en chaleur. Toutefois, lorsque la meute est grande ou lorsque la nourriture est particulièrement abondante(307), il peut arriver que d'autres femelles se reproduisent également(183,184).

Des observations en captivité ont révélé qu'il existe malgré tout des exceptions quant aux privilèges liés au rang. De même, il semble qu'il existe chez les loups des règles de propriété qui permettent, dans certains cas, à un individu subordonné d'empêcher un animal dominant de lui prendre la nourriture en sa possession. Cette situation à pu être mise en évidence lors d'une expérience au Zoo de St Paul(299) où un animal se situant en troisième position dans la hiérarchie s'est emparé le premier de la viande distribuée et l'a défendue farouchement, même contre les individus dominants. Cette expérience va dans le sens d'un droit de propriété au premier loup qui saisit la viande. Précisons toutefois que dans des conditions naturelles, c'est habituellement l'animal dominant qui s'octroie le premier les résultats de la chasse.

De nombreuses responsabilités

Mais la dominance ne consiste pas seulement à jouir de certains privilèges ; un autre aspect bien plus important consiste à mener le groupe. Le terme anglais qui désigne l'individu "alpha" est plus adapté à la réalité de la situation que celui de "dominant" puisque "leader" signifie "meneur". Dans une meute, les loups ne décident pas individuellement quelle direction prendre pour voyager, quand dormir et quand chasser. Certains prennent l'initiative, les autres suivent.

N'importe quel individu très motivé peut influencer les activités de la meute et entraîner les autres. Dans des situations où le groupe est détendu, lors de jeux, par exemple, l'ordre semble être la résultante des impulsions et des motivations de chacun des membres[384]. Toutefois, lorsqu'il s'agit d'activités plus importantes, comme voyager, chasser ou s'accoupler, les observations sur des meutes différentes vont toutes dans le même sens : c'est le mâle alpha qui est de façon constante l'animal le plus motivé. C'est donc lui qui va initier le mouvement lors des différentes activités de la meute :

- il décide quand dormir et lorsqu'il se réveille, il se dirige vers chacun des loups du groupe pour qu'ils se lèvent à leur tour. Pour pouvoir surveiller la meute et les environs, le couple "alpha" dort toujours à la place la plus en hauteur et légèrement en retrait par rapport aux autres ;
- il décide des déplacements de la meute et mène le groupe. Lorsque le loup de tête se repose, tous les autres en font autant. Ils reprennent la route lorsque le leader le décide[299,302] ;
- la fonction de dominant implique également une fonction protectrice de la meute. Lorsqu'un intrus s'aventure sur le territoire, c'est le mâle alpha qui se précipite à sa rencontre pour le chasser. Au Parc Zoologique de Chicago, par exemple, le mâle alpha patrouille les limites de l'enclos et raccompagne systématiquement le gardien jusqu'à la porte. Ainsi, de tous les loups, ce sont les supérieurs hiérarchiques (alpha et bêta) qui se montrent les plus agressifs envers les intrus[192,259], surtout pendant la période de

reproduction[299]. Les autres sont généralement soit amicaux, soit indifférents ;

- pour marquer sa suprématie et signaler sa présence aux visiteurs éventuels, c'est aussi le leader qui va, plus fréquemment que les autres, déposer des marques odorantes et visuelles (urine, selles, sécrétions des glandes interdigitales) aux endroits stratégiques du territoire (intersection des chemins, lieux de rencontre, etc...) ainsi qu'aux frontières. Parfois, c'est le seul mâle à lever la patte. En captivité, on a pu observer que les loups de bas rang urinaient dans des points d'eau, certainement une façon de minimiser les signes de leur présence[305] ;
- pour maintenir sa dominance sur tous les membres de la meute, l'individu alpha va s'imposer aux adultes subordonnés plusieurs fois par jour, en les menaçant, en les regardant fixement dans les yeux ou encore en les obligeant à se soumettre, allant parfois jusqu'à les plaquer au sol. Il va également s'assurer de sa dominance sur les plus jeunes en leur apprenant dès leur plus jeune âge qui est leur chef. Plus les louveteaux prennent des initiatives et se montrent entreprenants, plus ils sont rappelés à l'ordre[302,305].

Un roi ou un président ?

On ne comprend pas encore de quelle manière le mâle dominant gère sa suprématie. Est-il un monarque absolu suivi aveuglément par les autres, ou bien est-il un "leader" dans un sens plus démocratique qui tiendrait alors compte des signaux émis par chacun des membres de la meute pour prendre ses décisions ? Il est possible que la dominance soit composée des deux formes d'autorité : autocratique et démocratique(299).

Prenons un exemple : une meute de 16 loups avait parcouru une trentaine de kilomètres à travers des contrées gelées. Bien qu'un grand nombre d'entre eux eussent montré des signes évidents de fatigue, le "leader" semblait déterminé à poursuivre sa route et retournait régulièrement vers les autres pour les presser de continuer. Ils parcoururent ainsi encore un kilomètre puis, arrivés face à une étendue de glace dure et déchiquetée, ils firent demi-tour. Il parut évident à l'observateur que c'était l'hésitation du groupe qui avait stimulé le dominant à retourner sur ses pas(299).

Il arrive également que le mâle alpha agisse de façon indépendante. Alors que la meute mentionnée plus haut chassait un élan, le "leader" a soudain arrêté la poursuite et empêché les autres de continuer.

Il semble donc que les meutes de loups soient gouvernées par un système hiérarchique basé à la fois sur une autocratie et une démocratie. Bien qu'il agisse de façon indépendante la plupart du temps, le comportement du mâle dominant peut cependant être influencé par celui des autres.

Cette forme d'organisation sociale ne serait pas possible sans moyens de communication très évolués. Nous avons vu que la communication chez les canidés est basée sur la vision, l'odorat, l'ouïe et le toucher permettant à ces animaux de transmettre et recevoir des informations sur le rang social et sur les émotions de chacun d'entre eux. Chez les animaux qui vivent en meute comme les loups, le comportement et les postures ont évolué de telle sorte qu'ils permettent de maintenir la cohésion du groupe et de réduire les agressions entre les membres d'une meute (voir chapitre VII). Sans ces comportements ritualisés, les animaux d'une meute seraient en perpétuels conflits et si épuisés, qu'ils n'auraient plus assez d'énergie pour chasser ou se défendre contre un prédateur éventue[4].

Maintenant que nous comprenons comment les canidés sauvages s'organisent socialement, tournons-nous vers nos compagnons. Mais avant d'aller plus loin, arrêtons-nous un instant sur les chiens qui, parce qu'ils ont fugué un jour ou qu'ils ont été abandonnés, vivent désormais de façon indépendante des hommes. Comment s'organisent-ils ? Vivent-ils de façon solitaire ou forment-ils au contraire des meutes comme le font les loups ? S'ils vivent en groupes, est-ce que ceux-ci sont organisés et hiérarchisés ? Des réponses à ces questions nous permettraient de mieux comprendre comment nos compagnons domestiques envisagent la vie dans nos familles.

LES CHIENS INDÉPENDANTS DE L'HOMME

La plupart des recherches qui ont été menées sur les chiens errants ou sauvages ont été conduites en Italie. On estime la population de chiens errants dans ce pays à plus de 800.000. Presque toutes les régions sont concernées et l'on peut rencontrer très souvent de tels animaux dans le paysage italien. Parmi cette population de chiens errants, 10% vivent en totale indépendance de l'homme, n'ayant plus la moindre attache avec lui.

C'est dans les régions montagneuses des Abruzzes qu'ont été conduites la plupart des études dans ce domaine[282,54,51,52,53].

Les chiens de cette région sont pour la plupart des chiens typiques des Abruzzes (berger de Maremme-Abruzzes) et des croisés bergers allemands. Ces races ont été utilisées pendant longtemps pour protéger les troupeaux contre les attaques des loups. D'après la population locale, l'apparition des chiens vivant en liberté aurait coïncidé avec la diminution du nombre de loups puisque, n'ayant plus d'utilité, les canidés domestiques auraient été délaissés par leurs maîtres. Ces animaux sont de taille moyenne ou grande. Aucun chien de petite taille n'a été aperçu en compagnie de chiens errants ou vagabonds.

Les recherches sur les chiens dans ces régions sont particulièrement intéressantes parce qu'elles permettent de comparer des chiens vivant dans des lieux adjacents mais différents. L'Italie centrale comporte en effet des zones habitées, constituées par de petits villages et des zones plus sauvages, les campagnes. Par ailleurs, la similarité phénotypique des chiens (c'est-à-dire la similarité des caractères apparents des animaux) et leur proximité géographique permettent de supposer que, si leur organisation sociale est différente selon qu'ils vivent en campagne ou dans les villages, cette différence est due aux différences écologiques et non à l'appartenance à une race définie. Les différents chercheurs ont, en effet, suivi en parallèle (a) les chiens des villageois qui, bien qu'appartenant à des propriétaires, sont laissés très libres et doivent parfois se procurer eux-mêmes leur nourriture, (b) les chiens sauvages vivant dans les alentours mais n'ayant pas de contact avec l'homme, (c) les loups qui fréquentent la région. Voyons d'un peu plus près ce qui se passe.

Les chiens de village

Lorsqu'ils vivent dans les villages, les chiens restent plus ou moins en contact avec les humains. Ils sont souvent nourris par les habitants et certains d'entre eux, bien que pouvant se promener librement, retournent occasionnellement chez leur propriétaire.

A première vue, ces animaux semblent plutôt adopter un mode de vie solitaire puisqu'ils se déplacent seuls la plupart du temps. Ce n'est qu'après une étude plus approfondie que

McDonald et Carr[282,283] ont pu mettre en évidence l'existence de groupes sociaux discrets, d'associations. Ces groupes défendent des territoires dont l'existence a pu être révélée par deux sources. La première provient de l'utilisation de l'espace par les animaux de chaque groupe (parmi ces derniers, certains utilisent le territoire dans son entier, alors que d'autres n'en utilisent qu'une partie) et la seconde de la localisation ainsi que de la nature des interactions hostiles.

Au village de Sant'Iano, par exemple, les auteurs ont pu identifier quatre territoires d'environ 0,25 hectares, occupés chacun par un groupe. En dehors des différents territoires, il y a des zones neutres dans lesquelles les chiens évitent d'entrer en conflit : ce sont principalement les environs des décharges, ressources alimentaires principales de tous les chiens. Les frontières entre deux territoires sont sujettes à des marquages intensifs ; ce sont d'ailleurs à ces endroits que la plupart des rencontres hostiles ont lieu.

Ces territoires sont défendus par les occupants. Si, en de rares occasions, un chien s'aventure sur un territoire voisin, il fuit dès qu'il est repéré par les "propriétaires" et se fait généralement raccompagner à la frontière. En deux occasions, McDonald et Carr[283] ont pu observer un intrus qui se faisait repousser par un animal qu'il avait lui-même rejeté de son territoire peu de temps auparavant. Dans ce contexte, c'est donc le lieu et non pas l'individu qui détermine l'issue de l'interaction.

Sur la totalité des interactions hostiles observées, seules 2% d'entre elles ont eu lieu entre chiens d'un même groupe. Les interactions entre chiens de groupes différents ont été principalement observées aux frontières de leurs territoires respectifs. Ainsi, bien que chacun des membres du groupe passe la plus grande partie de son temps seul ou en association préférentielle avec certains chiens, les relations sociales entre tous les membres d'un même groupe sont amicales.

Les chiens de campagne

Ces animaux, vivant éloignés des hommes et ayant perdu tout contact direct avec eux, adoptent un mode de vie sociale différent de ceux vivant dans les villages. En effet, il semble que ces chiens préfèrent se déplacer en groupes. Ces derniers sont relativement stables ; ils se composent en général de deux couples de chiens avec leurs jeunes.

Tout comme leurs voisins villageois, ces animaux forment des groupes qui défendent des territoires. Ici encore, les chiens se montrent agressifs envers les intrus (plus spécifiquement dans la zone centrale de leur espace vital). La plupart du temps, les aboiements suffisent à éloigner ces derniers mais il arrive que des bagarres plus sérieuses aient lieu, se terminant parfois par la mort de l'un des participants. Bien que l'un des membres prenne souvent une part plus active dans la défense territoriale, tous les membres présents, à l'exclusion des chiots, se joignent à lui pour repousser l'intrus, ce qui avait déjà été observé ailleurs(98,99).

La zone de chevauchement des territoires est constituée par la décharge communale, source principale de nourriture. Dans les zones neutres, les chiens se montrent tolérants envers leurs congénères étrangers.

La vie en groupe

Boitani et ses collègues(54) ont observé un groupe de chiens sur une période de trois ans. Le groupe est constitué par un noyau de deux couples. Les liens entre les partenaires sont stables et perdurent jusqu'à la mort de l'un d'eux. Lorsqu'un animal se retrouve "veuf(ve)", il va rechercher un nouveau partenaire parmi les nouveaux arrivants (chiens qui ont fugué ou qui ont été abandonnés récemment) ou parmi les jeunes issus de portées précédentes. Il semble toutefois que le recrutement de nouveaux membres dans un groupe déjà constitué soit déterminé par les femelles. En effet, lorsqu'elles sont en oestrus, celles-ci attirent les mâles des environs (souvent des chiens vivant dans les villages). Etant choisis comme partenaires sexuels, ils sont automatiquement inclus dans le groupe. Etonnamment, les mâles du groupe se montrent peu hostiles à l'égard de ces nouvelles recrues(54).

Contrairement aux canidés sauvages, ces animaux ne pratiquent pas d'accouplement exclusif et toutes les femelles peuvent avoir des petits. Avant la mise-bas, les futures mères s'éloignent du groupe et recherchent un endroit isolé. Pendant six semaines elles restent en compagnie de leurs chiots et ne s'éloignent que pour rechercher de la nourriture. Le père ou d'autres membres de la meute rendent parfois visite à la femelle ; à l'occasion, on a pu voir le père jouer avec les chiots. Cependant, contrairement à ce qui se passe chez les loups, ni le père ni les autres membres du groupe ne participent au nourrissage des jeunes*. Les chiots ne commencent à se socialiser réellement avec leurs aînés qu'aux alentours de leur 14è semaine et continuent à dormir éloignés des adultes jusqu'à la 20è semaine. Les environs du terrier ne deviennent pas un lieu de rendez-vous comme c'est le cas chez les loups(54).

Le sevrage se fait vers la 5è semaine ; les jeunes deviennent relativement indépendants aux alentours de 4 mois. La mortalité est extrêmement élevée, selon une estimation de Macdonald et Carr(282,283) : seuls 16% des chiots atteignent leur 20è semaine et selon Boitani, 5% seulement survivent à leur première année. En Italie, la plupart des chiots sont éliminés par les hommes.

D'une façon générale, les groupes sont stables. Boitani et ses collègues(54) ont rapporté qu'un des mâles agissait comme le chef du groupe en menant les interactions agressives lorsqu'il y avait intrusion du territoire. Il était aussi le dernier à battre en retraite lors de ces rencontres. Aucunes des observations relatées n'ont malheureusement permis de préciser davantage la fonction du chef de groupe parmi ces populations de chiens.

D'AUTRES OBSERVATIONS DE CHIENS ERRANTS

De nombreuses autres recherches sur des chiens errants (ayant gardé des contacts plus ou moins étroits avec les

**Chez les loups, à l'époque de la mise-bas, la prolactine est sécrétée aussi bien chez les mâles que chez les femelles, même immatures, ce qui pourrait expliquer pourquoi tous les adultes s'occupent si bien des louveteaux(302,19). Qu'en est-il chez les chiens ? A notre connaissance, aucune recherche n'a été faite sur ce sujet.*

humains) et sur les chiens domestiques retournés à l'état sauvage ont obtenu des résultats contradictoires en ce qui concerne la sociabilité de nos canidés. Dans certaines d'entre elles, les chiens ne semblent pas créer des liens durables avec leurs congénères(37,45,96). D'autres chercheurs ont par contre observé la formation d'associations de plus ou moins longue durée entre certains chiens(98,99,265,98,374,151) avec des séances de salutations matinales entre les membres du groupe ainsi que quelques (rares) rituels de dominance et de soumission avec préséance pour la nourriture et le choix d'une place de repos(151). Dans un cas, 2 femelles se sont associées pour élever en commun leurs chiots ; bien que ces dernières aient maintenu de nombreux contacts avec leurs congénères, ceux-ci n'ont cependant pas participé au nourrissage des chiots(99). Des observations identiques ont été faites sur des groupes de fox, de terriers et de beagles vivant en enclos avec un minimum de contacts avec l'homme(394). Dans d'autres cas, les chiots se sont dispersés ensemble ou ont été assimilés dans le groupe parental(98).

En ce qui concerne la formation d'un territoire, à nouveau, les résultats sont divergents(96,99,151,45). On a constaté que certains moyens étaient parfois mis en place pour éviter les rencontres avec des congénères étrangers, notamment des marquages et des aboiements. Il semble que la présence des jeune augmente la superficie du domaine vital* ou la fréquence des aboiements(98,99). Si ces moyens ne sont pas suffisants, les interactions entre chiens sont modulées en fonction de leur familiatité : en cas de tension, l'agressivité dirigée envers un animal non familier est en général plus importante que celle montrée à l'égard d'un animal connu(98).

PEUT-ON PARLER DE MEUTE CHEZ LE CHIEN DOMESTIQUE ?

Reste maintenant à savoir si, en ce qui concerne les chiens, on peut réellement parler de meute. Tout d'abord, comment peut-on définir une meute ? Une meute est un groupe d'ani-

**Domaine vital : étendue spatiale nécessaire à un animal ou à un groupe social pour assouvir ses besoins annuels.*

maux agissant le plus souvent de concert pour leurs déplacements, leurs phases de repos et la recherche de nourriture. En principe, les membres d'une meute de canidés sauvages participent ensemble à la chasse et défendent un territoire commun. Chez les loups, la meute est généralement formée d'un couple reproducteur et de ses descendants ; il s'agit donc souvent d'animaux apparentés. La meute est également hiérarchisée. Chaque animal y occupe une place définie et les communications entre les membres se font principalement sur la base de mimiques et de rituels permettant à chacun de connaître sa position hiérarchique par rapport à son vis-à-vis.

Les chiens livrés à eux-mêmes

Dans les villages, les chiens -qui restent en contact plus ou moins étroit avec les humains- adoptent un style de vie comparable à celui des renards : les individus vivent en groupes sociaux plus relâchés ; ils défendent un territoire commun tout en menant une existence relativement solitaire(282,283). Dans ce cas, on peut difficilement parler de meute puisque les animaux vivent plus ou moins en parallèle, qu'ils ne recherchent pas de nourriture en commun et que seulement un rudiment de hiérarchie a pu être observé parmi les membres d'un groupe.

En ce qui concerne les chiens retournés à l'état sauvage et partageant les mêmes conditions écologiques que les loups, ils vivent et se comportent presque exactement comme ces derniers. En effet, Boitani a montré que les loups italiens, vivant proches des habitations humaines, ne chassent pas en meute, se nourrissent dans les mêmes décharges que les chiens, se déplacent surtout individuellement ou parfois en couple. On peut donc parler de meute bien que, contrairement à ce qui se passe généralement chez les loups, une meute de chiens ne soit pas formée d'individus apparentés et que souvent les nouveaux membres doivent être recrutés parmi les chiens des villages environnants. Ces différences sont en partie provoquées par les interventions humaines qui tuent un grand nombre de chiens sauvages et éliminent leurs portées. Des analyses récentes montrent cependant que, chez les loups également, il arrive que des membres étrangers soient intégrés dans une meute déjà formée(307,18,444) et cela plus souvent qu'on ne l'avait suspecté auparavent.

La différence la plus importante est la non-participation des chiens du groupe à l'élevage des chiots, ceci est certainement à mettre sur le compte de la domestication. Il est difficile d'analyser les comportements sociaux des chiens errants en les interprétant d'après des stratégies évolutives. En effet, l'homme décimant régulièrement ces populations, on peut considérer que celles-ci sont soumises à la pression humaine plutôt qu'à la sélection naturelle.

Quels avantages le chien sauvage retire-t-il en s'organisant en meute ? En se regroupant, les chiens peuvent défendre avec plus de succès un territoire et les ressources qu'il contient. Les auteurs font l'hypothèse que la proximité des loups favorise cette organisation car, en étant regroupés, les chiens peuvent entrer plus facilement en compétition avec ces derniers. Un loup, en effet, n'hésite pas à se confronter à un chien et peut aisément le mettre à mort (les chiens représentent 3,5% de la diète du loup des Abruzzes(51). Cependant les loups hésitent à se confronter à des chiens si ces derniers sont en supériorité numérique.

Que conclure de toutes ces informations parfois contradictoires ? Tout d'abord, bien qu'il ait été domestiqué depuis des milliers d'années, le chien semble encore capable de se débrouiller par ses propres moyens, même dans des environnements hostiles. Tout comme le loup, il a donc gardé une grande capacité d'adaptation et se montre capable de modifier son organisation sociale en fonction de ses besoins. Sa sociabilité se trouve grandement influencée par son milieu de vie (zones urbaines ou rurales), par les ressources disponibles (nourriture et abris) et par la densité des chiens (le groupe peut en effet se scinder en fonction des besoins(99).

Dans certains cas, les chiens ont d'ailleurs tout intérêt à ne pas vivre en groupe. Lorsqu'il partage la même niche écologique que son ancêtre, il vit comme lui. Il semble cependant que la domestication ait irrémédiablement modifié les tendances originelles à l'élevage commun des jeunes. Cela contribue certainement à augmenter la mortalité "infantile", ce qui à son tour pousse le chien (pour maintenir la stabilité numérique du groupe) à recruter des membres étrangers. Ne pourrait-on pas penser que cette dernière obligation contribue pour sa part à modifier (voire relâcher) les relations sociales entre les membres de la meute, ce qui pourrait expliquer en partie les différences constatées entre l'organisation sociale des chiens et des loups ?

Les chiens compagnons de l'homme

Afin de définir si nos compagnons canins établissent eux aussi une hiérarchie sociale avec leurs pairs, un grand nombre d'observations ont été menées sur des chiens vivant en groupes(120).

Les résultats révèlent que, tout comme les loups, les chiens établissent des hiérarchies distinctes entre les sexes. Bien que dans la majorité des cas le chef de meute "suprême" (*top dog*) soit un mâle, il arrive cependant que cette charge soit assumée par une femelle. Dans les groupes étudiés, l'ordre entre les mâles s'est révélé parfaitement linéaire et stable (l'on n'a observé que très peu de variations sur une période de 10 ans). En cas de compétition, l'issue en est presque toujours déterminée par l'ordre hiérarchique. Chez les femelles en revanche, l'ordre est sujet à une plus grande flexibilité et le succès d'un animal dépend de la situation. En règle générale, la première à s'emparer de l'objet convoité reste en sa possession et une femelle se montre beaucoup moins encline à partager qu'un mâle.

En dehors des situations de compétition*, la plupart du temps provoquées par les expérimentateurs, les relations entre les animaux vivant en groupe sont amicales et détendues. Ces données viennent encore une fois confirmer la très grande similitude des rapports sociaux qui s'établissent dans un grou-

**Les chiens sont placés dans des situations de rivalité où les commodités, telles que les places pour dormir, les bols de nourriture et d'eau, les jouets, etc... sont en nombre limité. On a également observé l'issue de l'interaction entre deux chiens lorsque :*
1) on lance un os à une distance équivalente entre les deux animaux ;
2) on donne un os à l'individu subordonné.

pe de chiens et dans un groupe de loups. Mais cette similitude va plus loin. Les recherches ont en effet permis de mieux définir le comportement de chacun en fonction de son statut dans la hiérarchie et notamment celui du "leader". Ainsi, on s'aperçoit que, contrairement à ce que l'on pense, le chien dominant n'est pas un animal agressif, bien au contraire. Ce n'est que très rarement que l'individu alpha est vu en train de grogner ou de menacer un subordonné. En fait, ces animaux sont de nature très calme : puisqu'ils sont assurés de leur position et de leurs privilèges, ils n'ont nul besoin d'user de la force.

Les chiens de rang très bas se montrent également peu agressifs : il serait en effet imprudent pour eux d'essayer de se mesurer à leurs supérieurs.

A.C.C.F.

Ce sont essentiellement les individus de rangs intermédiaires qui vont exhiber des postures de menace. Il semble que les grognements, la piloérection et les bagarres soient principalement des signes d'insécurité et de manque de confiance en soi. Ces signaux sont certainement à mettre en corrélation avec l'incertitude quant à la position hiérarchique individuelle, puisque les rangs intermédiaires sont moins stables.

Quelles sont les implications de ces données ? Nous allons voir que cette hiérarchisation des individus ne se limite pas aux relations que les chiens entretiennent entre eux lorsqu'ils sont en groupe. Au contraire, chaque fois qu'ils entrent en contact avec un congénère ou un humain, il est prioritaire pour nos compagnons à quatre pattes d'établir "qui domine qui". La réponse à cette question permettra à l'animal de définir quelle attitude et quel rôle adopter face à son interlocuteur.

CHAPITRE IX

QUI EST LE CHEF ? L'HOMME OU LE CHIEN ?

Le chien, la meute, la famille

Il y a 20 ou 30 ans, la plupart des foyers n'étaient pas encore équipés en chauffage central et chaque pièce devait être chauffée séparément. Pour économiser de la chaleur, on maintenait les portes fermées. Quel rapport, me direz-vous, y a-t-il entre le comportement des chiens et le mode de chauffage ? En fait, les implications sur les relations que nous entretenons avec nos chiens sont capitales. En effet, en maintenant les portes fermées, on limitait naturellement les déplacements du chien dans la maison. Celui-ci passait la plus grande partie de la journée dans la cuisine ou le jardin et il n'avait que rarement accès aux autres pièces de la maison.

Par ailleurs, jusqu'à ces dernières années, nos connaissances en matière de nutrition animale n'étaient pas aussi développées et les aliments industriels n'étaient pas aussi disponibles. Les chiens étaient naturellement nourris des restes de table.

Ainsi, la situation pour le chien était la suivante : d'une part, ses déplacements sur le territoire étaient limités et sa place pour dormir était située en périphérie du groupe. D'autre part, il devait manger systématiquement après la famille.

Aujourd'hui, les choses ont bien changé. Les maisons disposent désormais du chauffage central, les portes restent toujours ouvertes et le chien peut se déplacer librement dans toutes les pièces. Il peut dorénavant occuper tous les lieux stratégiques, comme le haut des escaliers et le passage des portes. Dans bien des cas, il peut dormir où il veut, y compris dans les chambres à coucher ou sur le lit de ses maîtres.

Autre fait marquant : depuis que les aliments industriels sont devenus facilement accessibles, de nombreux propriétaires ont tendance à nourrir leur chien avant de passer à table. Ils pensent à tort que si le chien a le ventre plein, il aura moins tendance à venir mendier. Malheureusement, bien que cela ne change rien à son comportement (au contraire), ils continuent à nourrir le chien en premier, comme pour se donner bonne conscience.

Au-delà des changements liés à notre mode de vie, le statut même du chien s'est également trouvé modifié ces dernières décennies. D'animal essentiellement utilitaire qui devait travailler pour mériter sa pitance, la majorité des chiens n'ont désormais pour seul rôle que de faire partie de la famille en tant qu'animal de compagnie. Le chien est souvent considéré comme l'ami, le confident ou l'enfant et devient, de ce fait, l'égal de ses compagnons humains. A ce titre, on lui donne libre accès aux canapés et fauteuils de la maison, on le caresse, on l'embrasse chaque fois qu'il réclame de l'attention et on lui donne de la nourriture de notre assiette lorsqu'il le demande. Il suffit à Médor de s'asseoir devant nous pour qu'on le prenne en "pitié". Bref, par souci de son bien-être, comme on le ferait pour un ami ou un enfant, on veille à satisfaire chacune de ses demandes.

J. Cattet

Mais notre bienveillance à son égard va plus loin. Il sort le premier lorsque l'heure de la promenade arrive et précède tout le monde. En tant que propriétaire attentionné, on attend Boomer chaque fois qu'il s'arrête pour faire ses besoins. Lorsque le chien veut jouer, il lui suffit de présenter sa balle pour qu'on le suive dans une partie de jeu et c'est toujours Milou qui finit la partie en possession de la balle.

Combien de maîtres se reconnaîtront-ils dans cette description ? Quel mal y a-t-il, me direz-vous, à se préoccuper du bien-être de son animal ? Aucun ! Bien au contraire, tant que nous sommes sûrs de satisfaire les besoins de notre animal et non les nôtres ! Mais tournons-nous maintenant du côté du chien et sur la base de ce que les différentes études nous ont appris, tâchons de nous mettre à sa place pour comprendre comment il perçoit cette situation.

1) Il peut dormir où il veut, y compris sur les canapés, les fauteuils et le lit de ses maîtres. En revanche, personne ne vient se mettre à sa place et son lit dans la cuisine reste inviolé. Or, dans une meute, ce sont les individus dominants qui vont choisir la meilleure place pour se reposer et dormir. Ils vont privilégier les places en hauteur qui leur permettent de surveiller le groupe et les environs ;
2) il peut se coucher devant les portes et particulièrement devant les portes d'entrée et dans les passages. Nous avons vu que là encore ce sont, pour les canidés sociaux, les animaux de rang supérieur qui déterminent les déplacements des membres de la meute et qui sont en charge de protéger le territoire. Quelle meilleure place pour ce faire que de s'installer devant le seul accès au territoire : la porte d'entrée !
3) il mange en premier. Pour Mirza, l'ordre d'accès à la nourriture est déterminé par l'ordre hiérarchique !
4) il reçoit de la nourriture de l'assiette de ses maîtres alors que ceux-ci sont à table. Du point de vue du chien, un animal de rang élevé n'est pas dérangé pendant son repas et ne tolère aucun subordonné à proximité. Lui donner un morceau de notre steak alors qu'on mange, revient à lui signifier de façon très explicite, qu'on le

considère comme notre supérieur hiérarchique ;

5) lorsque Médor sollicite notre attention en aboyant, en plaçant son museau ou sa patte sur nos genoux, nous le caressons aussitôt. Médor est un très bon dresseur !
6) plusieurs fois par jour, pour lui manifester notre affection, nous nous précipitons sur Milou pour le caresser ou l'embrasser. De même que nous embrassons nos semblables sur le visage, nous embrassons nos chiens sur le museau. Ce faisant, nous agissons comme les animaux subordonnés qui manifestent leur soumission à leur chef ;
7) lorsque l'heure de la promenade arrive, Ixia se précipite par la porte d'entrée et sort toujours la première. Or, nous avons vu que pour le loup et le chien, c'est l'animal "alpha" qui dirige les déplacements de la meute ;
8) Athos tire sur sa laisse durant toute la promenade. Or, c'est le chef de meute qui mène lors des déplacements du groupe ;
9) au cours de la promenade, nous attendons notre chien chaque fois qu'il s'arrête pour renifler une odeur ou pour faire ses besoins. Selon les codes de Valentine, chaque fois que le chef de meute s'arrête, tout le monde s'arrête et ce n'est que lorsqu'il repart que les autres se remettent en mouvement. En revanche, un individu de rang inférieur qui s'arrête n'a aucune influence sur les déplacements de la meute ;
10) Eros marque tout au long de la promenade, laissant une trace de son passage sur tous les objets qu'il croise. Or, selon les lois canines, plus l'animal a un rang élevé, plus il marque. Nous ne connaissons à ce jour aucun maître qui a pris l'habitude d'uriner plusieurs fois alors qu'il promène son chien ;
11) Ulysse aboie furieusement dans la voiture dès qu'il aperçoit un passant (canin ou humain). En tant que leader, il se doit de défendre son territoire et la voiture en fait partie ;
12) lorsque Falline apporte sa balle, c'est avec plaisir que nous la lui lançons. Comme le chien est plus persévérant que son maître, c'est souvent lui qui récupère le jouet en fin de partie. Il en va de même lorsqu'on joue à tirer sur une corde ou un chiffon. Evidemment, nous

n'attachons aucune importance à gagner la partie, d'autant que le trophée baveux n'est pas du plus bel effet sur la cheminée ; pour le chien en revanche, celui qui gagne l'objet est celui qui a fait preuve d'une plus grande force et de plus de persévérance. Rappelons que les chiots jouent beaucoup à des jeux compétitifs. Lorsque ces jeux impliquent la possession d'un objet, le vainqueur est celui qui a réussi à récupérer l'objet convoité. Plus ils gagnent, plus ils montent dans la hiérarchie(148). Le jeu, plus qu'un simple amusement, représente pour Falline un moyen de tester la force physique et psychologique de son partenaire.

Si on résume la situation du point de vue du chien, qui est le chef ? Le maître parce qu'il tient la laisse et emmène Médor aux cours de dressage toutes les semaines, ou le chien à qui l'on signifie dans les actes les plus courants de la vie quotidienne qu'on le considère comme notre "leader" ?

A première vue, traiter son chien comme le chef de meute n'apparaît pas comme un problème, d'autant que nombreux sont ceux qui admettent, sourire aux lèvres, que c'est leur chien qui décide. Mais les choses ne sont pas si simples et placer son chien en position dominante, n'est pas sans conséquences, surtout si le chien a du tempérament. En effet, celui-ci risque non seulement de veiller à sauvegarder les privilèges qui lui reviennent, mais également à assumer les responsabilités liées à son rang. Il va exprimer un ou plusieurs des comportements suivants :

- il précède le maître pour le passage des portes et lors de la promenade. Il est fréquent que le chien aille jusqu'à bousculer son maître pour lui passer devant ;
- il bouscule les enfants. Le chien montre ainsi qu'il ne les respecte pas ;
- il monte pseudo-sexuellement sur le maître et ses enfants ;
- il fixe les membres de la famille, et surtout les adultes, dans les yeux ;
- il réclame continuellement des caresses ;
- il montre de l'anxiété en présence de personnes étrangères

et réagit de façon excessive (sauts, aboiements). De même, il manifeste son mécontentement si on l'enferme lorsqu'il y a des visiteurs ;
- il interfère et cherche à détourner l'attention sur lui lorsque le maître discute avec d'autres personnes ;
- dans des lieux nouveaux, il va s'engager dans une exploration frénétique ;
- il se montre difficile vis-à-vis de la nourriture.
- il n'obéit pas aux ordres, mêmes connus. Notons à ce propos que bien des chiens qui sont menés régulièrement aux cours d'éducation se montrent parfaitement obéissants dès qu'ils posent les pattes sur le terrain du centre d'éducation, mais n'écoutent plus rien une fois rentrés à la maison ;
- lorsqu'il s'installe sur le canapé, le fauteuil préféré ou le lit de son maître, il refuse d'en descendre lorsqu'on le lui demande.

Tous ces comportements s'expliquent aisément. On pense habituellement que la dominance se manifeste toujours par des actes agressifs, or il n'en est rien. "Le chien dominant est celui qui obtient ce qu'il veut, qu'il utilise ou non l'agressivité pour l'obtenir"(148).

La dominance peut être très subtile. Un chien peut, par exemple, demander à sortir avec insistance mais ne pas sortir lorsque le maître excédé lui ouvre enfin la porte. Il peut également quémander de l'attention en plaçant ses pattes sur les genoux d'une personne ou encore donner des coups de museau dans le journal que son maître est en train de lire. Il peut aussi poser sa tête sur l'épaule de son propriétaire lorsqu'ils sont en voiture. La liste n'est pas exhaustive et les chiens, êtres intelligents, ont bien des moyens d'exercer leur contrôle sur leurs compagnons humains.

Dans certains cas, malheureusement, le chien dominant va plus loin et, pour faire valoir ses droits ou pour remettre un subordonné à sa place, il va le menacer en grognant ou en montrant les dents. Il peut aussi aller jusqu'à pincer ou pire, mordre plus ou moins gravement. Voici un exemple typique :

"La dominance peut être très subtile. Un chien peut, par exemple, demander à sortir avec insistance mais ne pas sortir lorsque le maître excédé lui ouvre enfin la porte."

Alors que Mirza se repose paisiblement dans son fauteuil préféré, Carole se dirige vers elle tout en gesticulant, cherchant visiblement à la faire descendre. Ne pouvant tolérer d'être dérangée de la sorte par une femelle subordonnée, Mirza réplique par un grognement et menace Carole en dévoilant sa dentition puissante (même si Mirza est un chihuahua). Ne voulant pas se faire mordre, Carole décide alors de ne pas insister davantage et cherche un autre endroit pour s'asseoir. Le canapé fera très bien l'affaire. Mirza, triomphante, se remet dans une position confortable et continue sa sieste : elle sait que désormais, elle ne sera plus dérangée.

D'après Voith V.L.(434) l'agressivité liée à la dominance se manifeste surtout lorsqu'un membre de la famille :
- caresse ou cajole le chien ;
- le dérange pendant son repas ;
- tente de lui retirer de la nourriture ;
- le fixe dans les yeux ;
- tente de le mettre couché.

Ainsi, un chien qui exerce sa dominance en se montrant agressif risque de mordre parce qu'il estime soit devoir remettre un subordonné à sa place soit avoir été menacé (par exemple lorsque le maître le fixe dans les yeux).

UNE DOMINANCE DIFFICILE À VIVRE

Dans la grande majorité des cas, nous l'avons vu, ce ne sont pas les chiens qui revendiquent une position dominante, mais plutôt les maîtres qui, croyant bien faire mais ignorant les règles canines, placent leur compagnon à la tête de la "meute". Or, s'il est parfois difficile de vivre sous la direction de son chien, il est encore plus difficile pour ce dernier d'assumer une position dominante, que celle-ci soit revendiquée ou imposée.

Rappelons que le "leader" se doit notamment de mener le groupe, de déterminer le moment des sorties, d'en assurer le bon déroulement et de définir les itinéraires. Comment un chien enfermé dans une maison et dépendant des disponibilités de ses maîtres pour l'heure de la promenade pourrait-il assumer sa tâche ? Par ailleurs, puisqu'il est promené en laisse la plupart du temps, il n'est pas libre de ses mouvements, comment peut-il défendre le groupe et décider du chemin à prendre ? Pire encore, comment un chien dominant peut-il comprendre que son maître sorte seul et qu'il doit, lui, rester enfermé dans l'appartement ? Il y a de quoi se sentir très frustré et passer son énervement sur le mobilier, non ?

Autre contradiction à laquelle se voit quotidiennement confronté un chien placé dans une position dominante : les réprimandes. De son point de vue, il est responsable de ses maîtres et du territoire qu'ils occupent. Pourtant, lorsqu'il urine sur les plantes du salon ou qu'il aboie pour faire fuir un intrus, ou encore, lorsqu'il saute sur le facteur, il se fait furieusement gronder, par un subordonné !

La liste de situations incompréhensibles pour le chien n'est pas exhaustive. Celles-ci étant trop nombreuses pour être décrites dans ce chapitre, nous invitons nos lecteurs à identifier eux-mêmes les contradictions auxquelles pourraient être confrontés les chiens de leur entourage, en prenant en compte les règles canines que nous avons énumérées plus haut.

Retenons de tout ceci que, dans de telles conditions, il doit être très pénible pour le chien d'assumer une position hiérarchique supérieure. Il se retrouve forcément soumis à de nombreuses frustrations et incompréhensions auxquelles il lui est très difficile de faire face. Même s'ils sont intelligents, les chiens restent limités par leurs possibilités de compréhension et ne peuvent faire autrement qu'appréhender les situations auxquelles ils sont confrontés en se référant à leurs codes de vie.

Ces imcompréhensions peuvent être la cause de désordres émotionnels comparables à ceux des humains. certains chiens peuvent notamment devenir boulimiques, anorexiques, anxieux ou pire, sombrer dans une sorte de "dépression" dont les symptômes rapellent étrangement ceux observés dans la dépression humaine. Ces problèmes comportementaux perturbent gravement et parfois irrémédiablement la relation humain/chien. Si la plupart des chiens ne développent pas de tels symptômes, il n'en reste pas moins, que lorsqu'on les met en position dominante, surtout s'ils ne veulent pas de cette place, on court le risque de les exposer à de nombreuses sources de frustrations et d'incompréhensions.

A l'inverse, un chien maintenu au plus bas de la hiérarchie est relevé de toute responsabilité et peut en toute tranquillité jouir des avantages de la vie domestique.

Mais qu'est-ce qui fait que, placé dans une position de chef de meute, un chien se montre agressif alors qu'un autre développe plutôt toutes sortes de perturbations comportementales, signes évidents d'un stress ? Chacun réagit en fait en fonction de son tempérament et de tout son vécu. Tâchons d'identifier tout d'abord le rôle joué par l'hérédité dans le domaine du comportement

CHAPITRE X

L'HÉRÉDITÉ

L'IMPORTANCE DE LA SÉLECTION

Les différentes races de chiens se distinguent par des aptitudes particulières, celles pour lesquelles elles ont été sélectionnées depuis des générations. On remarque, par exemple, qu'un chien d'arrêt prend très tôt, au cours des jeux, la position qui servira plus tard au marquage de la proie, ce qui facilite grandement le dressage pour la chasse. Cela ne veut cependant pas dire que des chiens d'autres races ne puissent pas accomplir une telle performance. Il ne faut en effet pas oublier que les comportements du chien n'ont pas été créés de toutes pièces, mais sélectionnés à partir de comportements préexistants chez le loup.

Bien que nous ne voulions pas aborder en détail ces caractéristiques raciales, nous désirons cependant attirer l'attention du futur propriétaire sur certaines tendances plus générales qui devraient impérativement être prises en compte avant de fixer son dévolu sur une race particulière. Nous pensons notamment au besoin d'exercices de certains sujets. Il est par exemple aberrant -si l'on n'a aucune envie de faire de longues promenades au cours desquelles le chien pourra se défouler à loisir- de vouloir faire vivre en appartement une race sélectionnée pour être sans cesse en mouvement (par exemple les chiens auxiliaires des bergers)... à moins qu'il n'existe des lignées distinctes obéissant à d'autres critères sélectifs. Dans le cas contraire, c'est placer le chien dans un environnement inadéquat et se préparer à affronter toutes sortes de problèmes comportementaux traduisant le mal-être de l'animal. Malheureusement, le sujet n'ayant pas, à notre connaissance, fait l'objet d'études scientifiques, nous ne nous y attarderons pas.

Avant d'entrer dans le vif du sujet, nous désirons mettre en garde les lecteurs : si les recherches que nous allons citer mettent en évidence certaines différences raciales, il ne faudrait en aucune manière extrapoler ces résultats et en faire des caractéristiques raciales. En effet, la plupart des recherches n'ont pris en compte qu'un nombre relativement restreint d'individus et de races et de ce fait, il se pourrait que les différences trouvées soient à attribuer à des différences de lignées plus qu'à des différences entre les races -d'autant plus que ces expériences n'ont pas été répétées ! Il faut retenir également que la plupart des sujets étudiés ont été élevés dans des conditions de laboratoire (milieu plus pauvre qu'un environnement familial). Or, la pauvreté du milieu tend à exacerber des différences qui, dans un autre contexte, passeraient peut-être inaperçues. Enfin, gardons en mémoire que les critères de sélection pour une race donnée sont souvent différents d'un pays à l'autre et même d'une époque à l'autre dans un même pays, ce qui rend les généralisations sujettes à caution. Les faits présentés ont pour but non de différencier les races entre elles, mais de montrer comment la génétique peut exercer son influence.

Les différents thèmes que nous avons retenus sont traités d'une façon inégale : n'y voyez pas le signe d'un manque d'intérêt de notre part, mais bien celui d'un manque de données scientifiques.

L'AGRESSIVITÉ

Il y a de multiples circonstances au cours desquelles un chien peut se montrer agressif. Lorsqu'il s'agit de mettre sur pied une thérapie comportementale, il est bien entendu primordial de déterminer s'il s'agit d'une agressivité provoquée par la douleur, la garde territoriale, la peur, la position hiérarchique, etc... Dans ce paragraphe, notre propos n'est pas de traiter en détail ces différentes formes d'agressivité, mais plutôt de nous focaliser sur les plaintes les plus fréquentes qui nous ont été adressées par nos clients lors de leur premier contact téléphonique. Sur un total de 400 appels téléphoniques de clients se plaignant du comportement de leur chien, nous avons vu que dans :

- 23% des cas, l'agressivité est dirigée contre les congénères (grognements voire attaques), principalement au cours

des promenades ;
- 24% des cas, l'agressivité est dirigée contre le propriétaire ou contre d'autres membres de la famille proche ;
- 21% des cas, l'agressivité est dirigée contre des humains, connus ou inconnus, ne partageant pas le même habitat que le chien.

Avant de poursuivre, il nous semble indispensable de faire la distinction entre l'agressivité qui se passe à l'intérieur de la meute -agressivité dirigée envers les autres chiens ou les humains qui partagent le même habitat- et l'agressivité qui se déroule à l'extérieur de la meute -envers des membres étrangers, chiens ou humains de rencontre. Si l'on examine d'un peu plus près ce qui se passe chez les loups, on s'aperçoit qu'ils chassent souvent sans pitié tout congénère étranger qui franchit les limites territoriales et n'hésitent pas à le blesser sérieusement, voire à le mettre à mort, s'il n'obtempère pas assez rapidement. Dans certaines régions, le nombre de loups mis à mort par des congénères est très important et peut aller jusqu'à 52% du total des morts dans les régions où la présence humaine est limitée(307,300,28,444,305).

Nos chiens pourraient agir de même, mais heureusement, ils se montrent beaucoup plus tolérants que leurs ancêtres... et l'on devrait même s'étonner que le chien se montre si sociable ! S'il l'est, c'est d'une part grâce à la domestication, processus au cours duquel on a favorisé, dans la majorité des cas, la reproduction des sujets les plus dociles ; d'autre part, c'est grâce aux nombreuses rencontres qu'il a pu faire durant la période de socialisation et plus tard. En effet, contrairement à son ancêtre qui, en situation naturelle, ne côtoie que les membres de sa meute, le chiot va -il faut du moins l'espérer- entrer en contact avec un grand nombre de chiens et d'humains et apprendre à se comporter amicalement à l'égard de tous ces "étrangers".

L'agressivité à l'intérieur de la meute permet quant à elle d'établir et de maintenir un système de dominance. Dès que la position hiérarchique individuelle est clairement définie et acceptée, les relations interindividuelles sont en principe détendues. Bien que la position occupée par un individu dépende de la situation dans son ensemble et des réactions de tous les membres du groupe, hommes ou chiens, il semble néanmoins que certains sujets se montrent plus acharnés que d'autres à vouloir occuper les places hiérarchiques supérieures. Nos entretiens nous fournissent de nombreux exemples de clients qui ont vécu en harmonie avec leurs chiens précédents et qui se trouvent tout à coup confrontés aux grognements, voire aux morsures, de leur nouveau compagnon à quatre pattes alors qu'ils n'ont en rien modifié leur manière d'être. L'on ne trouve d'ailleurs pas forcément des différences de personnalité entre les propriétaires de chiens venant consulter pour des problèmes de dominance et les propriétaires de chiens non agressifs[(111)].

Il est évident que tous les chiens, comme d'ailleurs tous les loups, ne se comportent pas de la même manière : certains spécimens peuvent à juste titre être considérés comme des bagarreurs invétérés qui recherchent le moindre prétexte pour se mesurer à leurs conspécifiques ou à "leurs" humains, alors que d'autres semblent ignorer les menaces de leur vis-à-vis ou se soumettent à peine ont-elles été esquissées. Il s'agit, il est important de la signaler, plus de différences quantitatives que qualitatives(394) : en effet, tout chien, pour autant qu'il soit suffisamment stimulé, est capable de se battre. Mis à part les facteurs environnementaux que nous aborderons plus tard, il est indéniable que l'hérédité joue un rôle appréciable dans le passage plus ou moins rapide à l'acte agressif.

Des recherches ont mis à jour des différences dans le degré d'agressivité entre les races, les lignées d'une même race, les sexes et les individus ; c'est ce que nous allons voir avec plus de détails.

Les différences entre les races de chiens

Toutes conditions d'élevage étant identiques, les terriers - quel que soit leur âge- se montrent en général plus vite agressifs que les beagles ou les cockers spaniels(394). La tolérance à l'introduction d'un nouveau membre dans un groupe déjà formé semble également varier en fonction de l'âge et de la race des membres du groupe : alors que les fox se montrent intolérants dès la 7è semaine, les basenjis ne le deviennent que vers l'âge de 15 semaines(394). Les réactions sont parfois telles qu'il faut séparer les animaux pour éviter de graves blessures(348).

Bien que l'on ait observé des différences notables dans la rigidité avec laquelle la hiérarchie sociale était établie chez les loups, il semble que la sélection effectuée par l'homme en ait fait une caractéristique pseudo-raciale. Il s'avère notamment que la hiérarchie est de forme linéaire et très stricte chez les terriers et les basenjis, alors qu'elle est beaucoup plus souple chez les beagles et les cockers, groupes dans lesquels plusieurs animaux peuvent occuper le même rang(394).

Si plusieurs races de chiens sont rassemblées, on a constaté que c'était presque toujours les sujets d'une certaine race qui prenaient la tête de la hiérarchie. Par exemple, dans les groupes de terriers et de beagles élevés ensemble dès leur naissance, les terriers ont toujours dominé les beagles(238). De même, les caniches se sont montrés plus dominants que les loups. Il est donc probable qu'à l'intérieur de groupes hétérogènes du point de vue génétique, la dominance soit déterminée par des facteurs héréditaires(414).

Les races se distinguent également par des différences dans la distance interindividuelle tolérée : certains chiens, notamment ceux qui ont été sélectionnés pour chasser en meute (comme par exemple les beagles), acceptent de vivre en contact étroit avec leurs congénères alors que les sujets issus d'autres races (par exemple les lévriers) peuvent se sentir agressés par une telle "promiscuité"(414). Lors des rencontres entre congénères, certains sujets recherchent des contacts rapprochés (nombreux flairages, léchages, contacts pelage contre pelage...), d'autres se montrent au contraire beaucoup plus distants. "La race du chien pourrait être une caractéristique importante pouvant conditionner la quantité et la qualité des interactions interindividuelles"(143). De telles différences pourraient expliquer à la fois la plus ou moins grande facilité avec laquelle ces chiens vont accepter des humains étrangers et leur réaction face à leur maître(158).

Les bagarres peuvent également évoluer différemment en fonction de la manière dont le chien ressent la douleur. Certains animaux douillets auront tendance à se soumettre complètement à la première échauffourée alors que d'autres seront plutôt stimulés par la souffrance et "préféreront" se battre jusqu'à la mort plutôt que de se soumettre(159).

Les différences entre lignées d'une même race

Au cours du processus de domestication et de sélection artificielle, l'homme a pu modifier les seuils (augmentation ou diminution) à partir desquels les comportements s'actualisaient. En modifiant les critères de sélection d'une race à l'autre ou d'une lignée à l'autre, il a ainsi pu agir sur l'agressivité. On a, par exemple, observé plus de morsures par peur dans certaines lignées de golden retrievers que dans d'autres(253) et plus d'agressivité envers les humains, familiers ou non, dans certaines lignées de springers spaniels anglais(369) et de charplaninas(415).

En allégeant le poids de la sélection naturelle -dont l'une des conséquences est de maintenir le comportement dans certaines limites- l'homme a parfois permis à des comportements aberrants de se perpétuer(216,217). Le problème devient inquiétant lorsque l'on sait que certaines lignées peuvent être sélectionnées pour leurs "aptitudes" à montrer de l'agressivité. Schleger(385), qui a étudié des cas d'hypertrophie (développement excessif) de l'agressivité chez des lignées de bull-terriers, a relevé de graves perturbations comportementales dans quatre domaines (des constatations identiques ont été faites dans certaines lignées de pitbulls et de Staffordshire terriers(138)) :

- dans le comportement de cour : les femelles en oestrus se montrent extrêmement agressives envers les mâles et ne les laissent pas approcher ; les mâles quant à eux leur répondent de manière agressive et acceptent le combat, ce qui est tout à fait anormal ;
- dans les relations mère-chiots : certaines chiennes, même lorsqu'elles ont beaucoup de lait, refusent d'allaiter leurs jeunes et tentent de les éloigner en grognant et en les mordant, parfois sans inhibition de morsure (certaines morsures sont même mortelles) ; elles ont également tendance à répondre par des morsures aux cris de douleur de leurs rejetons. Le port d'une muselière, tout au moins pendant les 2 premières semaines, est parfois nécessaire si les éleveurs veulent sauver les portées ;
- dans les jeux : ces derniers peuvent se transformer très vite en bagarre entre la mère et les chiots d'une part, entre

les chiots d'autre part. Certaines mères sollicitent les jeux beaucoup trop tôt (avant l'ouverture des yeux des chiots) ; leurs mimiques de demande de jeux dégénèrent rapidement : la chienne se montre très brusque, attrape sans ménagement ses chiots par les extrémités ou les frappe avec les pattes. Les comportements agressifs des chiots sont particulièrement précoces (entre la 3è et 4è semaine) ; les comportements ritualisés sont très peu nombreux (froncements du museau et grognements sont, par exemple, quasi inexistants) et les jeux de combat dégénèrent rapidement[136]. Pour éviter de graves blessures, les chiots de telles lignées doivent être séparés entre 8 et 12 semaines ;

- dans les relations sociales avec leurs congénères : certains mâles se montrent incapables de mener une vie sociale normale car ils n'ont pas pu acquérir l'inhibition de la morsure. Les gestes de soumission de leur adversaire ont perdu leur pouvoir inhibiteur, si bien que le combat se prolonge souvent jusqu'à la mise à mort de l'un des adversaires.* Certains de ces sujets semblent d'ailleurs éprouver le besoin perpétuel de mesurer leur force[136].

En fait, les perturbations du comportement social sont si importantes que, sans intervention humaine, de telles lignées ne pourraient pas se reproduire. On a également constaté que dans ces cas extrêmes, les conditions d'élevage n'avaient aucune influence ; il semble que la régulation des mécanismes comportementaux n'est tout simplement plus possible.

Malheureusement, certains humains semblent rechercher de telles aberrations, car ils considèrent leur chien comme une arme plutôt que comme un compagnon. C'est ce qui se passe notamment avec certains propriétaires de pitbulls. Ils choisissent leur chien sur la base de ses antécédents agressifs et ne poursuivent qu'un but : le rendre encore plus agressif par toutes sortes de conditionnements et de mauvais traitements. Une telle attitude porte préjudice non seulement aux pitbulls, mais également à tous les représentants de l'espèce canine.

**Feddersen-Petersen, qui a comparé les comportements sociaux des loups et des caniches, montre également que les gestes de soumission de l'adversaire ont perdu de leur pouvoir inhibiteur chez les caniches.*

Interdire ces chiens ne ferait que reporter le problème sur d'autres races qui seront à leur tour mises au pilori. Puisque la sélection permet d'abaisser le seuil de l'agressivité*, il est tout à fait possible d'inverser cette tendance et d'élever le seuil en établissant un programme strict d'élevage[(196)]. La balle est dans le camp des éleveurs.

Les différences entre les sexes

Les chiots mâles montrent plus d'acharnement que les femelles lors des jeux de combats et ces différences tendent à s'amplifier avec l'âge[(394)]. Cependant, en ce qui concerne l'agressivité hiérarchique envers les humains, les premiers signes apparaissent souvent plus précocement chez les femelles (déjà vers 2 mois) que chez les mâles[(360)].

Bien que les comportements agressifs dans leur ensemble semblent plus fréquents chez les mâles que chez les femelles**[(216,217,55,34,35,261,275)], les femelles peuvent s'acharner autant que leurs congénères de sexe opposé lorsque les choses deviennent sérieuses. Si à l'intérieur de la meute, les mâles établissent souvent une hiérarchie plus rigide et plus stable que les femelles[(31,120)], une femelle alpha très dominante peut inhiber par sa simple présence les chaleurs des autres femelles de la meute. Les femelles ont d'ailleurs tendance à se montrer plus agressives que les mâles envers leurs conspécifiques qui partagent le même toit. En effet, la plupart des combats sérieux (avec graves blessures) se déroulent entre deux femelles et en cas d'altercation entre mâle et femelle, les femelles prennent deux fois plus souvent l'initiative de l'attaque[(403)]. Cela ne signifie cependant pas que ces dames aient toujours le dernier mot : mises en compétition avec un mâle pour la possession d'un os, elles doivent la plupart du temps se contenter de le regarder et si parfois "Monsieur" daigne se montrer grand sei-

**Abaisser le seuil de l'agressivité signifie que le chien devient plus vite agressif et a des réactions plus fortes.*

***Pour mémoire, nos résultats montrent également que, comparés à une population de référence, les mâles sont significativement plus agressifs que les femelles envers leurs maîtres, envers les humains étrangers et envers leurs conspécifiques.*

gneur et consent au partage, il y a de fortes chances pour qu'il s'octroie le meilleur bout ! Et ceci indépendamment du poids respectif des deux compétiteurs(30,31), ce qui est d'ailleurs aussi souvent le cas entre mâles adultes(120), mais pas toujours(403).

Les mâles, quant à eux, se montrent en général moins tolérants que les femelles vis-à-vis de congénères étrangers et, contrairement à la plupart des croyances, il leur arrive parfois d'attaquer des femelles étrangères(403,361).

On entend bien souvent dire que la castration et la stérilisation sont des panacées pour régler les problèmes d'agressivité... Qu'en est-il réellement ?

La castration des mâles ou l'injection d'hormones femelles semblent avoir tendance à faire diminuer les bagarres entre mâles dans une grande proportion des cas(433,55,454,47,403), entre 50%(216) et 62%(229), voire 80%(219) selon les études. Cependant, comme "les stéroïdes sexuels jouent un rôle important dans le développement de ces comportements (comportements déclenchés dans des situations de compétition hiérarchique) au moment de la puberté, puis deviennent secondaires chez l'adulte mature"(346), il ne faut pas s'attendre à ce que la castration à elle seule rende le chien totalement pacifique. La testostérone est en fait un modérateur du comportement qui fait réagir le chien plus intensément, plus rapidement et plus longuement. La castration en elle-même n'est pas un traitement, mais peut-être un complément utile lors de la thérapie comportementale d'un chien agressif ; la castration va diminuer la motivation hormonale, mais ne va pas à elle seule avoir une influence sur la composante apprise d'un tel comportement(343).

Quant à la stérilisation des femelles, si elle ne semble pas avoir d'effet positif sur l'agressivité(34,35,360), elle pourrait parfois avoir des effets néfastes, tout au moins chez certaines femelles. La stérilisation d'une femelle de moins d'une année, ayant déjà manifesté des signes d'agressivité hiérarchique par rapport aux humains partageant sa vie, augmente les risques(339). De même, si une femelle a déjà manifesté de l'agressivité envers des congénères de même sexe, la stérilisation peut la rendre encore plus agressive(403,369) et pourrait contribuer à augmenter l'agressivité de la chienne à l'égard des enfants qui vivent avec elle(361).

Les différences entre individus

On a, par exemple, observé des différences quant à l'acceptation d'étrangers chez des louveteaux élevés de manière identique et soumis aux mêmes expériences(156) de même que chez des renardeaux sauvages(415). Les différences observées dans la réactivité des louveteaux, dans leur comportement exploratoire et dans leur habileté à tuer des proies ont pu être mises en corrélation avec la place qu'ils occupaient dans la hiérarchie(159).

Les expériences d'hybridation confirment le rôle joué par l'hérédité : les rejetons (F1 : première génération) issus du croisement coyote/beagle se montrent beaucoup plus agressifs envers leurs congénères du même sexe que les beagles de pure race, alors qu'ils sont pourtant élevés dans les mêmes conditions(161).

Chez les souris de laboratoire qui ont été étudiées en détail, on a pu "créer" différentes souches qui se distinguent par leur degré d'agressivité(413). De nombreuses recherches faites sur différentes espèces ont mis à jour le rôle joué par certains neurotransmetteurs, dans l'agressivité ; des différences dans leur taux pourraient expliquer à la fois l'acte agressif et le manque d'inhibition de certaines morsure(370).

Pour Quéinnec et Gilbert(364) "le statut du dominant dépend de gènes et cela se voit très tôt dans la portée". Des études physiologiques semblent confirmer ses dires : en effet, chez les sujets à tendance dominante, les stress sociaux provoquent une augmentation du taux de certaines hormones*, alors que "chez les sujets dominés, on constate au contraire une diminution de leur taux"(363 p.44). Cependant, tous les auteurs ne sont pas d'accord** ; des recherches plus approfondies nous

---

**Augmentation notamment du taux de l'hormone lutéinisante (l'une des hormones qui augmentent l'activité des testicules et des ovaires) et de la testostérone (hormone synthétisée par les testicules) ; or ces deux hormones ont tendance à augmenter les réactions agressives.*

***Pour Knol(251), la régulation des concentrations de l'hormone lutéinisante et de la testostérone dans le plasma sanguin ne dépend pas de la place occupée par le chien dans la hiérarchie, contrairement à ce qui se passe chez d'autres espèces.*

semblent donc nécessaires pour trancher cette question. L'agressivité de dominance pourrait également être corrélée avec des désordres anxieux ou des troubles du métabolisme[(343)].

Fox[(161)] a, quant à lui, observé que les chiens dominants avaient un rythme cardiaque moyen plus rapide que les dominés. De plus, les sujets ayant un rythme cardiaque élevé au repos à l'âge de 1-3 jours devenaient par la suite les plus actifs, alors que les chiots ayant un rythme plus lent avaient tendance à se montrer beaucoup plus calmes et timides. Dykmann et ses collègues[(123)] observent également des différences dans le rythme cardiaque à l'âge de 2 semaines, âge auquel les chiots ne sont pas encore réellement en mesure de se confronter les uns avec les autres. A notre connaissance, aucune étude n'a malheureusement été menée pour relever de manière systématique les différents rythmes cardiaques entre chiots d'une même portée et la mise en place de la hiérarchie.

Enfin, il nous semble justifié de mettre en parallèle tempérament agressif et acharnement à vouloir occuper la place hiérarchique suprême ; en effet, un chien ayant du tempérament hésitera moins à se servir de ses crocs pour atteindre son but[(59)]. Les races sélectionnées pour la garde et le combat devraient donc se montrer plus "obsédées" par la dominance, ce qui semble être le cas*[(338)]. Cependant, ne nous leurrons pas : des problèmes de hiérarchie, nous en rencontrons dans toutes les races et il serait injuste de mettre au pilori certaines d'entre elles !

Il ne nous semble pas possible de terminer ce chapitre sans parler d'un trouble comportemental assez grave : l'"agressivité idiopathique", appelée également syndrome de "rage paroxystique". En quelques mots, il s'agit d'agressions brusques faites par le chien sur une personne vivant en principe dans son entourage immédiat. Il y a morsure sans raison apparente et sans avertissement, l'acte agressif se déroule très

Les postures rigides exigées par certains standards lors des tests de sélection privilégient les sujets ayant le plus fort tempérament. Ceux-ci seront ensuite plus sollicités pour la reproduction puisqu'ils ont obtenu de meilleurs résultats.

rapidement et le chien semble tout à fait normal après l'attaque. Après le premier incident, plusieurs passages à l'acte peuvent avoir lieu dans un court laps de temps. Selon certains auteurs (notamment Dunbar[119]), chaque attaque est sévère (blessure) et il y a souvent plusieurs morsures de suite. Cependant, il est peu probable que l'acte agressif se déroule à vide ; il est plus plausible que des stimuli, non détectés par l'entourage humain, déclenchent l'attaque, surtout si l'on pense que la régression du chien sur le plan hiérarchique a tendance à faire diminuer de tels symptômes[324]. Pour Dunbar, le syndrome de rage paroxystique représente un accès d'agressivité défensive chez un chien pauvrement socialisé et qui a peu d'inhibition de morsure. D'autres auteurs insistent plus sur l'environnement social dans lequel vivent ces chiens ; en effet, on a pu démontrer que les chiens manifestant de telles crises agressives étaient également agressifs dans d'autres domaines ; ils interprètent de telles attaques comme des manifestations de la dominance sociale plutôt qu'un phénomène séparé et pathologique[361].

Cependant, même si certaines conditions environnementales (présentes et passées) semblent avoir un rôle à jouer dans l'apparition de tels accès de "rage", les différences observées entre les lignées suggèrent l'influence de différences génétiques et neuro-endocriniennes[361]. Ce symptôme a été observé principalement chez certaines lignées de cockers spaniels, surtout ceux de couleur uniforme[386,361], de cockers américains[111], de bouviers bernois[429], de mastiffs du Tibet[410], de Chesapeake bay retrievers, de springers spaniels anglais[111], de dobermans, de bergers allemands, de saint-bernards[219], de bull terriers, de montagnes des Pyrénées, de cockers[333], de golden retrievers[149].

LA PEUR

La peur peut être définie comme "un état de motivation qui provient de certains stimuli spécifiques et qui, normalement, donne naissance à un comportement défensif ou à la fuite. La peur est généralement accompagnée par des changements dans l'activité du système nerveux autonome tels qu'une accélération du rythme cardiaque et des changements dans les modes de circulation sanguine"[297]. Cet état peut se traduire de diverses façons : par une hyperactivité (l'animal se met par exemple à courir de façon incontrôlée, droit devant lui, sans s'occuper de ce qui l'entoure), par une hypoactivité (l'animal ne bouge plus, il se terre), par de l'agressivité (morsure défensive envers ce qu'il considère être un danger). Avoir peur d'un stimulus inconnu est normal, mais avoir peur de tout et de rien, être toujours sur le qui-vive, doit être considéré comme un comportement anormal. Or, il existe un grand nombre de chiens qui manifestent des peurs anormalement élevées envers des stimuli qu'ils rencontrent pourtant régulièrement. Dans des cas extrêmes, on peut observer une généralisation d'un stimulus à d'autres stimuli de plus en plus divers. Cela peut amener certains sujets à refuser de sortir, à prendre la fuite au moindre bruit (peur panique), voire à mordre pour faire fuir des inconnus qu'ils considèrent faussement comme dangereux.

Les différences entre lignées d'une même race

De nombreuses recherches ont mis en évidence l'importance des facteurs héréditaires dans le développement d'un tempérament craintif qui peut apparaître quel que soit le milieu dans lequel le chiot grandit. On a par exemple pu "créer", par simple sélection, des lignées de chiens peureux dans lesquelles 80% des chiots étaient craintifs*. Comparés à d'autres chiots, ces derniers exploraient moins leur environnement, se figeaient au moindre bruit et évitaient le contact avec les humains. Ces différences comportementales apparaissent vers deux mois, ont tendance à augmenter avec l'âge et sont corrélées avec un ralentissement du rythme cardiaque[196,363,421,5,330,326,161,124,63,253,330,327].

Si les facteurs génétiques semblent avoir une grande influence sur la peur en général -à l'exception toutefois de certaines peurs, notamment celles des bruits dont nous allons par-

**Concernant le poids relatif attribué aux différents géniteurs et les croisements entre différentes races, voir références[394, 63, 194, 195, 196, 256, 391].*

ler dans un instant- les facteurs environnementaux, qui jouent également un grand rôle, paraissent avoir des effets plus spécifiques[197]. Comme on observe de grandes similitudes entre chiens élevés normalement mais anormalement peureux et chiens élevés en isolement, Fox[154] suggère qu'un chien timide, en limitant de lui-même ses contacts, se crée en quelque sorte un environnement appauvri.

Les différences entre les races

Après avoir examiné les différences observées entre les lignées de chiens de même race, on peut se demander maintenant si l'on observe de telles différences entre les races. Il semble que cela soit le cas : bien que l'on observe des recoupements, les représentants des diverses races semblent réagir différemment non seulement dans leur propension à la peur, mais également dans leurs réactions spécifiques. Parmi les chiens étudiés, les collies, bergers allemands, caniches -miniatures et standards- corghis et teckels se sont, par exemple, montrés plus peureux que les terriers et boxers. Dans une autre recherche, où l'on a comparé des labradors, des bergers allemands, des boxers et des bergers australiens, élevés dans des conditions identiques et croisés entre eux, les labradors se sont révélés les moins peureux et les bergers allemands les plus craintifs[197,286,357]. Cependant, en cas d'élevage dans un environnement pauvre (vie en chenil), les différences raciales s'estompent et la peur se généralise.

Les différences entre les sexes

En ce qui concerne les différences sexuelles, si les mâles se montrent parfois plus téméraires[357], nos analyses statistiques ne mettent à jour aucune différence statistique entre mâles et femelles*.

Pour ce qui est de la peur des coups de feu, pétards ou autres bruits sourds qui est assez courante chez nos chiens et

**Test de X2 pour deux échantillons indépendants.*

peut provoquer la panique, elle pourrait être due à une sensibilité auditive exacerbée, donc héritée[235,363]. Il en serait de même pour la crainte au toucher manifestée par certains sujets.

L'EXCITABILITÉ, LA RÉACTIVITÉ

En observant attentivement le comportement de différents chiens, on remarque bien vite qu'il y en a de plus excitables que d'autres. Certains passent de nombreuses heures couchés, se contentant de jeter de temps en temps un coup

J. Cattet

d'oeil sur les environs pour s'assurer que tout va bien. D'autres au contraire sont sans cesse en mouvement, courant de-ci delà : le plus petit bruit les met en état d'alerte maximum, ils se mettent alors à sauter en tous sens, à aboyer tous azimuts et tous leurs mouvements semblent exagérés.

Bien que l'attitude du maître et des autres membres de la famille, leur façon de se comporter dans la vie de tous les jours avec leur compagnon à quatre pattes soit parfois responsable d'un certain état d'excitation (voir chapitre XII), il est indéniable que l'hérédité influence le tempérament. Des différences dans le degré de réactivité et dans le comportement exploratoire ont également été constatées chez des louveteaux[160,166]. Campbell[72] pense que, tout comme chez les humains, il y a des chiens introvertis et des chiens extravertis et que ce tempérament de base les prédispose à réagir de manière totalement différente lorsqu'ils sont placés dans la même situation. Il ne faut en effet pas oublier que le génome* influence les sécrétions des neurotransmetteurs, qui à leur tour, vont influencer les réactions de l'animal. Il s'avère, par exemple, qu'un niveau de dopamine élevé provoque un certain degré d'excitation. Or, des recherches menées sur des chiens de troupeaux montrent que les chiens utilisés pour la protection des troupeaux (par exemple les Montagnes des Pyrénées ou les Charplaninas) ont un niveau de dopamine plus bas que les chiens utilisés pour la conduite du troupeau (par exemple les borders collies), ce qui pourrait expliquer leur différence de tempérament[87].

Les observations comportementales de chiens élevés dans les mêmes conditions confirment que les réactions émotionnelles -comportementales et physiologiques- varient (aussi bien quantitativement que qualitativement) en fonction des races et que ces tendances se renforcent avec l'âge. Par exemple, la plupart des terriers, beagles et basenjis réagissent plus fortement que les shetlands et les cockers[394,237,393,132,175,176].

En ce qui concerne le problème particulier des aboiements, nos analyses statistiques révèlent que, comparés à une population de référence, les mâles aboient systématiquement plus que les femelles.

LA SOCIALISATION

Le tempérament du chien va affecter la facilité avec laquelle il va se socialiser. Par exemple, un chien peureux va se comporter de manière plus timide face aux humains ou aux chiens. Il aura tendance de ce fait à limiter ses contacts, ce qui contribue à l'appauvrissement de son environnement, d'où une influence certaine sur son degré de socialisation. Rappelons qu'une sélection aberrante basée sur l'agressivité peut aussi empêcher la socialisation normale aux congénères.

**Génome : ensemble des gènes portés par les chromosomes de l'espèce.*

Parmi toutes les races qu'ils ont étudiées et élevées de manière identique, Scott et Fuller(394) ont remarqué qu'à tous les âges, les basenjis étaient les sujets les moins attirés par les humains, alors que les cockers se montraient les plus sociables. Si la seule distribution de nourriture semblait suffisante pour prévenir des réponses de peur envers les humains pour la plupart des races, ce n'était pas le cas pour les basenjis qui nécessitaient des interactions plus approfondies.

Les récentes recherches menées sur le développement comparé de différentes races tendent à mettre en évidence que, tout comme il n'y a pas Un Développement Typique du Chien, il n'y a pas Un Processus de Socialisation Typique, tout au moins en ce qui concerne la socialisation aux humains. Par exemple, les labradors n'ont pas besoin d'autant de relations sociales que les goldens retrievers ni de relations sociales aussi intenses pour être socialisés correctement à l'homme. La période de socialisation s'étend de la 2è à la 10è semaine chez les golden retrievers, de la 4è à la 18è chez les labradors ; ces derniers se montrent beaucoup plus indépendants et moins sensibles que les golden retrievers. L'apparition de certains comportements sociaux se fait plus tardivement chez le caniche que chez le bull terrier(133).

L'intensité de la relation entre le maître et le chien semble également varier grandement en fonction de la race : les caniches nains et toys ont tendance, par exemple, à montrer une dépendance excessive qui parfois peut causer de graves problèmes d'anxiété de séparation. D'après l'auteur, de telles divergences sont observées entre les différentes races élevées dans le même environnement mais pas entre les individus d'une même race ; ceci n'exclut cependant pas que dans une même portée, il puisse y avoir des individus plus timides et d'autres plus hardis.

Les facteurs héréditaires semblent également responsables de la facilité avec laquelle des chiots ayant vécu en isolement récupèrent : alors que des terriers isolés retrouvent rapidement dès la sortie de leur période d'isolement le même comportement que leurs pairs élevés en famille, il n'en est pas de même pour les beagles(178,179). Ayant été isolés entre la 4è et la 15è semaine, ces derniers ont tendance à réduire leur activité au minimum alors que les terriers se montrent au contraire hyperactifs(180). Il semble en fait que l'isolement permette de mettre au premier plan des différences raciales qui seraient estompées dans des conditions d'élevage standard(177).

Cependant, l'hérédité ne fait pas tout, loin de là. Le chien, comme tout mammifère "supérieur", apprend de multiples choses tout au long de sa vie et ces nombreux apprentissages vont conditionner ses réponses. Comment apprend-il ? C'est ce que nous nous proposons d'examiner dans le chapitre suivant.

CHAPITRE XI

L'APPRENTISSAGE

L'importance de l'apprentissage

Nous avons vu que le chiot apprenait beaucoup de choses au cours de son développement et que certaines expériences devaient impérativement être vécues, sous peine de perturbations comportementales à l'âge adulte. De telles bases sont certes indispensables, mais elles n'expliquent pas tout, loin de là. C'est en effet au cours des mois suivants (et même des années) que le chien apprend à s'intégrer au milieu social et physique dans lequel il vit ; les réponses qu'il en reçoit l'amènent à modifier son comportement en conséquence. Cette aptitude à s'adapter et à faire des apprentissages se maintient durant toute la vie des canidés. Sans elle, le loup ne pourrait pas survivre dans des environnements si extrêmes (des toundras du grand nord aux vallées italiennes) et les chiens auraient beaucoup de difficultés à changer de foyer. Or, cette aptitude ne pourrait se faire sans apprentissage, puisque ce dernier "est le résultat de la réception, de l'intégration et du stockage dans la mémoire d'informations auxquelles l'individu pourra faire appel en vue de l'exécution d'un comportement adapté"[189 p.1074].

Il existe différents types d'apprentissage ; nous allons les passer en revue, car les connaître pourra vous aider à expliciter certains comportements de votre chien (en ce qui concerne l'imprégnation et le processus de socialisation, voir chapitre V).

L'apprentissage par "imitation"

Mirza, votre teckel, a la mauvaise habitude d'aboyer pour tout et rien ; comme vous pensez qu'elle s'ennuie, vous vous empressez de lui offrir comme compagnon de jeu un charmant chiot caniche nommé Caramel... malheureusement, le solo s'est rapidement transformé en duo et vos voisins, pourtant mélomanes, ne semblent pas apprécier cette polyphonie...

Il s'agit d'un cas typique d'apprentissage par imitation qui, chez le chien, s'observe principalement chez les individus jeunes et subordonnés :

- un jeune animal, n'ayant pas encore développé totalement sa "personnalité", aura tendance à imiter plus ou moins systématiquement ses frères et soeurs : si l'un se met à courir, les autres le suivent. Un chiot va aussi être influencé par le comportement de sa mère : par exemple, si la chienne est peureuse, si elle réagit de façon anormale à la moindre stimulation de l'environnement, le chiot va développer un comportement anxieux et aura tendance à réagir de la même façon qu'elle, par la fuite ou l'agressivité ;
- dans la meute, un subordonné se conforme au comportement du chef de meute (en son absence, à celui d'un chien de rang supérieur) : il attaque un intrus qui franchit les limites territoriales si le chien alpha se montre agressif envers lui ; si le leader s'éloigne d'un air décidé, tous les membres de la meute sont prêts à le suivre, alors qu'ils ne réagissent pas aux mouvements d'un inférieur.

Un chiot nouvellement adopté sera donc incité à imiter le comportement de son conspécifique plus âgé ; tout comme il le seconde dans ses vocalises, il peut l'accompagner dans ses fugues ou lui prêter "patte forte" pour déterrer les oignons de tulipe ou dépiauter le canapé du salon !

Soulignons que dans la plupart des cas, il s'agit plutôt de la transmission d'un état émotionnel d'un individu à l'autre que d'une vraie imitation. Le chien s'aperçoit que son congénère est joyeux, irrité... et participe à cet état émotionnel en adoptant le même comportement. Après quelques répétitions de ce type, il va apprendre à identifier les situations provoquant un tel état d'excitation et aura tendance à se comporter de manière identique même en l'absence de son compagnon(140). En ce qui concerne les apprentissages par imitation plus complexes, les loups semblent se montrer plus habiles que les chiens(170).

L'APPRENTISSAGE PAR HABITUATION OU ACCOUTUMANCE

Au début de son séjour chez vous et pendant quelques jours, Peter Pan allait se réfugier en tremblant dans sa niche chaque fois qu'un avion survolait le jardin... c'est-à-dire très souvent, puisque vous habitez près de l'aéroport. Au bout de quelques semaines, les vrombissements n'ont même plus l'air d'interrompre ses rêves.

Peter Pan s'est donc habitué, il a appris que les vrombissements n'étaient pas dangereux. "L'habituation est la disparition de la réponse motrice non apprise à un stimulus donné après que l'animal a été de façon répétée mis en présence du stimulus sans que ce dernier ait été associé ou renforcé par une stimulation favorable ou défavorable"*[188 p.500].

LE CONDITIONNEMENT CLASSIQUE**

Mélodie, votre braque de Weimar, salive dès qu'elle entend l'ouverture de la porte du réfrigérateur... Elle a bien vite compris qu'il vous était impossible de résister à ses grands

**Des analyses physiologiques ont décelé certains changements au niveau cellulaire gouvernant ce mécanisme d'apprentissage[297].*
***Cet apprentissage est également appelé apprentissage par associations ou apprentissage pavlovien.*

yeux ; sa salive anticipe les bouts de fromage ou la tranche de salami qu'elle va pouvoir ingurgiter.

Pavlov, célèbre physiologiste russe, a fait les mêmes constatations que vous et les a longuement étudiées : si l'on fait précéder l'apparition de la nourriture par un stimulus qui n'a aucune signification pour l'animal, par exemple, le son d'une cloche ou l'ouverture de la porte du frigo, le chien va peu à peu se mettre à saliver au moment où le stimulus apparaît et continue à le faire pendant un certain temps, même si la nourriture n'est plus présentée. En d'autres termes, l'animal a associé un stimulus neutre (le son de la cloche, l'ouverture de la porte) à un stimulus familier (la nourriture) et y répond de la même manière, par la salivation*. De telles associations permettent à l'animal d'anticiper sur ce qui a de fortes chances de se produire et d'y adapter en conséquence son comportement.

Selon les circonstances, l'âge du chien et son tempérament, une seule présentation d'un stimulus ou d'une situation associée à un évènement négatif est parfois suffisante pour qu'une réaction devienne conditionnée, comme vous l'avez constaté avec Lucky qui se met à trembler dès qu'il aperçoit son vétérinaire et ceci depuis sa première visite au cours de laquelle il a été vacciné. Que s'est-il passé ?

Chez certains sujets sensibles comme Lucky, une injection peut être ressentie comme douloureuse et peut provoquer diverses manifestations neurophysiologiques (augmentation de la pression sanguine, de la respiration, réactions viscérales...) ; l'animal va ainsi se trouver dans un état émotionnel déplaisant. Il suffit alors qu'il associe un stimulus présent dans la salle de consultation (par exemple, la blouse blanche du vétérinaire) à cette sensation désagréable pour qu'à la seule vue de ce stimulus, il éprouve la même sensation.

**Le stimulus associé ou conditionnel signifie que la nourriture va être distribuée : la réponse est renforcée. La réponse conditionnée par le conditionnement classique est un réflexe contrôlé principalement par le système neuro-végétatif et n'implique pas l'intervention du cortex cérébral. Elle est toujours involontaire (Mélodie ne peut pas contrôler son taux de salivation) et souvent d'ordre physiologique (contractions musculaires, sécrétions glandulaires, tremblements...).*

Bien que les propriétaires soient animés des meilleures intentions du monde, ils contribuent souvent, bien involontairement, à renforcer des comportements qui pourtant les ennuient. Ils détestent voir baver Pluto mais partagent à chaque repas leur steack avec lui ; ils sont ennuyés parce qu'Elliot tremble dès qu'un étranger l'approche mais, au lieu d'adopter une attitude neutre ou de détourner son attention (l'adoption d'une attitude joyeuse peut faire des miracles), ils le saisissent immédiatement dans leurs bras, le caressent et lui susurrent mille et un mots tendres, ce qui ne fait que conditionner son état de peur.

L'APPRENTISSAGE PAR ESSAIS ET ERREURS*

Frimousse s'est cassé la patte il y a 6 mois et, en dépit de tous les soins prodigués, elle continue à boiter lamentablement. Après avoir consulté trois vétérinaires, sa maîtresse doit se rendre à l'évidence : la patte est complètement rétablie. Alors, elle se met à observer attentivement Frimousse et découvre que la boiterie disparaît comme par enchantement lorsque c'est la voisine qui la promène... Comme cette dernière n'a jamais de biscuits dans sa poche, les tentatives d'obtenir auprès d'elle des friandises grâce à la boiterie ont complètement échoué et ont donc disparu, alors que la maîtresse se laisse attendrir à tous les coups !

Selon le même processus, Médor s'est un jour gratté intensément (pour une raison quelconque) ; suite au regain d'attention engendré, les grattages sont devenus un "geste miracle"... Il n'est donc pas étonnant qu'ils soient particulièrement intensifs lorsque M. X désire lire tranquillement son journal ou lorsqu'il discute trop longuement au téléphone...

Twist est un as de la fugue. En fait, pourquoi resterait-il à se "morfondre" tout seul au jardin alors que ses pérégrinations lui procurent de nombreuses stimulations : copains à quatre

Cet apprentissage est également appelé conditionnement opérant ou conditionnement instrumental.

pattes (parfois même... une chienne en chaleurs), chasse aux souris, nourriture, etc...

Frimousse, Médor et Twist ont tous les trois appris qu'un certain comportement avait des conséquences agréables : attention du maître, distribution de friandises, ou fin de l'ennui... alors pourquoi y renoncer ?

Ce type d'apprentissage a été longuement étudié par Skinner, dont les expériences les plus connues ont consisté à placer des rats dans une cage contenant divers objets, parmi lesquels un levier qu'il suffisait de presser pour obtenir de la nourriture. Le rat commence à explorer son environnement et par hasard, il appuie sur le levier et reçoit une croquette... Ce qui, petit à petit, va provoquer une pression de plus en plus rapide et de plus en plus fréquente sur cet objet miraculeux.

"Lors de cet apprentissage, l'animal sélectionne parmi les opérations qu'il effectue spontanément et au hasard dans son environnement, celles qui lui sont favorables. Il apprend donc une réponse"[(189 p.1074)]. En revanche, si son action "est suivie d'une nuisance ou d'une punition, sa probabilité décroît"[(297)]. Contrairement à ce qui se passe dans le conditionnement classique, il s'agit ici toujours de réponses volontaires.

Comme de très nombreux comportements canins, souhaitables ou non souhaitables, sont conditionnés de la sorte par les humains, parfois à leur insu, il vaut la peine de nous attarder quelque peu sur le sujet.

Les renforcements

Lorsque la réponse donnée est suivie d'effets favorables (appelés renforcements), elle se trouve renforcée. On distingue deux sortes de renforcements :

- le **renforcement positif** peut être assimilé à ce que l'on appelle récompense dans le langage courant. Frimousse boite et reçoit un biscuit, Twist fugue et rencontre des copains ;
- le **renforcement négatif** implique la cessation ou la non

apparition d'un stimulus désagréable. Par son comportement, l'animal peut soit échapper au stimulus aversif soit l'éviter. En lâchant le hérisson, Cara n'est plus piquée (échappatoire) ; en s'arrêtant à un mètre de la clôture électrique, Griffith ne reçoit pas de décharge électrique (évitement).

Comment renforcer ?

Bien qu'il soit possible d'entraîner le chien en utilisant uniquement des récompenses verbales et bien qu'un grand nombre d'éducateurs soient farouchement opposés aux friandises, de nombreuses études démontrent cependant que les animaux apprennent plus vite et avec plus d'entrain lorsque des récompenses alimentaires sont associées aux récompenses verbales, surtout pendant la phase initiale du processus d'apprentissage. Notons toutefois que pour être efficace, la nourriture ne doit être présentée au chien qu'une fois l'ordre réalisé et non servir d'appât pour se faire obéir. Par exemple, si au moment du rappel on agite systématiquement un paquet de biscuits, il ne faut pas s'attendre à ce que le chien obéisse le jour où l'on aura oublié les friandises. Une fois l'apprentissage acquis, il convient de diminuer progressivement et de manière aléatoire ce type de récompense.

La qualité et la quantité des renforcements peuvent également influencer la vitesse avec laquelle l'apprentissage se met en place. A chaque maître de trouver ce qui convient le mieux à son chien.

Au début de l'apprentissage, la réponse désirée doit être renforcée **immédiatement** après son apparition (c'est-à-dire moins d'une seconde), sinon on court le risque de renforcer d'autres réponses apparues dans l'intervalle temporel ; le renforcement doit être également distribué de manière **systématique** (c'est-à-dire que toutes les réponses doivent être renforcées).

Une fois l'apprentissage bien installé, le renforcement peut se faire de manière légèrement différée et devenir intermittent -c'est-à-dire que les réponses correctes peuvent être renforcées de manière plus aléatoire. L'animal "attendant" une récompense mais ne "sachant" pas quand elle aura lieu a alors tendance à se montrer plus persévérant... ce qui, comme nous allons le voir, peut, dans certains cas, être à double tranchant car l'apprentissage s'en trouve renforcé.

Vous aviez toujours partagé équitablement le contenu de votre assiette avec Mirza mais devant les remarques désobligeantes de vos amis, vous avez décidé de lui faire passer cette mauvaise habitude. Bien que vous ne lui donniez plus rien lorsque vous allez au restaurant avec vos copains, Mirza devient de plus en plus désagréable : elle gémit, pose sa tête sur vos genoux, vous griffe les pantalons... enfin, elle fait tant et si bien que vos copains menacent de se passer de votre présence ! Que se passe-t-il ? Culpabilisé de manger sous son nez, il vous arrive, quand vous êtes seul, de partager quelques miettes avec elle... surtout quand elle insiste un peu trop. Mirza a très vite compris qu'il suffisait de persévérer et elle se s'en prive pas ! Alors, que faire ? Renoncer à vos sorties ? La laisser seule à la maison en vous morfondant au restaurant ? Non, il y a une autre solution : le déconditionnement.

Le déconditionnement

En principe, pour que l'apprentissage disparaisse, il suffit de ne plus jamais renforcer le comportement (c'est la loi de l'extinction). Mais il est important de savoir qu'au début de la phase de déconditionnement, le comportement a tendance dans un premier temps à augmenter en fréquence : au lieu de se décourager, il faut considérer cette augmentation comme un signe positif (c'est le signe que quelque chose se passe et qu'on est sur la bonne voie). Dans votre cas, il ne faut donc plus jamais donner de la nourriture pendant votre repas, même si elle se met à aboyer ou... à tousser. Lui céder une seule fois, c'est renforcer son comportement et ceci, même si le petit bout de steack est accompagné de tout un discours destiné à faire comprendre à Mirza qu'elle ne doit pas se comporter de la sorte !

Le renforcement involontaire

L'agressivité du chien se trouve parfois récompensée en toute innocence par le comportement de son propriétaire. Dagobert partage le lit de ses maîtres ; une nuit, Monsieur doit se lever et quelle n'est pas sa surprise, lorsqu'il veut réintégrer la chaleur des draps, de se faire accueillir par un grognement ! Etant persuadé que, perdu dans ses rêves, Dagobert a cru avoir à faire à un voleur, son propriétaire se moque gentiment de lui en riant. Deux jours plus tard, ayant oublié ses clés sur la table de nuit, Monsieur retourne dans sa chambre et Madame n'a que le temps de cueillir Dagobert au vol alors qu'il se précipite sur son maître tous crocs dehors ; elle le caresse ensuite longuement, en se moquant gentiment de lui. A nouveau, on interprète son comportement comme une monumentale erreur... Or, si Dagobert a menacé son humain, ce n'est pas parce qu'il l'a pris pour un étranger, mais tout simplement parce qu'il désirait défendre ses privilèges : le lit et la proximité de Madame. En le caressant et en lui parlant, les maîtres n'ont fait que confirmer sa position hiérarchique supérieure !

Un autre comportement gênant mais très fréquent se voit gratifié tout naturellement : les aboiements du chien à l'égard du facteur. Hobby -qui ne peut pas comprendre qu'une fois son travail accompli, le préposé aux postes s'éloignerait de toute façon de la propriété- considère son départ comme le résultat de son comportement : il l'a mis en fuite par ses aboiements... Pour éviter un tel engrenage, il serait bon que les deux "antagonistes" apprennent à se connaître afin qu'il puisse se créer une association positive entre le facteur et le canidé (une ou deux friandises, des caresses feront l'affaire).

Les punitions

Qu'en est-il maintenant des **punitions** ? Elles peuvent également être de deux sortes :

a) **positives** quand le comportement entraîne l'apparition d'un stimulus désagréable : Arco reçoit un coup de griffe quand il se montre trop brusque envers le chat ;

b) **négatives** quand elles entraînent le retrait d'un stimulus appétitif déjà présent : le maître ôte l'écuelle lorsque Mara se précipite alors qu'il lui a demandé d'attendre avant d'aller manger.

Une punition peut provoquer diverses réactions chez un chien : tout dépend de son caractère, des relations qu'il entretient avec son maître (notamment de sa place dans la hiérarchie), de la compréhension qu'il a de la punition (c'est-à-dire de l'association qu'il peut faire entre la punition et son action), des expériences passées, de son âge, de la sévérité de la punition... Une même punition peut par exemple :

- faire cesser le comportement non désiré ;
- provoquer une réplique agressive du chien : grognements, voire morsure ;
- déclencher de la peur qui peut s'accompagner de réponses viscérales involontaires (vidange des glandes anales, diarrhée, miction de soumission...) ou éventuellement d'une morsure par peur.

Ce qui complique les choses quand on parle de punition, c'est que bien souvent maître et chien n'ont pas les mêmes critères de jugement : ce que le premier considère comme une punition peut être interprété comme une simple marque d'attention (donc une sorte de récompense) par le second. Certains sujets semblent d'ailleurs préférer une punition, même sévère, à l'indifférence de leur maître.

Pour toutes ces raisons, une punition est bien souvent inutile, parfois même néfaste. A ce sujet, nous mettons en garde nos lecteurs contre l'utilisation du collier électrique - d'ailleurs interdit en Suisse- car les décharges peuvent provoquer des souffrances parfois importantes et être à l'origine du développement d'une détresse acquise. Le simple fait de tester le collier sur le chien pour voir sa réaction ou d'envoyer la décharge à un mauvais moment peut également déclencher des comportements problématiques : en effet, il est possible que le chien fasse une association erronée entre le choc reçu et l'objet de son attention à ce moment précis (cela peut-être un chien, un enfant, un objet, son propriétaire...) ; confronté par la suite à ce même stimulus, le chien peut devenir peureux ou agressif.

Si cependant, vous continuez à penser que rien ne vaut une bonne tape de temps en temps, vous devez impérativement respecter certaines règles :

- la punition doit être adaptée au caractère du chien, ni trop forte, ni trop molle (elle ne doit pas être interprétée comme une caresse !) ;
- elle doit être stoppée au moment où le chien adopte une attitude de soumission (queue sous le ventre, pattes fléchies, voire chien couché sur le dos, pattes en l'air). En effet, une telle attitude a été sélectionnée au cours de l'évolution pour inhiber l'agressivité des congénères. Ne pas la respecter représente une grave violation des codes canins, ayant pour résultat d'augmenter l'incompréhension entre le chien et les humains et de provoquer des problèmes comportementaux ou de les aggraver ;
- elle doit suivre immédiatement le comportement que l'on désire éliminer. Lorsque vous rentrez du travail et que vous découvrez le fauteuil en lambeaux, il est donc totalement inutile de vous mettre en colère. Si cette règle n'est pas respectée, le chien peut développer un état anxieux (ce qui, dans certains cas, a pour conséquence d'augmenter la fréquence du comportement litigieux) ou associer le châtiment avec l'action qu'il est en train de faire au moment où il le reçoit, par exemple lorsque vous l'appelez au pied pour le punir ! Quant à l'attitude "coupable" de l'animal, nous en reparlerons plus loin ;
- le comportement doit être puni de manière systé-matique, c'est-à-dire à chaque fois, et tous les membres adultes de l'entourage familier doivent agir de la même façon. Etre incohérent déstabilise à coup sûr le chien ;
- une punition est bien meilleure si le chien ne peut pas faire de relation entre elle et la présence de l'humain. Dans le cas contraire, certains petits malins font vite l'association : "mon comportement + la présence de mon maître = punition" et s'empressent de recommencer dès que ce dernier a tourné les talons.

Attention : la punition est totalement contre-indiquée dans les cas d'agressivité hiérarchique, lorsque la dominance du chien est bien établie. Punir physiquement un chien qui se considère votre égal ou votre supérieur peut se révéler dangereux car cela va l'inciter à se montrer encore plus agressif pour faire respecter ce qu'il considère comme ses privilèges. De nombreuses observations montrent qu'il n'y a alors plus d'inhibition de la morsure. Dans ce cas, il y a bien des chances que la souffrance vous fasse arrêter le combat, ce qui va être interprété comme une victoire par votre "adversaire" et le renforcer encore plus dans sa position.

Il ne faut également jamais punir un chien qui se trouve acculé et qui menace, ni un chien qui manifeste des signes de peur (risque de morsure).

On entend très souvent dire qu'il ne faut jamais taper un chien avec la main, cette dernière ne devant être associée qu'avec des caresses ; aussi la plupart des maîtres s'empressent-ils d'aller chercher un journal pour corriger le chien. Or, comme nous venons de la voir, la punition pour être valable doit suivre immédiatement la "mauvaise action" : le temps de trouver le journal et de revenir... Il est déjà trop tard ! Mais d'ailleurs, d'où vient l'idée que la main ne doit jamais servir à châtier l'animal ? On a avancé l'hypothèse qu'une tape rend le chien peureux à la vue d'une main : si cela peut être vrai pour un chiot ou pour un chien qui est sans cesse frappé, c'est un argument fallacieux dans les autres cas. Un chiot qui vient de subir une morsure inhibée du museau de la part de sa mère, parce qu'il a outrepassé ses droits, va-t-il craindre son museau ? La chienne elle-même n'utilise-t-elle pas son museau pour lécher aussi bien que pour remettre ses chiots dans le droit chemin ? La seule différence, c'est qu'elle le fait toujours au moment propice et à bon escient, ce qui n'est malheureusement pas toujours le cas pour les humains !

Il existe toutes sortes d'autres punitions bien meilleures que celles impliquant une atteinte physique : cesser de s'intéresser au chien chaque fois qu'il se conduit mal, l'isoler une dizaine de minutes, quitter la pièce lorsqu'il aboie pour attirer l'attention...

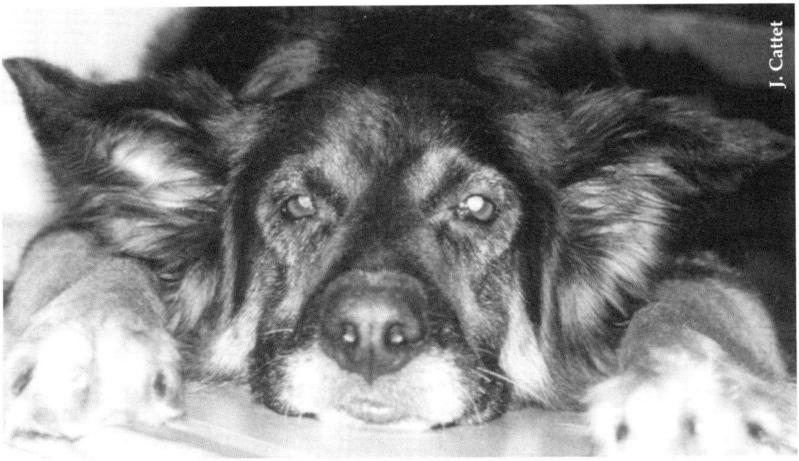

L'apaisement

En tant que chef de meute, le maître a un autre rôle à remplir après une punition : c'est à lui qu'incombe de faire la paix avec son animal. En effet, chez le chien, le rituel de l'agression comprend trois phases : la menace, la morsure et l'apaisement. Les observations éthologiques montrent que c'est presque toujours le vainqueur du combat qui revient vers le vaincu et le lèche. Vous n'allez certes pas lécher votre chien : lui parler gentiment, le caresser fera amplement l'affaire et aidera au rétablissement de l'harmonie dans la meute. En acceptant cette marque d'intérêt, le vaincu reconnaît en quelque sorte la suprématie de son vis-à-vis. Si l'on a été menacé, voire mordu par son chien, on ne doit donc en aucun cas accepter qu'il prenne l'initiative du rituel d'apaisement et vienne nous lécher*. Nous entendons souvent nos clients nous dire : "mon chien revient chaque fois me lécher, il sait qu'il a mal fait et demande ainsi pardon". Or le chien n'a pas la notion de pardon ; pourquoi l'aurait-il d'ailleurs ? S'il a mordu son maître, c'est que, en fonction des codes canins, ce dernier l'a bien mérité. S'il arrive parfois qu'un animal occupant une position inférieure et ayant outrepassé ses droits vienne se soumettre à son supérieur hié-

**Attention : dans d'autres situations, les léchages peuvent être des gestes amicaux.*

rarchique, ce dernier profite de l'occasion pour réaffirmer sa position en obligeant son inférieur à se soumettre encore plus (alors que placé dans la même situation, le maître humain aurait tendance à prodiguer force caresses)

Les risques encourus en ne respectant pas les règles

Le risque, en ne connaissant pas les règles de l'apprentissage, est d'arriver à des situations où l'incompréhension entre le chien et le maître devient totale. Le chien agit en fonction de son tempérament, de ses expériences passées et de la compréhension qu'il a de la situation dans son ensemble, alors que le maître est persuadé que le chien se venge. Cela peut créer de petits comme de gros problèmes qui malheureusement se soldent parfois par des abandons, voire des euthanasies. Voici quelques exemples :

- on a encouragé le chiot à mordre de vieux souliers mais on se fâche lorsqu'on retrouve ses mocassins tout neufs en mille morceaux. Comment le chien pourrait-il faire la différence ?

- on donne une bonne raclée au chien qui a mis dix minutes pour revenir au rappel dans le but de lui apprendre à revenir un peu plus vite la prochaine fois. Or la seule chose qu'on a obtenue, c'est de diminuer sa tension nerveuse ou éventuellement de montrer aux spectateurs qu'on ne se laisse pas faire... Aux yeux du fuyard, on a tout simplement sanctionné son retour. Il hésitera encore plus la prochaine fois avant de s'approche ;

- un chien très attaché à ses maîtres peut développer une très forte anxiété en leur absence. Lorsque cet état anxieux dépasse un certain niveau, seule l'action peut le faire diminuer. Certains chiens se mettent alors à détruire tout ce qui se trouve à leur portée, d'autres creusent des trous dans le jardin, urinent à différents endroits de l'appartement, etc... En constatant les dégâts à son retour, le maître se fâche et punit le chien. Or, celui-ci ne peut en aucun cas comprendre cette soudaine colère, car il est incapable de l'associer au comportement qu'il a eu, peut-être plusieurs heures plus tôt. "Ah non, allez-vous rétorquer, c'est complètement faux ! La preuve c'est que Pacha va se cacher dès qu'il entend la clef tourner dans la serrure... c'est d'ailleurs comme cela que je sais qu'il a dû poser ses crottes sur le tapis du salon !" Vous avez raison dans un sens : Pacha se cache car il sait qu'il va être grondé... Alors ?

Le mécanisme est le suivant : lors de la première punition, le chien ne comprend qu'une chose : "mon maître est fâché". Peu à peu, il va faire une association entre le résultat de son comportement (flaques d'urine, crottes, papiers éparpillés...), le retour du propriétaire et la punition, c'est-à-dire qu'il a appris que lorsque l'humain rentre et qu'il y a une crotte, il va être puni... ce qui est tout à fait autre chose que de comprendre que c'est parce qu'il a fait lui-même cette crotte qu'il reçoit un châtiment. Son attitude de soumission veut simplement dire qu'il s'attend à une explosion de colère : il utilise alors les moyens que la nature a mis à sa disposition pour l'inhiber. Il ferait exactement la même chose s'il n'était pas coupable et que, pendant l'absence du maître, quelqu'un s'était amusé à déposer un étron bien en évidence. Et même si on lui explique en long et en large pourquoi on le punit, Pacha ne peut pas comprendre ! Son état anxieux a de fortes chances d'augmenter, ce qui ne va pas régler le problème, loin de là !

Les problèmes de communication

Ces multiples exemples vous ont, nous l'espérons, fait prendre conscience à quel point nos actions et réactions sont importantes pour notre chien et peuvent modifier ses propres comportements -mais malheureusement, pas toujours dans le sens que nous désirerions ! N'oublions surtout jamais que le chien apprend toujours quelque chose, même quand on ne lui enseigne rien. Il est tout le temps en train de nous observer : il est en fait beaucoup plus attentif aux personnes qui l'entourent que ces dernières au chien(408). Même lorsqu'il est couché et semble dormir, il se positionne souvent pour faire face aux gens qui l'entourent et reste aux aguets. "Or si l'on admet que, dans une interaction, tout comportement a la valeur d'un message, c'est-à-dire qu'il est une communication, il suit qu'on ne peut pas *ne pas* communiquer, qu'on le veuille ou non. Activité ou inactivité, parole ou silence, tout a valeur de message"*(441 p.46).

Au cours de nos consultations, nous entendons souvent dire par des maîtres excédés : "Nous ne comprenons plus notre chien."... Mais, bien que le chien nous connaisse peut-être mieux que nous ne le connaissons, sommes-nous certains de nous faire toujours bien comprendre de lui ?

Les problèmes de communication viennent en grande partie du fait que la plupart des propriétaires ignorent tout des codes canins. En fait, le chien, partageant la vie familiale, est considéré plus ou moins comme un être humain ; on se met à l'anthromorphiser et l'on est tout naturellement amené à croire qu'il réagit, raisonne et analyse chaque situation de la même manière que nous. Qui plus est, nous attribuons au chien la compréhension du langage et avons tendance à privilégier ce canal de transmission dans nos relations avec lui. Or, même entre êtres humains, la communication ne dépend pas entièrement du verbal, car elle intègre à la fois la parole, les gestes et

---

*"*Indépendamment de tout dressage, voire de toute éducation, le chien apprend très vite à reconnaître les événements ou les séquences d'événements qui obéissent, soit à certaines régularités temporelles, soit à certaines successions temporelles ; si ces enchaînements ou ces successions d'événements ont pour issue habituelle des situations qui ont pour lui de fortes valences affectives (positives ou négatives), il leur donne rapidement un sens*"(209 p. 168).

les mimiques. Même lorsque nous ne pouvons pas voir le speaker, nous sommes sensibles, bien souvent sans en prendre conscience, à de nombreux détails qui viennent soutenir ou contredire ses dires : ses changements de rythmes d'élocution, la hauteur et l'intensité de sa voix, certaines productions annexes telles que rires, onomatopées, etc... C'est ce que l'on appelle le para-verbal.

Si la personne est présente, la communication non-verbale va jouer un rôle encore plus important. Les gestes émis par l'émetteur, ses mimiques, ses micro-signaux, etc... vont être immédiatement analysés par le receveur, le plus souvent de façon inconsciente. Ces émissions non verbales peuvent être transmises soit volontairement (certains conférenciers ponctuent les passages les plus importants de leur discours par des gestes) soit inconsciemment (même les conférenciers les plus aguerris ne peuvent pas se surveiller constamment).

Ces deux systèmes parallèles de communication, le paraverbal et le non verbal, assurent la lisibilité et le crédibilité du discours, agissent sur l'évolution des interactions affectives entre les interlocuteurs et permettent de comprendre pourquoi, dans certains cas, un discours a du mal à passer. En effet :

- les systèmes peuvent être en contradiction ;
- il peut y avoir non-pertinence lorsque le signal donné n'est pas en accord avec l'objectif poursuivi ou avec l'activité momentanée ;
- les signaux peuvent être ambivalents, la personne les émettant ne sachant pas elle-même ce qu'elle désire réellement communiquer.

Si les humains -qui ont appris depuis l'enfance à privilégier la communication verbale- sont restés sensibles à de tels phénomènes, les animaux le sont encore plus, puisqu'ils n'ont pas réellement accès à une telle communication. En effet, bien que le chien puisse apprendre à discriminer une centaine de mots(390), il se montre beaucoup plus sensible au ton sur lequel ils sont prononcés et au contexte dans lequel ils sont émis. De nombreuses constatations montrent que les ordres verbaux ne sont exécutés par le chien que lorsque les trois systèmes sont complètement concordants. En cas de contradiction, le chien va privilégier le système non verbal, ce qui semble logique puisque c'est principalement sur cette modalité qu'il communique avec ses congénères.

Il nous paraît également utile de dire quelques mots sur l'effet Pygmalion étudié par Rosenthal et Jacobson[372]. Ces auteurs ont montré que l'attente d'une personne à l'égard du comportement d'une autre personne ou d'un animal influençait grandement le comportement de cette dernière.

Après avoir longuement étudié au cours de séances éducatives des paires chien/maître ou chien/conducteur, Guyot conclut "Je suis à peu près sûr que les chiens se conforment à l'attente plus ou moins consciente du maître plutôt qu'aux ordres énoncés... il est net que les exercices que le maître n'apprécie guère, soit parce qu'il les juge absurdes ou fastidieux, sont très mal réussis par le chien. Ce dernier conduit par une personne qui aime ces exercices améliore immédiatement ses performances."[207 p.522]. Or, l'influence de l'attente du maître peut être amplifiée au centuple dans l'environnement familial.

Une règle d'or est donc d'apprendre à se montrer positif envers notre animal de compagnie. Ne donnez jamais un ordre si vous êtes persuadé que vous parlez dans le vide... Ne nous leurrons pas : c'est certainement plus facile à dire qu'à faire car, "un ordre, si bref soit-il, transmet à la fois un contenu (l'action à exécuter, à interrompre ; etc...) et une relation, i.e. un complexe d'informations sur les sentiments que le conducteur éprouve à l'égard de lui-même, à l'égard du chien, à l'égard de l'action entreprise, etc... Par ses intonations, par son tonus musculaire, le conducteur ne peut éviter d'exprimer s'il a ou non confiance en lui-même, dans le chien, etc... Ce faisant, le conducteur, en même temps qu'il transmet sa demande (ordre), transmet également ses attentes, i. e. que plus ou moins inconsciemment, il indique s'il attend ou non à être obéi"(208 p.63,209). Essayons donc de prendre confiance en notre chien : le résultat en vaut certainement la peine !

Reste à examiner encore une question : celle de l'acceptabilité par le récepteur de la personne qui donne l'ordre. Lorsque nous demandons au chien de faire quelque chose, sommes-nous réellement en droit de le faire aux yeux de ce dernier ? En effet, dans la meute, c'est le chef de meute qui dirige, si ce n'est toutes les activités, du moins les principales. Il suffit qu'il se mette à bouger pour que les autres soient en état d'alerte, prêts à le suivre. Ce sont ses menaces qui sont prises le plus au sérieux, car il se montre beaucoup plus sûr de lui que les autres membres de la meute. Etre le chef, c'est moins une question de force physique que de force de caractère. Or, qui a du caractère sait se faire respecter et faire respecter ses prérogatives. Malheureusement, dans les relations entre les humains et leur chien, nous permettons trop souvent au chien d'empiéter sur ce qui devrait être nos privilèges. Dans de telles conditions, nous plaçons le chien dans une position ambiguë et il lui est difficile de nous considérer comme le vrai chef : cela le rend beaucoup moins enclin à nous obéir ou l'incite à le faire seulement dans les situations qui l'arrangent.

Nous avons compris que l'hérédité jouait un rôle non négligeable sur la manière d'être du chien, mais nous avons également vu que le chien était capable d'apprendre plein de choses tout au long de sa vie. Examinons maintenant comment ces différents apprentissages vont, à leur tour, modifier les réponses données par l'animal.

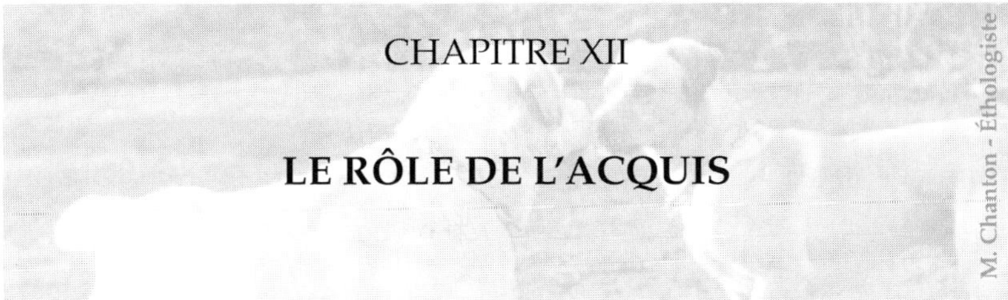

M. Chanton - Éthologiste

CHAPITRE XII

LE RÔLE DE L'ACQUIS

Les expériences vécues par le chien, surtout celles qu'il a faites au cours de ses premières semaines de vie, ainsi que la situation dans laquelle il vit actuellement (c'est-à-dire le milieu physique et social dans lequel il se trouve) influencent grandement la manière dont il va se comporter. Nous avons vu quelle influence pouvait avoir l'hérédité sur l'agressivité, la peur, l'excitabilité et la socialisation. Examinons maintenant comment les facteurs environnementaux peuvent influencer ces derniers.

L'agressivité

Tout d'abord, rappelons que qualifier d'agressivité toutes les mimiques couramment utilisées par les chiens lors des rencontres avec leurs congénères n'est pas justifié : une attitude raide, quelques grognements, le hérissement des poils, etc... est une manière pour eux de se situer par rapport à leur vis-à-vis et non une marque d'agressivité. Chacun tente tout simplement de s'imposer afin d'acquérir une position dominante en essayant de paraître le plus fort et le plus impressionnant possible.

Nous avons vu au chapitre V qu'un chiot isolé de ses semblables au cours des six premières semaines de sa vie ne sait pas se comporter en chien, ne comprend pas le comportement de ses congénères et n'interprète pas correctement leurs mimiques. Ce manque de compréhension peut provoquer de l'agressivité de part et d'autre (il peut en être de même pour un chien dont les propriétaires ont "stoppé" le processus de socialisation en le soustrayant à tout contact avec ses semblables). N'ayant pas bénéficié des jeux avec ses frères et soeurs, un tel chiot n'a pas non plus pu apprendre l'inhibition de la morsure et, si ses maîtres ne réagissent pas de manière adéquate, il se montre incapable de jouer sans infliger des douleurs ; parvenu à l'âge adulte, il continue à le faire. Un tel sujet sera alors souvent catalogué à tort de "chien méchant". Il semble cependant y avoir des exceptions : certaines lignées de fox terriers sélectionnées artificiellement pour leur agressivité semblent réagir de manière inverse et il suffirait de les isoler de leur fratrie à un âge précoce et de les élever à la main jusqu'au sevrage pour éviter de voir se développer leurs tendances agressives[(191)]. Seules d'autres recherches pourraient nous éclairer sur ce point.

Le chien peut également apprendre à agir de manière agressive par simple conditionnement : il suffit que son comportement agressif soit renforcé positivement. Prenons quelques exemples :

- le cas typique est celui du chien peureux qui se trouve acculé dans un coin par un humain qu'il considère -à juste titre ou non, peu importe- comme dangereux. Pris de panique mais ne trouvant aucune échappatoire, il sera amené à se défendre si l'humain s'approche encore plus. Si les menaces ne sont pas suffisantes, il n'hésitera pas à utiliser ses crocs ; l'humain va alors reculer. Un comportement qui a si bien marché a toutes les chances d'être à nouveau reproduit et, si la même situation se répète à plusieurs reprises, il y a risque d'instrumentalisation : le chien se montre agressif de plus en plus rapidement (bien avant d'être acculé) et la menace devient de plus en plus réduite, pouvant parfois disparaître complètement (c'est ce que l'on appelle un comportement instrumentalisé) ;
- le comportement agressif du chien peut, de manière tout à fait involontaire, être renforcé par l'attitude de son maître. Admettons que Bidule se soit un jour accroché à Tarzan. Très impressionnée par les menaces des deux adversaires, la maîtresse de Bidule redoute désormais toute rencontre avec un autre mâle. Dès qu'elle en aperçoit un, elle prend peur et cette peur se traduit par toutes sortes de micro-signaux (modification de la marche, de la respiration, de son attitude générale, de sa voix, etc...). Sitôt émis, ces micro-signaux sont captés par Bidule qui y reconnaît instantanément les signes de la peur. Or, il ne peut en aucune façon comprendre que sa maîtresse redoute son propre

"Le choix d'une race particulière, réputée pour se comporter de telle ou telle manière, de même que le choix du sexe, n'est pas si innocent qu'on pourrait le croire."

comportement : pour lui toute peur signifie la présence d'un danger et il va rapidement faire la relation entre la peur de sa maîtresse et l'arrivée d'un autre chien. Il va alors se montrer encore plus agressif pour repousser le danger... et cela marche (départ de l'autre chien suivi du soulagement des maîtres) ! N'oublions pas que son comportement se trouve souvent renforcé par les caresses ou les mots doux que l'humain adresse à son animal au moment de ses manifestations agressives -gestes destinés à le calmer mais qui en fait cautionnent son agressivité ;

- un maître peu sûr de lui et toujours sur le qui-vive peut éprouver une certaine satisfaction à constater que son compagnon à quatre pattes a du caractère ; il va ainsi renforcer, souvent de manière involontaire, toute manifestation agressive de son animal. Les chiens accusés de "racisme" (eh oui... nous entendons parfois de tels propos !) réagissent bien souvent à des micro-signaux émis par leur humain. Le problème se trouve encore amplifié lorsque le propriétaire utilise son chien comme une arme et fait tout pour provoquer son agressivité ; mais là, nous entrons dans le domaine de la psychologie humaine, domaine autrement plus complexe !

M. Chanton - Éthologiste

- le choix d'une race particulière, réputée pour se comporter de telle ou telle manière, de même que le choix du sexe, n'est pas si innocent qu'on pourrait le croire. En adoptant un chien, chaque propriétaire s'en fait une image et aura tendance à renforcer de manière consciente ou inconsciente tout comportement correspondant à son attente et à sanctionner tout comportement s'en éloignant.

D'autres éléments peuvent également influencer le comportement du chien :

- les cris et les gesticulations des personnes qui assistent à une bagarre augmentent la tension et de ce fait l'agressivité des combattants ;
- la présence du maître ou d'un autre chien avec lequel l'animal est en bons termes intensifie souvent l'humeur belliqueuse (effet de meute). On constate en effet qu'un chien qui se balade seul se montre souvent moins agressif que lorsqu'il se trouve en compagnie. Cet effet est amplifié à l'extrême dans les cas où le chien s'est attribué la place de chef de meute et joue ce rôle en prenant sur lui la défense de la meute : il peut alors interdire à quiconque (homme ou animal) de s'approcher en utilisant diverses mimiques menaçantes, voire des morsures si les menaces ne sont pas suffisantes ;
- le lieu où le chien se trouve joue également un rôle important : plus il est proche de son lieu habituel de vie, plus il a tendance à se montrer virulent, surtout si ce lieu a acquis une certaine valeur : les chiens parias adoptés se reconnaissent par le fait qu'ils se montrent beaucoup plus agressifs envers leurs congénères non adoptés lorsque ces derniers s'approchent de leur lieu de résidence[164] ;
- le fait de gagner un combat peut augmenter la confiance du vainqueur dans ses relations avec d'autres contestataires possibles[118] ;
- un chien en laisse (ou systématiquement pris dans les bras) n'a pas la possibilité d'établir des contacts normaux avec ses congénères de rencontre, il éprouve des difficultés à accomplir les rituels de prise de contact et se trouve dans l'incapacité de moduler la distance avec son vis-à-

vis. Toutes ces contraintes provoquent un malaise social qui, s'il ne peut pas être réduit soit par les gestes appropriés, soit par l'augmentation de la distance interindividuelle, peut inciter le chien à se montrer agressif ;

- des mauvaises conditions de détention ont tendance à augmenter l'agressivité. Il arrive qu'un chien à l'attache soit continuellement soumis aux mauvais traitements de certains enfants (cris, jets de pierres, explosions de pétards, etc...). Il y a de fortes chances qu'une fois la liberté retrouvée, ce chien morde un enfant, parfois tout à fait innocent, car le canidé a tout simplement appris à considérer tous les enfants comme des dangers potentiels qu'il est préférable de mettre en fuite ;
- un chiot attaqué par un chien adulte peut à son tour se comporter agressivement envers ses semblables une fois parvenu à l'âge adulte. Il semble que certaines phases du développement soient plus propices que d'autres pour provoquer plus tard un tel "dérapage". A notre connaissance, il n'y a malheureusement aucune étude à ce sujet ; l'on sait par contre que des chiots disciplinés durement par leur père sont plus enclins à l'âge adulte à adopter des comportements agressifs envers leurs conspécifiques que des chiots élevés par un adulte bienveillant (recherches citées par Abrantes[(4)]) ;
- il peut arriver que des chiens, principalement ceux de petite taille, anthropomorphisés à outrance, voire parfumés, de même que des chiens non correctement socialisés, ne soient plus reconnus comme des conspécifiques mais soient traités comme des proies ;
- dans certains cas, un dressage au mordant, même lorsqu'il est pratiqué dans un club sérieux, peut déclencher des morsures dans des situations rappelant celle du dressage ou dans d'autres contextes, surtout si le maître n'a pas établi une hiérarchie claire avec son chien ou si l'un des deux souffre d'un déséquilibre émotionnel. Il faut savoir qu'un tel dressage va à l'encontre de l'apprentissage de l'inhibition de la morsure ; malheureusement, selon les standards de certaines races, le chien doit avoir du mordant....
- l'impossibilité d'établir des relations sociales normales avec les humains augmente l'agressivité du chien vis-à-vis

de ses semblables, et cela même s'il a été élevé en leur compagnie(138).

L'agressivité liée à la dominance

Quant à l'agressivité hiérarchique, elle se manifeste principalement en deux occasions : lorsque le chien qui occupe une place instable essaie de monter dans la hiérarchie et lorsqu'un inférieur hiérarchique entre en concurrence avec son supérieur ou se comporte en dominant. Dans les cas d'inversion hiérarchique entre le chien et les humains, l'agressivité du chien envers ses maîtres ne devrait donc pas être cataloguée comme un comportement anormal. Il faut se rappeler que la dominance n'est en aucune façon absolue mais dépend des relations interpersonnelles entre les individus qui composent le groupe. Les premières chamailleries dans la fratrie et la manière dont elles se déroulent permettent à chaque chiot de tester sa force - physique ou psychique. Plus souvent l'un des chiots entre en possession de l'objet convoité, plus il prend de l'assurance, plus facilement il a tendance à tester son entourage. Cependant, un loup ou un chien dominant ne l'est pas à vie, mais seulement pour quelques années -c'est-à-dire aussi longtemps que ses subordonnés acceptent son statut supérieur. Lorsqu'un loup de haut rang perd sa place, il perd également les traits comportementaux liés à la dominance, alors qu'un loup de statut inférieur qui monte en grade accède à la fois à la dominance et aux caractéristiques qui lui sont corrélées(302). Le maître peut donc en tout temps reprendre le contrôle de la situation et faire ainsi cesser menaces et morsures. Cependant, ne nous leurrons pas : l'inversion de la hiérarchie n'est pas toujours facile, surtout si le chien a du caractère et qu'elle est établie depuis longtemps. La peur du maître est également un élément à prendre en compte. En tout cas, l'utilisation de méthodes violentes est vivement déconseillée, car dans la plupart des cas, elles ne font qu'exacerber le problème.

S'il est normal d'entendre quelques grognements dans les moments d'agitation entre chiens de même sexe partageant le même toit, il faut savoir qu'une situation tendue et des conflits non résolus peuvent provoquer des bagarres de plus en plus violentes. Pour éviter cette escalade, il faudrait toujours se rappeler que la notion de hiérarchie est primordiale pour le chien, aussi bien par rapport aux autres chiens que par rapport aux humains avec lesquels il est amené à vivre. Dans la majorité des cas, les chiens, quand ils sont seuls, règlent fort bien leur "problème" de préséance (pour eux, ce n'est d'ailleurs pas un problème !), mais il suffit que les humains soient là pour que la tension augmente. En effet, la présence des maîtres est quelque chose d'important pour les chiens. Elle provoque une certaine excitation et fait monter la tension à tel point que les bagarres peuvent éclater pour un rien. Le facteur le plus déterminant est cependant l'attitude de l'humain. Ce dernier, craignant les bagarres, fait tout son possible pour rétablir des relations harmonieuses ; il élève la voix au moindre grognement, rabroue souvent le dominant -qui cherche à faire respecter ses prérogatives- et renforce de ce fait la position du subordonné. Ce dernier, se sentant soutenu, sera encouragé à outrepasser ses droits et à provoquer son "rival" au lieu de se soumettre à lui.

Les maîtres devraient prendre conscience qu'en traitant leurs chiens de manière égale, ils ne respectent pas les codes canins et ne leur rendent pas service, alors que s'ils favorisaient systématiquement le dominant, ils les aideraient à développer des relations harmonieuses*.

Le maître, en tant que chef suprême, peut quand même intervenir si le "leader-chien" devient trop agressif ou si les gestes d'apaisement du dominé ne stoppent pas l'agressivité de son vis-à-vis. Il est bien entendu qu'une telle intervention ne doit pas être ressentie comme un soutien accordé au plus faible, ce qui ne ferait qu'envenimer la situation, mais plutôt comme une marque d'attention spéciale pour le supérieur : le maître va, par exemple, l'appeler vers lui pour lui accorder une faveur (mots doux, caresses..) ce qui contribue à détourner son attention de son rival.

**Ce traitement privilégié semble devoir être réservé aux chiens adultes et n'être pas adapté aux chiots ; en effet, contrairement à ce qui se passe pour des adultes, favoriser systématiquement le chiot d'une paire et ignorer ou repousser l'autre tend à provoquer des bagarres plus fréquentes et plus violentes que le fait de traiter les deux chiots de manière identique*[392].

LA PEUR

Bien que le tempérament peureux du chien puisse être en partie attribué à des facteurs héréditaires, cela ne signifie ni que toutes les peurs soient d'origine héréditaire ni que, pour un chien peureux, il n'y ait rien à faire. Il faut se rappeler que les lignées de chiens peureux dont nous avons parlé au chapitre précédent sont des cas extrêmes, puisqu'elles ont été sélectionnées en raison même de leur tempérament peureux, ce qui n'est heureusement pas le cas pour le chien de Monsieur Tout le monde. Bien qu'un tel chien puisse difficilement devenir un animal intrépide, ses réactions peuvent cependant être modulées en fonction de son milieu de vie et des réponses qu'il reçoit suite à son comportement.

Au cours de ses trois premiers mois, nous avons vu que le chiot s'imprègnait au milieu (aussi bien physique que social) dans lequel il vivait. Cette imprégnation se fait indépendamment pour chacun des sens. Ce processus -qui permet au chiot d'acquérir un certain équilibre émotionnel (appelé homéostasie sensorielle)- fait que l'animal ne réagit plus aux stimuli neutres auxquels il est confronté habituellement. Un tel chien, s'il est déplacé après l'âge de trois mois, d'un milieu pauvre à un milieu riche, a tendance à développer des peurs face à tous les stimuli inconnus auxquels, dans les cas les plus graves, il est incapable de s'adapter. Il va alors développer un état anxieux qui l'empêche de mener une vie normale alors que, replacé dans un milieu ressemblant à son milieu d'origine, il se comporte tout à fait normalement.

Selon le même processus, un chiot qui n'a pas été socialisé à certains types de personnes au cours de la phase de socialisation inter-spécifique peut réagir par de la peur lorsqu'il est confronté à de tels types. C'est notamment ce qui se passe s'il n'a pas été habitué aux enfants : leurs comportements turbulents et leurs cris peuvent l'effrayer et éventuellement l'amener à mordre.

Les peurs peuvent également se développer plus tard, même chez un chien correctement socialisé, suite à un conditionnement survenu souvent à l'insu du propriétaire. Dans le cas de conditionnement instrumental (voir chapitre XI), c'est l'attitude du chien qui va se trouver renforcée par le comportement du maître : Milou se met à aboyer face à un tas de sable, son maître le prend aussitôt dans les bras et lui prodigue mille caresses et explications que le chien est bien incapable de comprendre. Au lieu de rassurer le chien, les caresses et les mots conditionnent à la fois l'état de peur et les aboiements. Le maître a en quelque sorte félicité Milou d'avoir eu peur et d'avoir aboyé.

L'activité de l'animal au moment où se produit le stimulus déclenchant la peur semble jouer un rôle important. Le chien d'un client était en train de manger dans le jardin lorsqu'il a été effrayé par un violent coup de frein. Ses maîtres ont eu par la suite beaucoup de mal à le faire rester dans le jardin, alors qu'auparavant, c'était son lieu privilégié. D'autres cas de panique déclenchée par des stimuli survenant au cours des repas nous ont été signalés. Certains auteurs pensent que l'état entre sommeil et veille est également favorable à l'apparition de telles peurs conditionnées.

Dans certains cas, il est très difficile -sinon impossible- de trouver ce qui a déclenché la peur, surtout lorsque le chien se met tout à coup à craindre des situations auxquelles il n'avait jamais réagi jusqu'à ce jour (nous avons répertorié de nombreux cas de peur soudaine de l'orage). Il semble que ces réactions apparaissent plus souvent chez des chiens d'un certain âge et qu'elles soient à mettre en parallèle avec des modifications affectant les oreilles et liées au vieillissement.

Quelques auteurs soulignent le fait que la 8è semaine est une période extrêmement sensible pour l'apparition de peurs conditionnées. D'après eux, il faudrait éviter de changer le chiot de milieu au cours de cette semaine et de lui infliger un traitement douloureux, notamment des vaccinations. Il se peut effectivement qu'il y ait une période très sensible autour de cet âge mais, si l'on tient compte des différences mises à jour dans le développement de chiens de races différentes, la 8è semaine ne devrait à notre avis n'être retenue qu'à titre indicatif tant que l'on n'a pas fait de recherches plus précises.

Enfin l'attitude de la mère ainsi que celle des autres chiens ou des humains en compagnie desquels vit le chiot vont grandement influencer les réactions de l'animal, et cette influence est d'autant plus grande que le chien est plus jeune.

L'EXCITABILITÉ

Les expériences vécues pendant la phase de socialisation peuvent avoir une influence sur l'excitabilité du chien. Nous avons vu que certains chiots élevés en isolement de la 4è semaine à 7-10 mois se montraient ensuite très excités lorsqu'ils étaient mis en présence d'autres chiens ou lorsqu'ils se trouvaient placés dans un contexte inconnu.

Bien souvent, c'est l'attitude du maître qui renforce l'excitation du chien. Si personne ne s'occupe de l'animal quand il est tranquille alors qu'on reporte toute son attention sur lui lorsqu'il s'agite (il ne faut pas oublier que gronder le chien est aussi une manière de s'en occuper !), le chien apprendra vite ce qu'il faut faire pour mobiliser son entourage. Parfois, l'excitation est tellement renforcée qu'elle tend à devenir un état quasi permanent. Prenons des exemples :

- Médor bondit dans tous les sens pour accueillir ses maîtres, il leur saute dessus, aboie comme un fou... et ces derniers s'empressent de lui parler, de le caresser ;
- en constatant les préparatifs pour la promenade, Eliot court comme un fou et fait des bonds en tous sens : son excitation est renforcée puisqu'il est emmené en promenade ;
- si la voiture n'est utilisée que pour les balades, le chien se met à anticiper les joies à venir, ce qui provoque un état d'excitation qui va être encore renforcé si on lui permet de quitter le véhicule, avant de lui laisser le temps de se calmer.

Le maître de tempérament nerveux peut transmettre sa nervosité à son petit compagnon. Il est intéressant d'observer parfois les mêmes phases d'agitation et de dépression (avec cependant un léger décalage temporel) chez un maître maniaco-dépressif et son chien.

Un chien qui ne comprend pas la place qu'il occupe dans la "meute" familiale peut manifester son anxiété en devenant très agité ; la remise en place hiérarchique aide bien souvent à rétablir un certain calme.

Certaines races de chiens -principalement les lignées de travail- ont été sélectionnées pour fournir des tâches bien définies ; il peut être particulièrement difficile pour de tels chiens de ne rien faire à longueur de journée. Il revient au maître de trouver des occupations afin qu'ils puissent dépenser leur énergie. Il semble que les jeux les plus appréciés des chiens soient ceux qui ressemblent le plus aux tâches pour lesquelles leur race a été sélectionnée(25).

LA SOCIALISATION

Nous avons longuement abordé le problème du rôle de l'environnement sur la socialisation du chiot dans le chapitre sur le développement (chapitre V). Pour plus de détails, nous y renvoyons le lecteur.

En résumé, les chiens privés de contact humain manquent d'assurance sociale non seulement envers les humains, mais également envers leurs congénères (même s'ils ont grandi en leur compagnie). Ceci les rend incapables de réagir correctement, même dans les situations les plus courantes : par exemple, une simple prise de contact museau-museau peut déclencher une soumission totale ou une réponse agressive[(138)].

Même après avoir quitté depuis longtemps leur fratrie, les chiens ont tendance à préférer les congénères ayant des caractéristiques physiques communes avec leurs frères et soeurs : ils préfèrent, par exemple, jouer avec un chien de leur race ou de leur couleur... Ils semblent également attirés par certaines caractéristiques comportementales : des chiots élevés en isolement ont tendance à se regrouper avec des chiens (même totalement inconnus) ayant subi le même manque au cours de leur développement[(162)]. Ces constatations nous poussent à recommander vivement la fréquentation des classes de jeux pour chiots afin d'augmenter le nombre des expériences positives avec les représentants de nombreuses races.

Comme vous vous en êtes sûrement rendu compte en lisant les chapitres précédents, il est impossible de déterminer exactement la part de l'inné et celle de l'acquis dans le comportement. Les récentes recherches faites en biologie moléculaire montrent que la plupart des traits comportementaux sont influencés par de nombreux gènes, chacun exerçant un petit effet. Les différences génétiques influencent le comportement de manière indirecte : les gènes (et leur combinaison) agissent sur les enzymes, enzymes affectant le développement des systèmes sensoriel, nerveux et musculaire, systèmes qui, à leur tour, vont influencer les divers processus d'apprentissage, fondements des relations que l'individu va entretenir avec son environnement. Bien qu'en sélectionnant diverses races de chiens pour remplir certaines tâches spécifiques, l'homme ait pu modifier leur aspect physique et l'équilibre des différents systèmes endocriniens, ses manipulations se sont trouvées limitées par le répertoire génétique hérité du loup et consistent uniquement (ou principalement) en modifications quantitatives.

En ce qui concerne les mammifères en général, et plus particulièrement des espèces aussi différenciées que le chien, il est impossible de dire que certains gènes sont directement responsables de certains comportements. Il serait plus juste d'affirmer que certains gènes permettent le développement de certains comportements spécifiques sous certaines conditions. En effet, à chaque stade du développement, l'organisme reçoit des feed-backs de l'environnement. Pour parler en termes plus simples, les gènes vont en quelque sorte fixer les seuils entre lesquels le comportement peut se dérouler (un seuil bas rend le comportement plus probable), mais c'est le milieu qui va actualiser le comportement tel qu'il se déroule sous nos yeux.

Le chien que nous avons à nos pieds est un animal unique dont le comportement est influencé à la fois par ses facteurs héréditaires et par tout ce qu'il a vécu, non seulement depuis le jour de sa naissance, mais également durant la période de gestation.

Avant de quitter cette discussion sur l'inné et l'acquis, et pour montrer à quel point ce domaine est complexe, nous avons pensé qu'il serait intéressant d'analyser plus à fond un problème douloureux : les morsures.

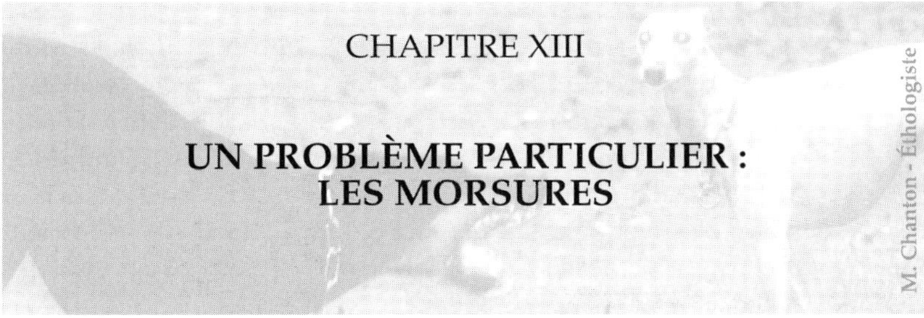

M. Chanton - Éthologiste

CHAPITRE XIII

UN PROBLÈME PARTICULIER : LES MORSURES

Jusqu'à récemment, la préoccupation principale des autorités et du public tournait autour de l'épineux problème des déjections canines en ville. De nombreux moyens sont mis en oeuvre pour lutter contre la propagation des crottes de chien sur les trottoirs et sous nos semelles. On aménage des espaces réservés aux chiens, on peint des flèches sur les trottoirs pour encourager les maîtres à leur apprendre à utiliser le caniveau et dans certaines villes comme Paris, on dépense des millions de francs pour ramasser les déjections qui se multiplient.

Certes, marcher dans le caca, quel qu'il soit, n'a rien d'agréable, même pour les cynophiles. Toutefois, l'énergie dépensée pour tenter de résoudre ce problème semble avoir eu pour effet de masquer un autre problème bien plus grave dont on ne parle que rarement : celui des morsures.

Depuis peu, on constate tout de même un regain d'intérêt pour cette question, puisqu'on envisage désormais de promulguer des lois dans le but de limiter la prolifération de certaines races estimées dangereuses. Loin de vouloir entrer à notre tour dans cette polémique, nous aimerions cependant attirer l'attention sur ce problème qui reste encore sous-estimé et bien mal connu du grand public.

En effet, depuis des années, de nombreuses études révèlent que non seulement nos adorables compagnons, toutes races confondues, mordent fréquemment, mais qu'en plus le nombre de morsures est en constante augmentation. Aux États-Unis, on compte chaque année près d'un million de victimes. En France, le Centre de Documentation et d'Information de l'Assurance(126) évalue le nombre de morsures annuelles à environ 500 000 dont 60 000 nécessitent des soins hospitaliers. Ces chiffres ne prennent en compte que les morsures déclarées suite à une consultation médicale or, on estime que moins de la moitié des morsures sont dénoncées. On peut donc doubler les chiffres avancés plus haut pour avoir une estimation plus juste du nombre annuel de victimes.

Face à de telles données, on s'aperçoit que les morsures de chiens sont à considérer comme un véritable fléau dont nous aurions dû nous préoccuper depuis longtemps. Afin de trouver des solutions, nous devons en premier lieu tenter d'identifier les chiens mordeurs, leurs principales victimes, ainsi que les circonstances des agressions.

LES VICTIMES

Lorsque que l'on parcourt les études consacrées aux morsures de chiens, on se demande comment ce problème a pu être à ce point occulté. Sur l'ensemble des accidents (morsures, chutes, chocs) provoqués par des chiens, 40% surviennent sur des jeunes de moins de 15 ans, dont 16% chez des enfants entre 1 et 5 ans ! (enquête effectuée entre 1986 et 1988 dans des hôpitaux français par l'EHLASS -European Home and Leisure Accidents Surveillance System). Les études menées dans d'autres pays, et notamment aux U.S.A, où l'on a effectué le plus grand nombre de recherches à ce sujet, vont dans le même sens. Les enfants, surtout les plus jeunes, sont les victimes privilégiées de nos chers toutous. En Amérique, environ 1 enfant sur 2 est agressé par un chien(22,38) ! Se faire mordre semble donc être un accident banal. Ce problème est inquiétant si l'on sait que les morsures sont d'autant plus graves que l'enfant est plus jeune (il y a entre 3 et 4 fois plus d'hospitalisations pour des enfants de moins de 10 ans que pour des enfants plus âgés ou des adultes(68) et le taux de mortalité est 139 fois plus élevé chez les nouveaux-nés que chez des personnes âgées de 30 à 40 ans(377). Les morsures d'enfants risquent également de laisser des séquelles non seulement psychologiques, mais également physiques plus importantes puisqu'elles sont portées en priorité à la tête et plus particulièrement au visage.

Il est intéressant de constater que les garçons entre 5 et 14 ans, sont plus souvent mordus que les filles (respectivement, selon les enquêtes, entre 55% et 57% contre contre 39% et 43%(126,22). Le sexe semble être un facteur de risque puisque les morsures sont également plus fréquentes chez les hommes que chez les femmes.

Hormis les enfants, les adultes sont également exposés au risque de morsures. Si celles-ci sont généralement moins graves puisqu'elles sont surtout portées aux extrémités, leur importance en nombre révèle néanmoins que, là encore, le problème a été jusqu'ici sous-estimé. D'après un rapport publié par 50 Millions de Consommateurs en 1993[1], les personnes les plus exposées aux morsures de chiens sont les cyclistes et les randonneurs : leur déplacement rapide a en effet tendance à provoquer des réactions de poursuite de la part des chiens. Viennent ensuite les personnes qui, à cause de leurs activités professionnelles, sont obligées d'entrer dans ce que le chien considère comme étant un territoire à défendre : démarcheurs, représentants de commerce, employés de l'Electricité De France et des Services Industriels ; parmi eux, les facteurs semblent être des victimes de choix[40].

Mais les gens de passage ne sont pas les seuls à se faire agresser, bien au contraire ! Dans un nombre important de cas, le chien est connu de la victime puisqu'il appartient soit à un voisin, soit à la victime elle-même. Il est difficile de faire ici une évaluation précise du nombre de morsures puisque, le chien étant connu, les blessés auront moins tendance à consulter un médecin. On évalue cependant que, lorsqu'il s'agit d'enfants, le chien qui attaque est un familier dans une proportion importante des cas, entre 44%(142) et 90%(409).

Enfin, la possession d'un chien augmente les risques aussi bien pour les adultes que pour les enfants. En effet, les propriétaires de chiens, croyant bien connaître ces animaux, se montrent généralement moins méfiants et tentent même souvent d'interagir avec les chiens inconnus.

Les circonstances des agressions

Dans la grande majorité des cas, l'agression a lieu soit au domicile du maître, soit dans le jardin ou aux alentours. Les enfants les plus jeunes (moins de 5 ans) qui passent plus de temps à l'intérieur, sont principalement mordus lorsqu'ils se trouvent chez le propriétaire du chien (90%(79)). Les enfants plus âgés et les adultes sont par contre attaqués surtout à l'extérieur.

Toutes les études révèlent que le nombre de morsures augmente pendant la période de l'année et de la journée qui est la plus favorable aux activités extérieures. Ainsi, c'est durant les mois les plus chauds, entre avril et août, que le taux de morsures est le plus élevé. De même, plus de la moitié des accidents ont lieu entre 15 et 19h(142), moment de la journée où les enfants ne sont plus à l'école et où les adultes rentrent du travail. Ces données ne sont pas surprenantes puisque c'est pendant le temps libre, et surtout lorsque le climat s'y prête, que les personnes de tout âge sont le plus susceptibles d'entrer en contact avec un chien et que la surveillance a tendance à se relâcher quand l'enfant joue à l'extérieur. Les vêtements légers protègent également moins bien des morsures que les vêtements d'hiver.

Les adultes sont principalement attaqués lorsqu'ils passent devant la propriété du maître, lorsqu'ils pénètrent chez ce dernier ou essayent de caresser le chien. Parfois, l'animal peut se montrer d'autant plus hargneux qu'un membre de la famille est présent. Souvent, les réponses des victimes ne permettent pas de déterminer avec exactitude la motivation du chien à attaquer : garde, défense, peur ou douleur. Le maître lui-même peut se faire mordre par son propre chien lorsqu'il tente par exemple de le manipuler, de le tirer par le cou ou le collier, lorsqu'il pénètre dans la pièce où se trouve l'animal ou lui donne un ordre ou encore, lorsqu'il le dérange pendant son sommeil ou son repas.

Une étude menée entre 1987 et 1989 par Filiatre et son équipe[142] sur une population d'enfants accueillis dans un centre anti-rabique a mis en évidence le fait que, dans 30% des cas, l'enfant mordu n'avait manifesté aucun comportement permettant aux témoins d'expliquer l'agressivité du chien et que dans 40% des cas, il s'était comporté de manière affectueuse et avait simplement cherché à l'embrasser ou à le caresser. Ce n'est que dans une petite minorité des cas (10%) que l'enfant a admis avoir menacé ou taquiné le chien. On relève par ailleurs que c'est surtout au cours des jeux que les morsures sont infligées[126].

Dans la grande majorité des cas (75,8%), le chien ne semble pas avoir manifesté de comportement menaçant à l'égard de l'enfant dans l'instant précédant l'attaque : il dormait ou mangeait[142].

Que retenir de toutes ces données ? Tout d'abord, que tout chien peut mordre, qu'il soit connu ou inconnu, et que les probabilités de morsures sont beaucoup plus importantes lorsque nous nous trouvons aux alentours du lieu de résidence du chien. Chaque agression est unique et fait intervenir de multiples facteurs. Il faut cependant se méfier des réponses fournies par les victimes ou leurs proches qui d'une part, peuvent avoir intérêt à cacher une partie de la vérité et d'autre part, peuvent interpréter de manière erronée les signaux émis par le chien et à leur tour émettre des signaux ambigus. En effet, les signaux de communication sont décodés par les membres de chaque espèce en référence à leurs propres codes, ce qui ne va pas sans erreurs de traduction.

LES CHIENS

Ce qui frappe dans toutes les études menées dans ce domaine, c'est que, contrairement à ce que l'on pourrait croire, ce ne sont pas les chiens errants qui sont les plus susceptibles d'attaquer, bien au contraire. Dans la plupart des cas, il s'agit, rappelons-le, de chiens connus de la victime (dans 50 à 90% des cas selon les études) appartenant à un ami, à un voisin ou à la victime elle-même. Les agresseurs sont généralement considérés comme des animaux de compagnie et ne sont utilisés comme chiens de garde que dans une minorité des cas.

Les mâles mordent en moyenne plus souvent que les femelles ; il s'agit surtout de mâles non castrés (83,78%) âgés de moins de 5 ans (68,02%)[(142)]. Ils sont pour la plupart de taille moyenne ou grande. En France, ce sont les bergers allemands ou croisés bergers allemands qui reviennent le plus souvent (30%), aux U.S.A., les pit bulls et les staffordshire terriers qui représentent 60% des attaques rapportées par les journaux américains[(359)]. Mais ne nous méprenons pas, ces résultats sont forcément biaisés en défaveur des chiens de grande taille du simple fait qu'ils sont susceptibles d'infliger des morsures plus sérieuses. Vu les difficultés du grand public à préciser la race d'un chien, les résultats sont également biaisés en défaveur des races les plus connues (comme les bergers allemands) ou les plus souvent citées par les médias (comme les pit bulls) ; les chiens croisés sont d'ailleurs souvent situés alléatoirement dans l'une de ces races. D'autre part, les enquêteurs devraient toujours comparer leurs résultats au nombre de chiens de différentes races présents dans la population régionale, ce qui est rarement le cas pour la simple raison que ces renseignements, sont souvent inexistants. En effet, si par exemple les bergers allemands sont les chiens les plus nombreux, il est normal qu'ils mordent en plus grand nombre. Malgré cela, les chiens de petite taille, comme le cocker, le jack russel, ou le caniche, considérés par beaucoup comme des chiens inoffensifs ne sont pas hors de cause car eux aussi sont susceptibles d'attaquer, causant même des lésions très graves.

Ce qu'il est primordial de retenir, c'est que tous les chiens, aussi gentils soient-ils, peuvent mordre dans certaines situations. Le chien qui mord l'enfant de la famille était, avant l'accident, considéré dans la majorité des cas comme un chien fiable qui n'aurait pas fait de mal à une mouche.

Il existe plusieurs motivations poussant l'animal à utiliser ses crocs. Si dans un grand nombre de cas de morsures (82%), le chien a manifesté un comportement dominant vis-à-vis de l'humain[(260)], le chien peut aussi mordre pour essayer d'écarter ce qu'il considère comme un danger : une main qui s'avance pour le caresser, un enfant qui court, etc... Il le fera d'autant plus facilement qu'il n'a pas été correctement socialisé aux humains, d'où l'importance à accorder à la socialisation lors du choix du chiot.

Dans certains cas, les attaques de chiens sont liées au comportement prédateur, comportement inné et stimulé par les déplacements rapides d'un animal-proie, mais pouvant être déclenché par tout mouvement rapide tel que courir, pédale ou patiner.

Il arrive également que des groupes de chiens s'en prennent à des personnes. Ces groupes sont généralement formés d'animaux vivant ensemble ou habitant dans le même quartier et autorisés à errer seuls. Ces chiens ont développé un sens de la territorialité qui dépasse le lieu de leur habitation pour recouvrir tout l'espace dans lequel ils ont l'habitude d'errer. Il arrive qu'une personne qui passe rapidement devant eux stimule leur instinct de poursuite, instinct renforcé par l'effet de meute. L'issue d'une telle interaction peut être extrêmement grave puisque parfois, elle se solde par la mort de l'humain (10 cas répertoriés aux U.S.A. sur une période de 5 ans, principalement des enfants)[56,57]. Dans certains cas, la meute était en train de courser du gibier et, suite à la disparition de celui-ci, a déplacé le comportement de chasse sur l'humain. Il est à relever que ce sont seulement les personnes qui ont essayé de fuir et/ou de se défendre en gesticulant qui ont été molestées.

L'INTERPRÉTATION

Il nous reste à comprendre pourquoi celui que l'on a surnommé le meilleur ami de l'homme devient parfois son ennemi. Pourquoi d'adorables toutous, habituellement amicaux et affectueux, se transforment-ils soudainement en bêtes féroces et attaquent-ils ?

Il y a à cela plusieurs raisons -chaque agression est unique- et il serait illusoire de vouloir les citer toutes. Néanmoins, il nous semble intéressant de tenter d'en saisir quelques-unes.

Les morsures provoquées par la dominance du chien

La raison primordiale nous semble être la méconnaissance des codes canins ou leur non-respect. Cela est flagrant quand il s'agit de morsures hiérarchiques. Le chien manifeste les premiers signes de dominance vers l'âge de 6 mois. C'est le moment où il va chercher à s'affirmer dans la famille et à établir son rang dans la hiérarchie. Il peut le faire en testant ses maîtres dans différentes situations, même au cours des jeux, ce que l'on oublie très souvent ou en s'octroyant des privilèges réservés en principe au chef ; s'il n'est pas clairement remis à sa place ou s'il est doté d'un fort tempérament, il va graduellement exiger de plus en plus de privilèges comme manger à table, dormir sur les lits ou les canapés, choisir la direction de la promenade, etc...(voir chapitre IX).

S'il obtient ce qu'il désire, le chien se montre amical,

joueur et affectueux ; il est néanmoins le plus souvent décrit comme têtu, n'obéissant que quand il le veut bien. Un tel chien peut à tout moment se transformer en véritable peste si on ne lui cède pas, mais peut aussi se montrer agressif s'il se sent défié, n'hésitant pas à défendre ce qu'il considère comme ses droits légitimes en grognant, voire mordant la main qui le nourrit !

Un chien dominant va également défendre ce qu'il considère comme lui appartenant. Les lieux qu'il choisit pour dormir, que ce soit son propre lit ou celui de ses maîtres ; les endroits stratégiques de l'habitation, comme les passages, peuvent alors être férocement gardés et gare à celui qui cherche à le déloger ou qui le dérange lorsqu'il s'y repose. Sa gamelle ou tout objet important à ses yeux peut devenir "propriété intouchable".

Un chien en position dominante va également considérer qu'il a le devoir de protéger sa "meute", et peut se montrer hyperprotecteur envers les membres de la famille, ne permettant à personne de s'approcher, de leur donner une poignée de main ou de les embrasser. Il peut aussi chercher à chasser ceux qu'il considère comme des intrus, tels que les passants, les visiteurs, le facteur, etc...

Puisqu'il est le chef du groupe, personne n'a le droit de le gronder ; il n'accepte donc pas d'être puni physiquement ou même verbalement et remet bien vite l'impertinent à sa place.

De même, il ne tolère pas d'être placé dans une position subordonnée. Si on cherche à le manipuler, le soulever, le brosser, lui nettoyer les oreilles, si on essaie de le maintenir en position couchée ou si l'on entrave ses mouvements, il perçoit ces intrusions comme un défi à son autorité et réplique en grognant, en pinçant ou en mordant. Caresser un tel chien sur la tête ou le serrer contre soi risque également de provoquer des sanctions puisque, selon les codes canins, seul le dominant peut se permettre de poser la patte sur le garrot du subordonné ou d'entraver ses mouvements.

En gardant tous ces facteurs en mémoire, on comprend beaucoup mieux pourquoi le chien mord parfois ses maîtres ; il ne s'agit pas d'un animal "fou", mais d'un chien qui essaie de garder la place suprême que ces derniers lui ont attribuée sans en prendre conscience. Le passage à l'acte est souvent décrit comme soudain, sans avertissement ; il suffit pourtant de creuser pour décrouvrir de nombreux signes précurseurs que les humains ont été incapables de décoder correctement. Le "regard fou" du chien décrit à maintes reprises est expliqué par le fait que juste avant l'attaque, le chien fixe brièvement mais intensément son adversaire ; ses pupilles se dilatant sous l'effet de l'adrénaline, son regard se trouve modifié.

Mais que les propriétaires de chiens dominants se rassurent. Nous ne voulons surtout pas les encourager à se débarrasser d'un tel animal. Tout d'abord parce que la S.P.A. est déjà beaucoup trop sollicitée mais surtout parce qu'il existe des solutions efficaces -sans recours à la violence qui ne ferait qu'aggraver la situation- qui permettent non seulement de remettre le chien dans une position hiérarchique plus acceptable, mais également de mieux le contrôler (voir chapitre XVI).

Les morsures sur les enfants

Pour cerner le problème des relations entre les enfants et les chiens, il faut d'une part prendre en considération les relations entre un chiot et un chien adulte (puisque les chiens socialisés aux humains ont tendance à se comporter avec ces derniers comme ils le feraient avec des congénères), et d'autre part examiner comment l'enfant se comporte vis-à-vis de l'animal.

En ce qui concerne les relations dans la meute, nous avons vu au chapitre V que, bien que les adultes se montrent en principe très tolérants à l'égard des chiots, ils exigent cependant une certaine discipline qui devient de plus en plus sévère au fur et à mesure que les chiots grandissent. Si ces derniers se montrent trop turbulents ou s'ils n'obtempèrent pas, ils sont réprimandés sous forme de grognements puis de morsures inhibées du museau qui n'entraînent cependant aucune blessure. Suite à une telle correction, le jeune adopte une attitude de soumission inhibant l'agressivité de l'adulte.

Les chiens se comportent de même envers les enfants avec lesquels ils vivent, à la grande différence que ces derniers ne comprennent pas le "langage" canin, si bien que le chien est amené à préciser ses menaces par des morsures inhibées dirigées sur le visage qui se trouve à sa hauteur et qui peut être considéré comme le pendant du museau du chiot. Une telle morsure, sans conséquence pour le chiot, peut provoquer de graves blessures à l'enfant. La réponse fournie par ce dernier est aussi toute différente : soumission pour le chiot et cris pour l'enfant, ce qui malheureusement va tout naturellement amener le chien à préciser sa menace en serrant un peu plus ses mâchoires.

Une enquête au cours de laquelle ont été filmées les relations spontanées dans le milieu familial entre des enfants âgés de 2 à 5 ans et le chien de la famille et en présence d'un membre adulte de cette dernière (ce qui n'est souvent pas le cas lors des morsures) nous éclaire un peu plus[(318)]. Il est intéressant de constater que dans 67% des relations, l'enfant entre en contact corporel avec son chien : il pose la main sur lui, le caresse, lui donne des coups, lui tire les poils, l'embrasse ou le serre contre lui. Cette étude met également en évidence le fait que plus l'enfant est jeune, plus il a tendance à se montrer agressif envers l'animal et qu'il se montre d'autant plus agressif que le chien est jeune ou de petite taille. Si, dans la majorité des cas, le comportement agressif de l'enfant provoque le retrait du chien, ce dernier peut parfois montrer des signes d'agressivité ; il peut le faire également lorsque l'enfant se montre amical, car les gestes par lesquels l'enfant exprime son affection peuvent être interprétés comme des geste de dominance par le chien. Or, on peut faire l'hypothèse que, dans la recherche citée, les comportements agressifs de l'enfant envers le chien ou du chien envers l'enfant ont été inhibés par la présence d'un adulte familier alors qu'ils ont de fortes chances d'augmenter de part et d'autre en son absence, augmentation risquant de se solder par des morsures.

Une autre raison pour laquelle les chiens sont susceptibles de mordre est liée à la rivalité. Un chien qui vit seul avec ses maîtres qui le choient "comme un roi" peut vivre difficilement une naissance, l'arrivée d'un enfant en visite ou l'installation d'un ami dans la famille. Lorsqu'un chien a l'habitude de recevoir une certaine attention de la part de ses maîtres, il va se sentir frustré si celle-ci diminue ou pire, est supprimée. Pour tenter de rétablir la situation, il peut chercher à éliminer la source de cette frustration et se montrer agressif envers le nouvel arrivant qu'il considère comme un rival. Ce comportement est renforcé si l'on éloigne le chien chaque fois que l'enfant est présent et si l'on ne s'occupe de l'animal que lorsque l'enfant dort. Pour que tout se passe le mieux possible, il faudrait, bien avant la naissance de l'enfant, réfléchir au temps que l'on aura à consacrer au chien et réduire les relations en conséquence. Il est ensuite recommandé de montrer un grand intérêt au chien en présence de l'enfant et de l'ignorer en son absence. Il est donc préférable de parler au chien, de le caresser, de jouer avec lui pendant les soins, les promenades... et de lui demander de rester à sa place pendant le repos de bébé. De cette manière, l'enfant ne peut qu'acquérir une connotation positive.

Le manque de socialisation

J. Cattet

Un très grand nombre de chiens mordent par peur, tout simplement parce qu'ils n'ont pas été correctement socialisés aux humains au cours de leurs premiers mois de vie et qu'ils se sentent très mal à l'aise en leur présence. Une main qui se tend pour la caresse et les voilà tout tremblants, non pas parce qu'ils ont été battus, mais parce qu'ils n'ont pas été habitués à de tels égards ou qu'ils sont de tempérament peureux. En liberté, de tels chiens réagissent par le retrait, bien que certains d'entre eux puissent mordre lorsqu'un intrus envahit leur domaine. La plupart d'entre eux feront usage de leurs crocs seulement en cas d'urgence lorsque, cas typique, ils sont attachés et qu'un inconnu se penche pour les admirer de trop près. Malheureusement, un phénomène d'instrumentalisation peut très vite se mettre en place (voir chapitre XI). Le futur propriétaire devrait donc éviter d'adopter un chiot ou un chien qui n'a pas bénéficié de contacts humains nombreux et variés. Ceux-ci sont en effet indispensables pour que le chien se familiarise avec les comportements et les caractéristiques de certaines catégories d'humains ; en ce qui concerne notamment les enfants, le chiot devrait impérativement apprendre que les mouvements brusques et les jeux bruyants sont des activités normales et sans danger pour lui et il ne peut le faire que s'il rencontre souvent des enfants.

Les autres causes

Il arrive également que des chiens, habituellement amicaux, mordent soudainement et sans raison apparente leur maître ou un membre de la famille. Après l'attaque, les chiens retrouvent un comportement normal, ils sont généralement fatigués et s'endorment aussitôt. Ce type d'attaque soudaine est définie sous le terme d'"agressivité idiopathique" et a été observé chez certaines races (voir chapitre X). Si des facteurs tels que l'ascendance du chien, certaines sécrétions hormonales et l'alimentation peuvent avoir une influence sur le déclenchement de ces crises(358), il a été néanmoins constaté que ce sont principalement les chiens dominants envers leurs maîtres qui attaquent de la sorte.

De tous les chiens mordeurs, ceux qui soulèvent le plus d'étonnement sont ceux qui s'approchent amicalement, sollicitent des caresses, puis se transforment soudainement en bête féroce. Si parfois ils grognent, ce qui laisse une chance à la personne de retirer sa main, ils mordent souvent sans le moindre signe de menace. Dans certains cas, ce comportement est lié à une souffrance de l'animal amplifiée par la caresse : par exemple, une dysplasie, une infection de l'oreille ou une tendinite ; une visite chez le vétérinaire s'impose donc avant toute autre démarche.

Si aucun problème médical n'est détecté et que la dominance est clairement établie, il peut s'agir d'un apprentissage associatif entre caresse et souffrance(70). Un exemple typique est le chien que l'on appelle auprès de soi, en l'appâtant même à l'aide d'une friandise, que l'on caresse juste ce qu'il faut pour l'avoir bien en main afin de pouvoir le frapper pour une faute qu'il a commise parfois plusieurs heures auparavant. Le chien ne peut pas comprendre cette situation, même si on lui fait tout un discours et qu'on lui présente les débris de canapé qu'il a mis en lambeaux ; pour lui, c'est la caresse qui amène la punition donc, mieux vaut s'en méfier et provoquer le retrait de la main avant de recevoir un coup.

Dans la plupart des cas d'agression, excepté les cas d'instrumentalisation, les chiens vont manifester des mimiques de menace avant d'attaquer, mimiques qui, interprétées correctement, permettront d'éviter une morsure.

QUE FAIRE ?

Puisque tant de personnes se font mordre annuellement par le "meilleur ami de l'homme", il paraît évident que nous n'avons pas appris à vivre en complète harmonie avec ces animaux. Les films qui présentent des chiens tels que Lassie, ou Benji, ont malheureusement oublié de préciser que ces chiens sont des acteurs et qu'ils ont été éduqués et entraînés pendant de longs mois.

Il semble désormais évident que c'est par l'éducation avec un grand E que nous pourrons tenter de diminuer le nombre de morsures. Education d'une part des chiens qui sont trop souvent considérés comme des enfants gâtés ou qu'on laisse errer parce qu'on ne prend pas le temps de les promener. Education aussi des maîtres qui ignorent pour la plupart qu'un chien est un animal de meute qu'il est nécessaire d'éduquer, pour son bien-être autant que pour celui des humains qui l'entourent. Education enfin du public en général qui devrait apprendre comment se comporter face aux chiens qu'il rencontre.

Au risque de faire hurler un certain nombre de cynophiles, ne pourrait-on pas envisager d'introduire un "permis" pour les acquéreurs de chiens ? Il ne viendrait à l'idée de personne d'acheter un cheval sans avoir au préalable suivi des cours d'équitation. Lorsqu'on souhaite adopter un chien, en revanche, il suffit de s'adresser à un éleveur, à un particulier ou encore à la S.P.A. sans avoir aucune connaissance des besoins et du comportement de ces animaux. Les chiens vivent avec nous depuis si longtemps que nous croyons bien les connaître. Or, il semble plutôt que nous ayons une connaissance très relative de leur comportement et que, dans la majorité des cas, nous commettons des erreurs qui peuvent pousser le plus gentil des chiens à devenir agressif. Ne pourrait-on pas proposer aux personnes désireuses d'adopter un chien de suivre un certain nombre de cours, sanctionnés par un permis, qui les informeraient des besoins de l'animal, de l'attitude qu'il faut adopter à son égard et enfin qui donneraient un certain nombre de notions sur son comportement en général ? Un tel permis pourrait d'une part limiter le nombre de personnes qui achètent un chien sur un coup de tête et qui risquent un jour d'abandonner l'animal parce qu'il ne correspond pas à leurs attentes et permettrait d'autre part d'informer les maîtres et ainsi de mieux les responsabiliser.

Ne pourrait-on pas également envisager d'inclure au programme scolaire, un cours portant sur le comportement canin et inculquant aux enfants les attitudes à adopter et celles à proscrire face à la gent canine ? Les enfants sont en effet, nous l'avons vu, les premières victimes et leur meilleure protection réside dans l'éducation. Les chiens sont tellement nombreux qu'ils font partie de leur vie quotidienne et les enfants seraient sûrement très intéressés d'en apprendre davantage sur leurs amis à quatre pattes.

E. Teroni

Il est temps pour nous d'essayer d'intégrer toutes les connaissances acquises au cours de cet ouvrage et de voir comment les utiliser dans la vie de tous les jours en compagnie Vasco ou de Belle.

CHAPITRE XIV

LE CHOIX D'UN CHIEN

La décision d'adopter un chien doit être mûrement réfléchie puisqu'elle va engager 10 à 15 ans de la vie. A-t-on vraiment envie d'un chien ? Est-on prêt à lui assurer une vie canine normale ? S'il est idéal de promener son compagnon par un beau jour de printemps au milieu du concert des oiseaux, il faudra également aller en balade de nuit en plein hiver sous une pluie battante. Aura-t-on assez de temps à lui consacrer si l'on pense aux promenades, au brossage, à la préparation de la nourriture...? Presqu'un tiers des abandons sont justifiés par le fait que le chien demande plus de soins que prévu[347]. Les chiots demandent un investissement temporel encore plus important que les chiens adultes : il faut les socialiser correctement, leur faire connaître des milieux différents, les éduquer.

Est-on prêt à faire quelques sacrifices financiers ? Un chien coûte cher, souvent plus cher que les prévisions[74] : nourriture, vaccins, soins vétérinaires, médaille, impôts obligatoires dans certains pays, laisse, collier, tatouage ou puce d'identification, éventuellement niche, chenil, pose d'une clôture, etc... sans oublier une assurance responsabilité civile susceptible de couvrir les dégâts que l'animal peut causer. Songer également aux coûts occasionnés par la mise en pension si l'on ne peut emmener son animal avec soi, par le toilettage plus ou moins fréquent suivant les races.

Connaît-on bien les besoins réels d'un chien, besoins qui ne sont pas ceux d'un humain ? On ne répétera jamais assez que le chien est un animal social "programmé" pour vivre en meute. Or, la meute est organisée hiérarchiquement, que cela nous plaise ou non. Le chien a donc besoin de trouver des supérieurs hiérarchiques parmi les humains qui partagent sa vie. Si l'on est résolument contre un tel système et si l'on se sent incapable de respecter de tels codes, il vaut mieux -autant pour soi-même que pour le chien- jeter son dévolu sur une autre espèce animale.

"...nourriture, vaccins, soins vétérinaires, médaille, laisse, collier, tatouage ou puce d'identification, éventuellement niche, chenil, pose d'une clôture... sans oublier une assurance responsabilité civile susceptible de couvrir les dégâts que l'animal peut causer."

Seul le futur propriétaire est en mesure de répondre à ces questions et personne ne peut le faire à sa place ; il est donc absolument déconseillé d'offrir un chien (comme d'ailleurs tout autre animal) en cadeau et cela, même si le destinataire a maintes fois exprimé le désir d'en acheter un. Il semble en effet que les gens qui ont reçu un chien en cadeau lui trouvent un plus grand nombre de problèmes et lui sont moins attachés que les gens qui l'ont choisi eux-mêmes[(378)].

LE CHOIX DE LA RACE

Vous aimez tout particulièrement les teckels, or le teckel de vos amis est sans cesse en train de creuser des trous dans leur jardin. Vos voisins ont un terre-neuve et ne jurent que par cette race mais vous trouvez que c'est un trop grand gabarit. Le cocker de vos cousins est bien sympathique mais il aboie un peu trop à votre goût... Nous pourrions multiplier les exemples. Comment choisir le bon chiot pour qu'il devienne un adulte parfait ? A qui se fier ? La lecture de la plupart des ouvrages consacrés à des races particulières semblent avoir pour but de convaincre les lecteurs que les représentants de la race traitée sont les plus beaux, les plus fidèles, les plus câlins, etc...

En fait, il n'y a pas de race parfaite... cela se saurait.... Chacune a ses caractéristiques physiques bien particulières (qui demandent des soins différents) et parfois ses fragilités particulières (certaines races ont plus tendance que d'autres à développer des maladies spécifiques).

Indépendamment de la sélection pour le "look", l'homme a également destiné le chien à remplir des tâches spécifiques. En sélectionnant toujours les sujets les plus aptes à remplir le but recherché, il a modifié à la fois le physique du chien et certains de ses comportements. Bien que le chien soit resté dans son essence un loup domestiqué, il est indéniable qu'on observe des aptitudes différentes en fonction des races et que ces aptitudes se développent très tôt au cours du développement[(90)]. L'apprentissage des diverses tâches spécifiques par d'autres sujets non spécialement sélectionnés est certes possible, mais nécessitera plus de temps et l'animal aura besoin d'être davantage stimulé. Or, si certains de ces comportements (comme par exemple pointer ou rechercher le gibier) ne portent pas à conséquence pour le propriétaire qui désire uniquement un chien de compagnie, d'autres spécificités devraient être prises en compte lors du choix. En effet, si certains besoins ne sont pas satisfaits, on court le risque de voir se développer toutes sortes de problèmes comportementaux.

Une race que l'on trouve "sympathique" n'a pas forcément le tempérament qui convient au style de vie que l'on mène. Il faut, par exemple, tenir compte du fait que les chiens sélectionnés pour la course éprouvent un plus grand besoin de se dépenser physiquement (une personne peu sportive devrait donc éviter de choisir de telles races), que les chiens sélectionnés pour aider le berger à mener et à rassembler le troupeau sont de naturel plus nerveux que ceux dont la tâche principale consiste à se tenir aux alentours du troupeau pour protéger ce dernier contre les prédateurs.

Le choix de la race ne devrait donc pas uniquement être basé sur des questions d'esthétique. Se renseigner sur les destinations premières des races envisagées peut se révéler utile. La fréquentation de plusieurs chiens adultes de la race sélectionnée (visite de clubs, d'élevages...) permet de se faire une idée plus précise de leur tempérament. Cependant, il ne s'agit que de tendance et l'on peut trouver des exemples qui viennent contredire cette tendance.

Souvent les gens se décident sur une race particulière en fonction de la grandeur de leur appartement. On entend couramment dire qu'un chien de grande race a besoin de beaucoup de place et qu'un chien de petite race peut se contenter d'un espace réduit. Il est vrai qu'un chihuahua peut encore courir dans un minuscule studio alors qu'un saint-bernard aura quelques difficultés à le faire. Si cette manière de voir les choses n'est pas entièrement fausse, elle est un peu simpliste. Il vaut en effet mieux prendre en compte le tempérament du chien. Certains chiens de petite race éprouvent le besoin d'être sans cesse en mouvement, alors que des chiens plus grands aiment somnoler une grande partie de la journée.

Quoi qu'il en soit, ce n'est pas parce que le chien dispose de 10.000 m^2 de terrain qu'il sera forcément plus heureux et que les sorties vous seront épargnées ! En effet, il reste indispensable pour son bien-être autant physique que mental de donner au chien la possibilité d'aller se balader tous les jours. Un jardin, même très grand, est vite lassant alors que la recherche d'odeurs dans des lieux fréquentés par des congénères ou du gibier est si passionnante. Un chien solitaire relégué au jardin avec parfois (malheureusement plus souvent qu'on ne le pense) défense absolue de fouler le sol de la maison ne doit pas se sentir très bien dans ses poils car, animal social, il a viscéralement besoin de contacts prolongés avec les membres de sa meute.

Les bâtards (dont l'un des parents est de race définie) ou les corniauds (parents de race non définie) font également d'excellents compagnons ; le seul problème si l'on adopte un chiot est la question de sa taille et de son aspect futurs (la surprise peut être grande !). En observant sa mère, vous pourrez cependant vous en faire une petite idée. Le fait que le chien ne soit pas de pure race ne devrait, cela va sans dire, aucunement influencer la réflexion précédant l'adoption ; ce n'est en effet pas parce que le chien est cédé gratuitement que l'on doit lui attribuer moins de valeur(347).

UN MÂLE OU UNE FEMELLE ?

Si certaines personnes ont toujours eu des idées claires à ce sujet, d'autres hésitent beaucoup. En fait, chaque sexe a ses avantages et ses inconvénients. Le désavantage le plus souvent invoqué pour les femelles concerne leurs deux périodes de chaleurs annuelles, périodes qui ne sont pas toujours de tout repos. Il est vrai que certaines femelles ont des pertes sanguines assez importantes qui occasionnent de nombreux nettoyages supplémentaires... surtout si la chienne refuse systématiquement le port d'une petite "culotte". Pendant ses périodes, il est aussi plus prudent de la promener en laisse et d'éviter de partir à pied du domicile. En effet, comme la femelle a tendance à uriner beaucoup plus à cette époque, ce sera un jeu pour les amoureux transis des environs de retrouver l'élue de leur coeur en remontant la piste odorante. Un petit bout en voiture est donc préférable pour brouiller les pistes.

Si vous ne désirez pas la faire porter, il serait préférable de la faire stériliser ; il y a cependant des contre-indications qu'il serait prudent de prendre en considération. On entend souvent dire que la chienne devrait avoir une portée avant de subir cette opération. Or, rien ne justifie une telle affirmation : la chienne n'a pas besoin d'avoir de descendants pour se sentir bien dans ses poils. Ce sont les sécrétions hormonales qui poussent les chiens à s'accoupler et si ces dernières sont supprimées, le besoin disparaît ; en période de chaleurs, les chiens castrés et les chiennes stérilisées seront certainement moins stressés et frustrés que leurs congénères "entiers" qui ne peuvent pour la plupart pas accomplir ce que la nature les incite à faire. Autres avantages, la stérilisation prévient certaines formes de cancer et s'il arrive parfois que les femelles stérilisées souffrent de pertes urinaires involontaires, ces pertes peuvent être aisément maîtrisées par une hormonothérapie.

La castration du mâle peut être utile pour traiter certains problèmes comportementaux, notamment les fugues déclenchées par la recherche des femelles, l'agressivité entre les mâles et les marquages urinaires(229).

Pour approfondir les différences entre mâles et femelles, il nous semble intéressant de relever pour chacun des problèmes mentionnés par les propriétaires* les pourcentages respectifs de mâles et de femelles afin de les comparer aux pourcentages respectifs des sexes dans une population tout-venant établie sur la base de différents fichiers vétérinaires**. Des tests statistiques nous permettent de définir si les différences relevées sont dues au hasard ou si elles soulignent l'existence de différences comportementales entre les sexes***.

En ce qui concerne les comportements problématiques dans leur ensemble, les propriétaires de chiens sont significativement plus nombreux à se plaindre que les propriétaires de chiennes. Une analyse plus détaillée des problèmes les plus souvent mentionnés montre cependant que ces différences ne sont pas généralisables à tous les domaines : en ce qui concerne les problèmes de destructions (graphique n°3) et de crainte (graphique n°4), les individus des deux sexes ne se distinguent pas****.

En ce qui concerne les problèmes de propreté (graphique n°5), les observations montrent que les mâles ont plus tendance que les femelles à lever la patte à tout bout de champ au cours de leurs promenades ainsi que sur les buissons, voire sur les pots de fleurs du jardin, surtout si l'un de leurs congénères est venu en visite. Pour ce qui est de l'intérieur du logement, nos statistiques indiquent que les mâles acceptent aussi bien que les femelles nos règles de propreté.

Cependant, une analyse plus minutieuse met en évidence des différences sexuelles à certains âges : il semblerait en effet

**400 appels téléphoniques de maîtres ayant des problèmes avec leur chien et désirant consulter Teroni dans la région genevoise…*

***N= 12.000 fiches de chiens que les maîtres ont amenés pour des problèmes de santé. Ces renseignements nous ont été fournis par 3 cabinets vétérinaires dans la région genevoise.*

****Test de X2 pour 2 échantillons indépendants. Compte tenu du petit nombre de sujets, nous n'avons pas pu utiliser de tests statistiques pour chacun des âges mentionnés.*

*****Chacun des tableaux illustre le pourcentage de mâles et de femelles en fonction de leur âge (0 : de la naissance à 1 an ; 1 : de 1 à 2 ans, …), pourcentage calculé en tenant compte du nombre total de chiens exprimant le problème mentionné.*

que les femelles aient plus de problèmes lors de l'apprentissage de la propreté alors que les mâles deviennent problématiques plus tardivement, c'est-à-dire à une période correspondant plus ou moins à la maturité sociale.

Par contre, les mâles se manifestent plus souvent que les femelles par des aboiements (graphique n°6). Ils semblent également plus difficiles à éduquer(graphique n°7). Ils fuguent aussi davantage (graphique n°8).

Dans l'ensemble les mâles réagissent plus agressivement que leurs compagnes envers leurs maîtres (graphique n°9), envers leurs congénères(graphique n°10) et envers les humains en général (par exemple, les inconnus rencontrés en promenade ou venant en visite)(graphique n°11).

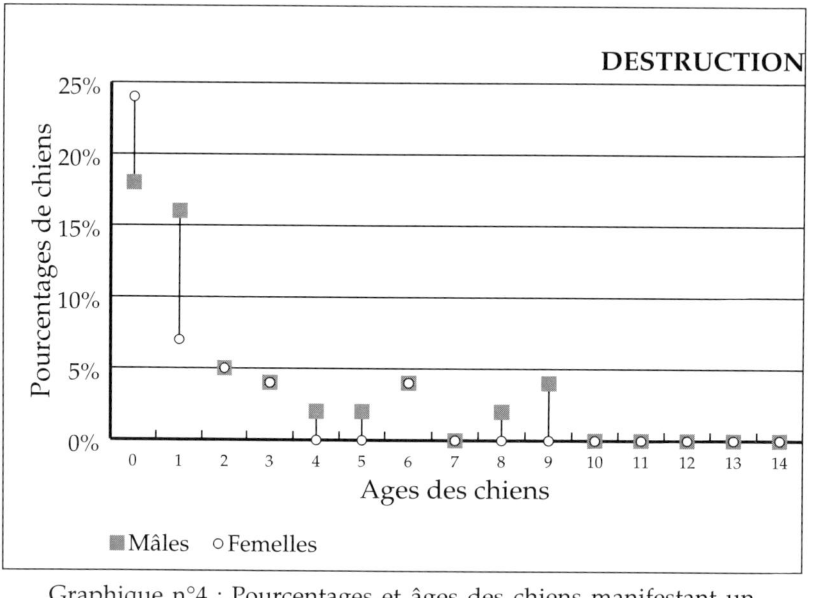

Graphique n°4 : Pourcentages et âges des chiens manifestant un comportement destructeur.

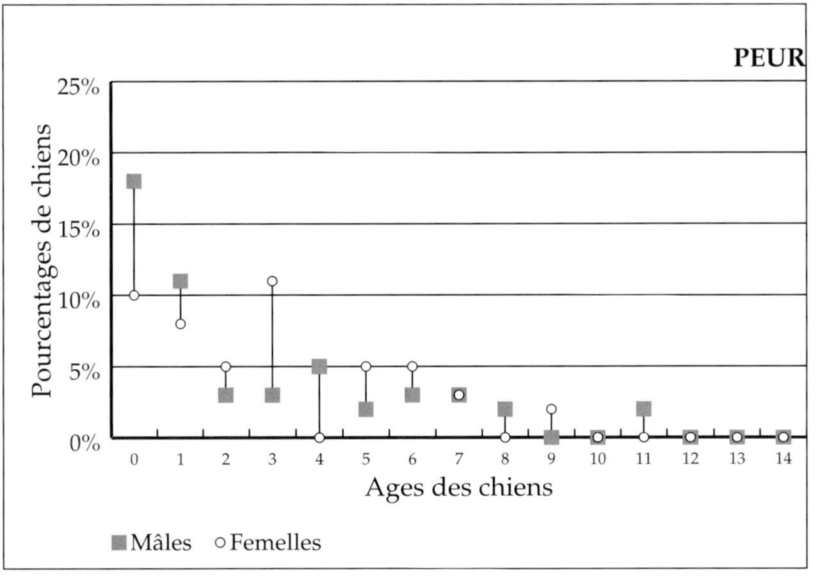

Graphique n°5 : Pourcentages et âges des chiens manifestant des comportements de peur.

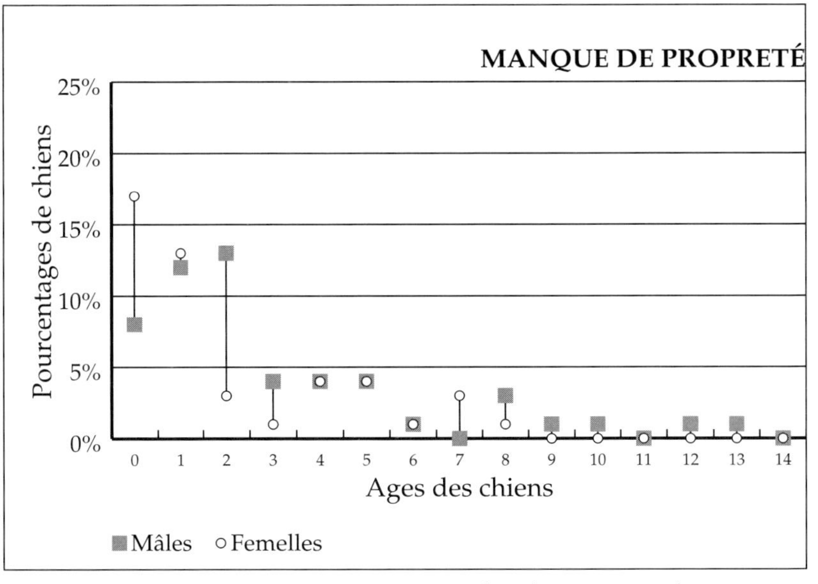

Graphique n°6 : Pourcentages et âges des chiens ayant des problèmes de propreté.

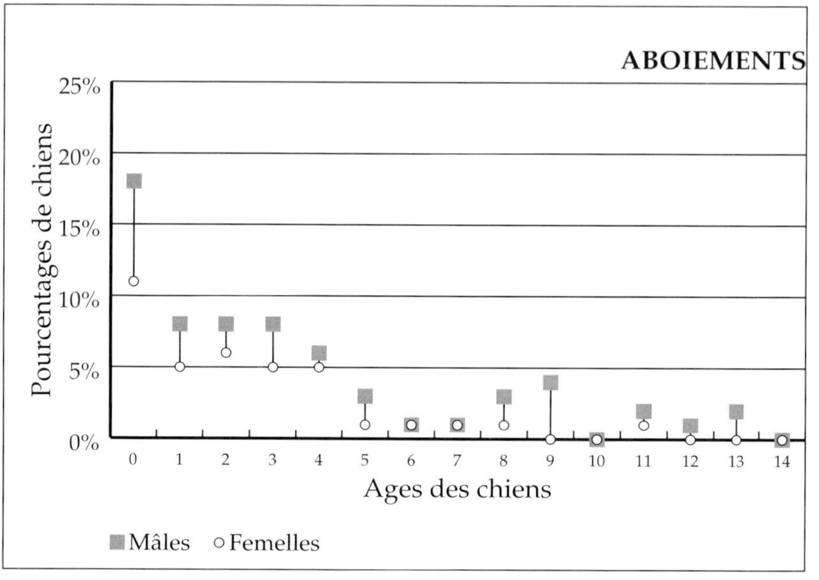

Graphique n°7 : Pourcentages et âges des chiens aboyant de manière "excessive".

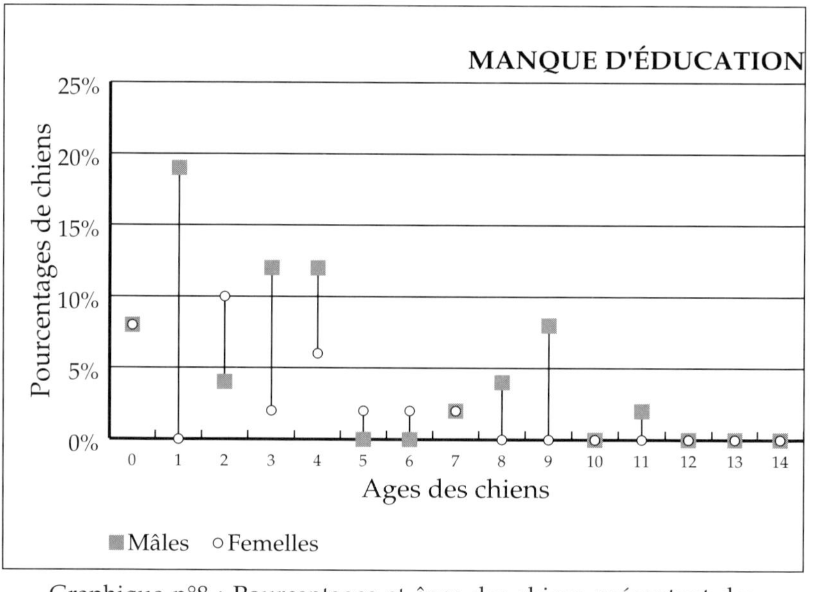

Graphique n°8 : Pourcentages et âges des chiens présentant des problèmes liés à un manque d'éducation.

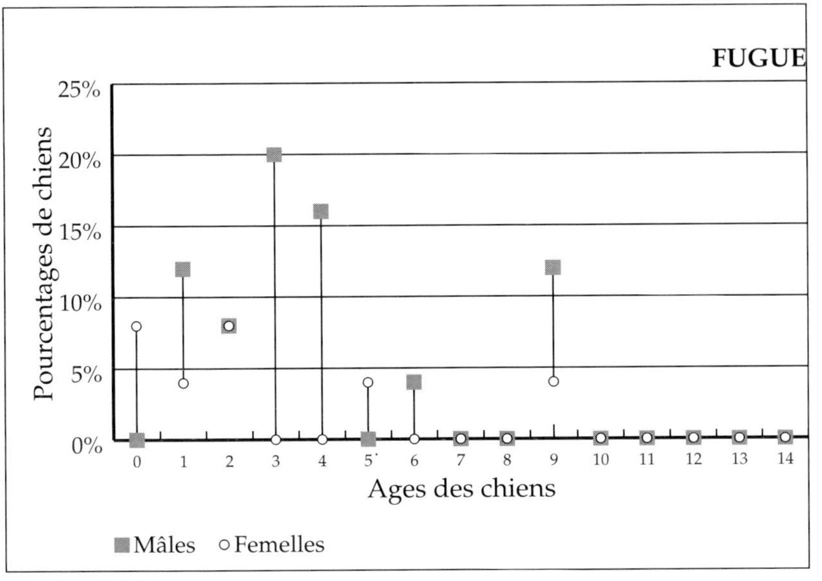

Graphique n°9 : Pourcentages et âges des chiens ayant tendance à fuguer.

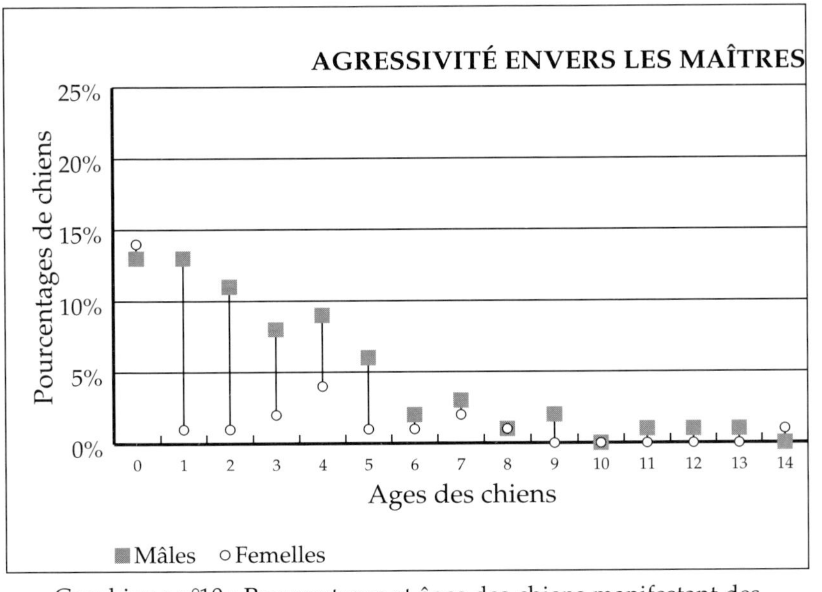

Graphique n°10 : Pourcentages et âges des chiens manifestant des comportements agressifs vis-à-vis de leurs maîtres.

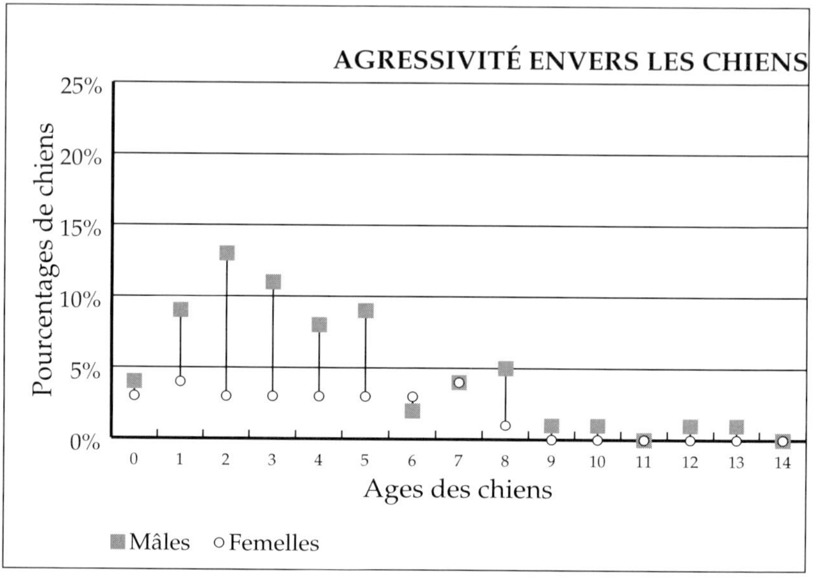

Graphique n°11 : Pourcentages et âges des chiens manifestant des comportements agressifs vis-à-vis des autres chiens.

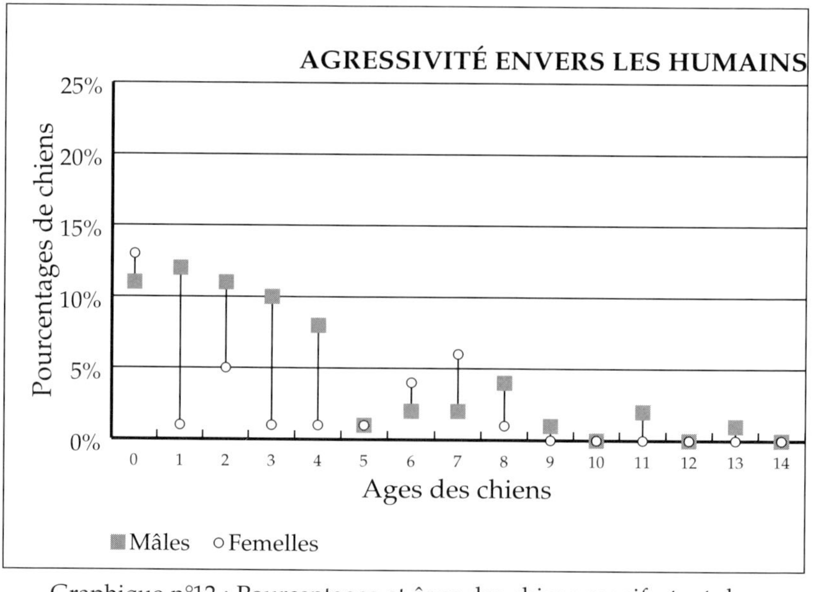

Graphique n°12 : Pourcentages et âges des chiens manifestant des comportements agressifs vis-à-vis des humains de rencontre.

Pourquoi les mâles semblent-ils plus portés que les femelles à présenter certains problèmes comportementaux ? Comme dans les conditions naturelles, c'est souvent un mâle qui assume la charge suprême, il semble logique qu'un mâle soit plus enclin à jouer ce rôle également lorsqu'il vit dans notre entourage. Si le comportement des maîtres lui laisse envisager qu'il est le chef, il est tout naturel qu'il les agresse en cas de conflit, qu'il refuse de leur obéir et qu'il assume les tâches qui lui reviennent de droit : la garde (d'où ses aboiements plus fréquents) et la défense (faire fuir tout étranger qui approche, qu'il soit humain ou canin).

Il faudrait également s'interroger sur l'attente des maîtres lorsqu'ils choisissent le sexe de leur chien. Leur choix est souvent justifié par le fait que les femelles sont "plus douces", "plus obéissantes", "plus gentilles" que les mâles ; ces derniers sont décrits comme étant "plus forts" et ayant "plus de caractère". Il se pourrait alors que tout comportement allant dans le sens de cette attente se trouve renforcé de manière consciente ou inconsciente, alors que tout comportement s'en écartant soit sanctionné de la même manière. Les propriétaires seraient donc prêts à excuser les premiers comportements agressifs de leur mâle, se sentant très fiers qu'il se montre déjà un si bon gardien et qu'il ait un tempérament si bien trempé, puis prennent plus ou moins rapidement conscience que ce comportement leur échappe et devient un véritable problème.

UN CHIOT OU UN CHIEN ADULTE ?

Adopter un chien adulte permet d'éviter la phase pénible des premiers mois au cours desquels le chiot est souvent tout excité, ne pense qu'à jouer et fait de multiples bêtises. C'est en effet lorsque le chiot a entre 6 et 12 mois que les propriétaires se plaignent le plus de problèmes de "destructions". Il est en fait normal qu'à cet âge le chiot fasse connaissance des objets de son environnement en les mordillant. Il y a également de fortes chances pour qu'un chien plus âgé ait déjà acquis les notions de base de la propreté. Il faut savoir cependant qu'un grand nombre de comportements jugés problématiques commencent tôt, la plupart déjà entre 6-12 mois.

Prendre un chien dans un refuge donne au maître la satisfaction d'avoir fait une bonne action, mais peut comporter certains risques ; en effet, des chercheurs estiment que 25 à 50% des chiens abandonnés le sont pour des problèmes de comportement[17], problèmes que le chien risque de reproduire dans son nouveau foyer, surtout s'il se retrouve dans un environnement identique. Les risques diminuent cependant si les employés du refuge ont pris le temps d'observer l'animal, voire de le tester afin d'harmoniser tendances du chien et attentes des futurs maîtres[263,26].

Comme les problèmes de comportement n'apparaissent en principe qu'après un certain laps de temps, entre 1 et 3 semaines après l'adoption (expérience de nos clients), il faudrait profiter pour mettre en place les règles de vie dès l'arrivée du chien dans son nouveau foyer afin qu'il se trouve tout de suite bien encadré et connaisse sa place, ce qui évite de créer un état de stress. Or, c'est bien souvent l'inverse qui se passe et, sous prétexte que le chien a souffert, on lui passe tous ses caprices ! Il est vrai que l'on a toujours la possibilité de rendre l'animal, mais cela ne va pas sans conséquences néfastes aussi bien pour le maître (sentiment d'échec, difficulté de rompre les liens qui se sont déjà créés) que pour le chien qui risque de voir ses problèmes empirer en passant d'un propriétaire à l'autre.

LE CHOIX DE L'ÉLEVAGE

La décision d'adopter un chien a été mûrement réfléchie et l'on a jeté son dévolu sur une race précise ; il reste maintenant à concrétiser cette décision. Comment faire ? Là encore, l'impatience est mauvaise conseillère : il est indispensable de prendre le temps d'aller visiter plusieurs élevages, d'observer le comportement des chiens et les conditions dans lesquelles ils vivent. Une décision hâtive, parfois sur un coup de foudre, peut être source de nombreux ennuis.

Si un éleveur refuse de répondre aux questions ou de faire visiter son élevage, quels que soient les prétextes avancés, il faut le rayer de la liste sans aucun scrupule, quitte à devoir attendre encore quelques mois avant de voir gambader son nouveau chien à ses côtés. Même attitude si l'élevage est immense et si les chiots semblent être élevés en "batterie" ; en effet, même dans les cas où les éleveurs aiment réellement leurs animaux, il leur est matériellement impossible de consacrer assez de temps à chacun des chiots pour en faire de merveilleux chiens de compagnie.

Se méfier des petites annonces dans lesquelles sont proposées de nombreuses races de chiens (attention : on trouve parfois plusieurs annonces proposant chacune une race différente mais avec un numéro de téléphone identique), il y a en effet de fortes chances que ces chiots proviennent d'un trafic. Dans le cas contraire, vu le nombre de chiots, il est probable que ces derniers soient mal socialisés aux humains.

Si dans le meilleur des cas il est préférable de voir les deux parents du chiot, il est en tout cas indispensable de voir la mère. Si elle n'est pas présente au chenil ou si elle se trouve soidisant chez des amis, renoncer à acheter un chien dans cet endroit est la meilleure recommandation que nous puissions faire, car il y a des chances pour que les chiots proposés proviennent d'un trafic de chiens. D'une enquête parue dans l'Hebdo[274], il ressort en effet qu'un grand nombre de chiots sont victimes d'un tel trafic (d'après cette enquête, on estime qu'une seule "entreprise" belge vendrait environ 17.000 chiots par an et qu'il existe de nombreux importateurs dans différents pays). Or, la plupart de ces chiots sont élevés dans des conditions épouvantables ; il semble notamment que certains villages de l'Europe de l'Est (mais il en existe certainement ailleurs) se soient reconvertis dans l'élevage canin, chaque famille se spécialisant dans une race particulière en fonction des demandes. D'après le journaliste qui a remonté la filière, les chiots et leur mère sont souvent parqués dans de minuscules enclos relégués au fond du jardin, dans des conditions d'hygiène plus que précaires et sans véritable contact avec les humains. "C'était au fond du jardin. Sous le toit d'un appentis où perçait une rare lumière, des dizaines de petits chiens noirs et blancs se disputaient moins de 15 mètres carrés dans une saleté et une puanteur de clapier" (p. 11). Les chiots sont ensuite transportés en camion, souvent sans eau et nourriture, puis momentanément parqués dans d'immenses enclos avant de poursuivre leur chemin. Arrivés dans leur pays de destination, les papiers de l'animal sont falsifiés : un chien tchèque est ainsi devenu français après avoir été belge pour quelques jours !

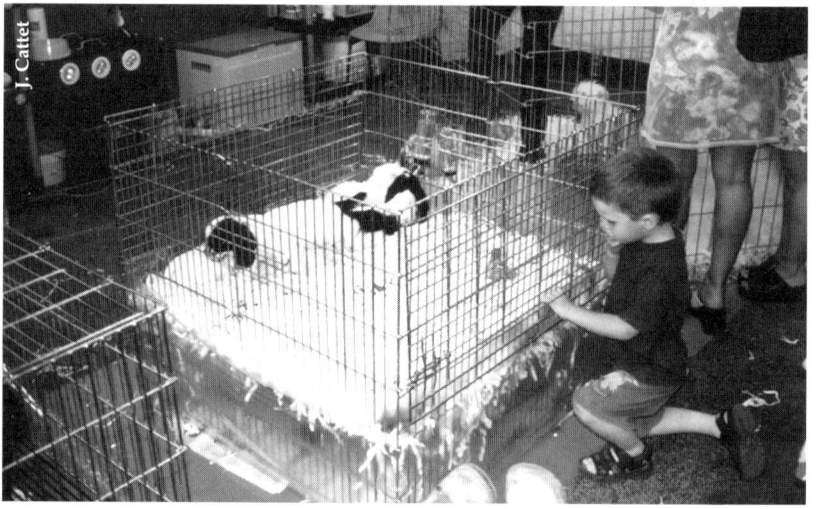

Ce trafic ne se fait que pour le profit juteux que ses auteurs en retirent ; vous comprendrez aisément lorsque vous saurez qu'un chiot slovaque ne coûte que quelques dizaines de francs, sans compter qu'il y a des réductions pour les achats de masse ! Il y a un certain pourcentage de pertes en cours de route ? Peu importe pour les trafiquants, tant qu'il y a du profit à l'arrivée ! Attention, certains de ces chiens sont également proposés à la vente dans des magasins pour animaux ou lors d'expositions consacrées aux chiots. Alors, MEFIANCE ! Ne laissez pas parler votre sensibilité : acheter un tel chiot peut vous sembler être une bonne action. Rappelez-vous qu'en fait vous ne faites qu'encourager le trafic, sans parler de tous les ennuis auxquels vous risquez d'être confrontés : un animal soumis à de telles conditions d'élevage risque de vous en faire voir de toutes les couleurs, car il est susceptible de développer des problèmes physiques et comportementaux, avec souvent des répercussions à long terme. En voici quelques exemples :

- certains problèmes de santé se déclarent rapidement, parfois dès le lendemain de l'achat : diarrhée, toux du chenil, eczémas, etc... ; en effet, les chiots qui viennent d'être séparés de leur mère et de leur fratrie et enfermés dans des cages dans des lieux inconnus, souvent bruyants, soumis au chaud ou au froid puis déplacés sans ménagement d'un lieu à l'autre, parfois sans nourriture et sans boisson et sans avoir la possibilité d'établir un lien avec une personne de référence, sont soumis à un très grand stress. Or cet état de stress fragilise l'animal de telle manière qu'il devient moins résistant aux infections. Quelquefois, l'histoire se termine lamentablement par le mort de l'animal et même si le vendeur se voit parfois (mais pas toujours) dans l'obligation de rembourser son prix d'achat, il sera difficile à l'acquéreur d'oublier une telle expérience ;
- "syndrome de chenil", appelé également "syndrome de privation sensorielle" : un chiot qui a vécu dans un milieu très pauvre en stimuli jusqu'à la fin du 3è mois aura beaucoup de peine à s'adapter à un milieu plus riche. En fonction de leur tempérament, certains sujets se révèlent incapables de s'adapter à certains stimuli et y réagissent par la fuite, voire par un état de panique (l'animal est incapable de se contrôler, il court droit devant lui et peut se blesser grièvement ou provoquer de graves accidents). Si l'animal n'a pas eu suffisamment de contacts avec des humains, il peut avoir peur de tous les inconnus (ou de certains types de personnes) et, s'il se sent acculé, il peut réagir par des morsures. Parfois, il refuse tout simplement de sortir et

reste terré sous un meuble ou dans la pièce la plus sombre de son nouveau logement.

Ce qui rend la tâche de l'acheteur plus difficile, c'est la normalité apparente du comportement de l'animal. Beaucoup de chiots vivant dans des enclos ou des cages semblent tout à fait adaptés à la présence de différentes personnes qui passent derrière le grillage ou la vitre et ne manifestent aucune peur en leur présence. Un chiot élevé en milieu pauvre se comporte tout à fait normalement dans son milieu d'origine ou dans un milieu similaire ; les problèmes ne se révèlent qu'une fois déplacé dans un milieu différent. La situation est encore pire si le chiot a en plus été maltraité. D'autres symptômes peuvent s'ajouter pour noircir, si besoin est, le tableau clinique, notamment des activités de substitution, des pertes de propreté, une anxiété intermittente, une anxiété de séparation, un hyper-attachement, etc...*

- syndrome d'hypersensibilité-hyperactivité : le chien atteint de ce syndrome a une activité motrice hypertrophiée "tout se passe comme s'il n'y avait pas de "signal d'arrêt" à la fin de l'acte consommatoire"[346 p.255]. Ces sujets ont un seuil de réactivité extrêmement bas, c'est-à-dire qu'ils sont déclenchés par les plus petits stimuli et dorment beaucoup moins que la normale. Or, "il s'avère que près de 85% des chiots étudiés sont issus d'élevage en milieu hypostimulant et ont été séparés de leur mère vers l'âge de 5 semaines et placés en lots de chiots"[346 p.257] ;
- manque d'acquisition de l'inhibition de la morsure : nous avons vu qu'aux alentours de la 5-6è semaine, le chiot va apprendre en jouant avec ses frères et soeurs à contrôler la force de pression de ses mâchoires. Il est vraisemblable que la mère joue également un rôle régulateur en intervenant lorsque l'un des chiots se montre trop turbulent. Des chiots séparés trop tôt, avant la 7è semaine, de leur fratrie ou élevés en isolement n'ont pas eu l'occasion d'acquérir une telle inhibition et peuvent avoir beaucoup de mal à faire cet apprentissage par la suite ; de même, ils sont

*"*L'origine du syndrome de privation sensorielle doit être recherchée dans un défaut de développement des connections interneurales consécutif à l'hypostimulation durant le développement*"[346 p.264].

beaucoup plus difficiles à éduquer et ne savent pas comment se comporter face à leurs congénères, ce qui rend la moindre rencontre problématique.

Alors, comment choisir un bon élevage ? En visiter plusieurs, faire des comparaisons, essayer de contacter d'autres propriétaires qui y ont acheté leur chien. Attention, les recommandations des diverses sociétés canines ou clubs de races ne se révèlent malheureusement pas toujours des critères de garantie pour l'acquisition d'un bon chien de compagnie : leur jugement est souvent plus fortement influencé par la beauté des spécimens proposés que par leur comportement. Pour toutes les raisons invoquées plus haut, nous déconseillons également vivement d'acquérir un chiot dans un élevage très éloigné qu'il est impossible de visiter. De plus, le transport longue distance organisé par l'éleveur peut être vécu comme un traumatisme, surtout s'il se déroule dans des conditions peu contrôlées.

Dans tout bon chenil, les chiots devraient avoir la possibilité de s'ébattre à l'extérieur tout en ayant accès à l'intérieur de la maison et devraient être en contact avec de nombreuses personnes différentes (hommes et femmes de différents âges) et plus spécifiquement avec des enfants afin qu'ils puissent se familiariser avec leur comportement. Tout chiot devrait également avoir été habitué au transport en voiture, avoir fréquenté la ville, surtout s'il doit y vivre. De très bons éleveurs existent, il suffit de les chercher. Si le chiot doit cohabiter avec des chats, il serait également préférable de choisir un élevage dans lequel une telle cohabitation existe.

Y A-T-IL UN ÂGE IDÉAL POUR ACQUÉRIR UN CHIOT ?

Tout dépend de l'élevage. Si malgré toutes nos mises en garde, vous désirez quand même acheter un chiot provenant d'un élevage peu stimulant, il serait préférable de l'acquérir au cours de sa 7è semaine. En effet, à cet âge, il a déjà acquis pratiquement tous les comportements typiques de son espèce et on aura le temps de le familiariser au milieu dans lequel il va vivre. Cependant, il est absolument indispensable que le chiot continue à fréquenter d'autres chiens et divers humains sous peine de courir le risque de se désocialiser.

Certains auteurs (notamment Fox[(165)]) conseillent d'éviter d'acquérir le chiot dans sa 8è semaine, car des recherches ont montré qu'à cette époque le chiot était le plus susceptible de développer des réponses d'évitement et d'être traumatisé. Cependant, il est difficile d'être aussi catégorique : s'il y a certainement une période sensible aux alentours de cet âge, des recherches récentes ont mis à jour de nombreuses différences raciales dans le développement.

Si, par contre, l'élevage est idéal, le chiot peut sans problème y séjourner quelques semaines de plus et peut même retirer un certain bénéfice à rester en contact avec sa mère jusqu'à la 12è semaine. En ce qui concerne la socialisation aux humains, une séparation précoce d'avec la fratrie ne la facilite pas forcément, pour autant bien entendu que tous les chiots aient un contact journalier prolongé avec des représentants de notre espèce[(406)]. Nous conseillerions cependant aux futurs propriétaires d'aller rendre visite au chiot qu'ils ont choisi pour faciliter sa future adaptation.

Laisser au chenil un vieil habit que l'on vient de porter peut être un facteur positif puisque cela permet au chiot de se familiariser avec l'odeur de son futur propriétaire.

Il faut également se rappeler qu'un chiot, même bien socialisé, puis remis au chenil pendant un certain temps en compagnie d'autres chiens, risque de privilégier les amitiés canines.

LE CHOIX DU CHIOT

La décision de prendre un chien bien ancrée, la race et l'élevage choisis, il ne reste plus qu'à choisir SON chiot ! Mais comment faire pour sélectionner son chien parmi toutes ces petites boules de poils, toutes plus mignonnes les unes que les autres ?

Quelques auteurs ont mis sur pied des tests sensés permettre au futur propriétaire de déterminer le caractère de l'ani-

mal afin de se décider en conséquence. Si de tels tests sont encore souvent utilisés, ils ne semblent pas très fiables. Appliqué à 7 semaines, le test de Campbell n'a pas de valeur prédictive quant aux tendances sociales futures du chiot à moins que de prendre en compte d'autres critères(33) : en effet, 50% des chiots catalogués comme dominants à 7 semaines ont été classés dans la catégorie "neutres" ou "soumis" lorsqu'on répète le test à l'âge de 16 semaines. Il faut se rappeler que les chiens ne sont pas entièrement matures avant 1 an-1an 1/2, voire plus tard, et que le tempérament de base est susceptible d'être grandement modifié par les expériences auxquelles le chiot est confronté.

Quelques petits tests tout simples peuvent cependant permettre d'étudier les réactions du chiot. Le fait de taper dans ses mains, de faire tomber subitement ses clefs provoque-t-il une fuite éperdue ou une investigation ? L'idéal serait que le chiot réagisse moyennement au bruit mais qu'il se remette rapidement de sa surprise ; s'il court se cacher, il a certainement manqué d'expériences et le risque qu'il développe des peurs paniques est encore plus grand si vous vivez en ville.

Si les chiots s'enfuient à l'approche des humains, s'ils évitent tout contact physique, il est plus sage de repartir tout aussi vite. Eviter de prendre le plus peureux de la fratrie, le plus tranquille, celui qui reste en retrait et est ignoré par les autres : il s'agit certainement d'un sujet peureux ou trop soumis. On entend souvent des propriétaires affirmer qu'en fait, ce n'est pas eux qui ont choisi leur chiot, mais que c'est le chiot lui-même qui les a adoptés... Or, jeter son dévolu sur le plus turbulent, celui qui bouscule tous les autres pour arriver le premier aux pieds des visiteurs, c'est courir le risque d'avoir affaire à un fort caractère.

Eviter de se laisser attendrir par un chiot orphelin (surtout s'il a été élevé en chiot unique sans contact canin), par un chiot rejeté par sa mère (surtout s'il n'a pas été élevé par une autre chienne), par les "brebis galeuses" sans cesse harassées par leurs frères et soeurs, par les chiots amaigris (certaines carences alimentaires peuvent avoir des répercussions aussi bien sur la santé que sur le comportement). Il y a en effet beaucoup plus de chances pour que de tels animaux développent de graves problèmes de comportement.

De même, il faudrait éviter d'acheter un chiot visiblement malade, malgré toutes les garanties de l'éleveur. La certitude de pouvoir être remboursé ou de pouvoir échanger le chiot en cas d'aggravation de la maladie est un argument fallacieux : peut-on réellement se séparer d'un chiot alors que des liens affectifs se nouent si rapidement ? Les éleveurs savent bien que tout sera fait pour tenter de sauver l'animal et qu'un nombre minime de clients osera porter plainte.

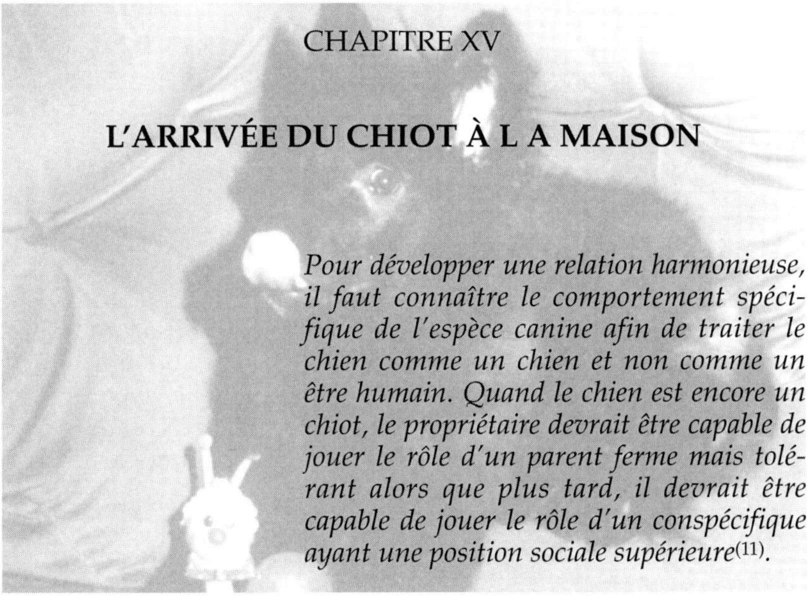

CHAPITRE XV

L'ARRIVÉE DU CHIOT À L A MAISON

Pour développer une relation harmonieuse, il faut connaître le comportement spécifique de l'espèce canine afin de traiter le chien comme un chien et non comme un être humain. Quand le chien est encore un chiot, le propriétaire devrait être capable de jouer le rôle d'un parent ferme mais tolérant alors que plus tard, il devrait être capable de jouer le rôle d'un conspécifique ayant une position sociale supérieure[11].

Avant d'aller chercher le chiot, il est préférable que les membres de la famille se mettent d'accord pour décider ce que le chien aura le droit de faire et ce qui sera strictement interdit. Pour éviter des problèmes de compréhension et des tensions qui peuvent déboucher sur des problèmes comportementaux, il est primordial que chacun des membres de la famille s'en tienne à ces règles, et cela dès le début. Il faut se rappeler que la petite boule de poils va rapidement grandir et que certains des comportements que l'on trouve attendrissants peuvent très vite devenir encombrants (les sauts de joie d'un saint-bernard peuvent provoquer quelques chutes...).

Pour que l'adaptation du chien dans son nouveau foyer se passe le mieux possible, mieux vaut aller le chercher le matin : il aura ainsi plusieurs heures devant lui pour s'habituer à son nouvel environnement. Comme il aura un grand besoin de la présence rassurante de ses nouveaux maîtres tout au moins les premiers jours, il faut que ces derniers prévoient de prendre quelques jours de vacances au moment de l'adoption.

Si le transfert dans le nouveau foyer doit se faire en voiture, en train ou en avion, il vaudrait mieux que l'éleveur ne nourrisse pas le chiot pendant les heures qui précèdent : en effet, les vomissements pourraient déclencher chez certains sujets sensibles une association entre le mal-être passager et le moyen de transport utilisé (les troubles peuvent être ensuite déclenchés par la simple vue de la voiture). Si, malgré ces précautions, le chien vomit quand même, il ne faut en aucun cas en faire un drame, mais plutôt banaliser la chose en y prêtant le moins d'attention possible. Même comportement s'il urine, défèque ou souffre de diarrhées. S'il manifeste une certaine peur en se mettant par exemple à trembler, détourner son attention sur quelque chose de plaisant (par exemple un jouet) et lui parler gaiement ; le chouchouter ne ferait que renforcer le comportement que l'on désire supprimer. Pour les voyages en voiture, il est naturellement vivement conseillé d'être deux.

Si le voyage est long, prévoir des arrêts toutes les heures afin que le chien puisse se dégourdir les pattes et se désaltérer. Pour ne pas ajouter des émotions supplémentaires, il n'est pas recommandé de s'arrêter en route chez des amis pour faire admirer la petite merveille : ils auront amplement le temps de faire sa connaissance dans quelques jours.

Une fois arrivé à bon port, le chiot doit si possible être amené à l'endroit réservé à ses éliminations. Inutile de lui faire découvrir toute la maison dès le départ, mieux vaut qu'il se sente à l'aise dans un endroit plus réduit où vous allez lui tenir compagnie et dans lequel se trouve son coin (corbeille, couverture, coussin... peu importe ; mieux vaut quelque chose de bon marché, car un grand nombre de chiots vont trouver follement amusant d'y exercer leurs crocs...).

C'est bien connu, les émotions creusent : il est donc temps de lui donner son repas en suivant les recommandations de l'éleveur. Un changement de nourriture peut provoquer des ennuis intestinaux s'il n'est pas fait graduellement et ne ferait qu'ajouter au désarroi du chiot. Une fois rassasié, une pause "toilettes" s'impose à nouveau ; ne pas oublier de le féliciter chaudement s'il s'exécute.

Fatigué par toutes les émotions qu'il vient de subir, le chiot a besoin de se reposer et il est préférable que, dès le début, il le fasse à sa place ; tous les membres de la famille, y compris les enfants, doivent absolument respecter le besoin de repos de l'animal ; il est donc primordial que ce dernier ait la jouissance d'un endroit tranquille où il pourra se retirer chaque fois qu'il aura besoin de calme. Ne pas déranger un chien qui dort est une règle importante pour une vie inter-spécifique harmonieuse.

La première nuit

La première nuit risque d'être quelque peu agitée (mais ce n'est pas une règle générale !). En effet, séparé pour la première fois de sa fratrie et de sa mère, il est normal que le chiot manifeste son désarroi par des pleurs. Passer la nuit à aller le rassurer dès le moindre gémissement, c'est lui apprendre que ses pleurs sont payants et se préparer quelques nuits blanches. Il vaut donc mieux le laisser s'exprimer pendant un moment, car

il y a de fortes chances pour qu'il se rendorme assez rapidement. Des pleurs plus intenses peuvent parfois être stoppés en faisant un bruit de l'autre côté de la porte ; si les pleurs s'accentuent, il est nécessaire d'aller voir ce qui se passe tout en évitant d'ouvrir la porte pendant l'émission des pleurs (sinon, gare au renforcement !). Après avoir constaté qu'il n'y a rien de grave, trois solutions se présentent :

- repartir au bout d'un moment ;
- passer le reste de la nuit à ses côtés pour le rassurer tout

en évitant de lui parler ou de le caresser sans cesse ;
- l'amener dans la chambre à coucher pour autant que le maître prenne la décision de le remettre à sa place quand il aura eu la possibilité de se familiariser un peu plus avec son nouveau milieu.

Selon Fox, isoler le chiot pour la nuit entre 5 et 7 semaines provoque des perturbations émotionnelles dont l'effet immédiat est d'accélérer le processus d'attachement à l'humain ; on ne sait pas si cet effet perdure lorsque le chiot est plus âgé, c'est-à-dire au moment où il change de foyer, mais on peut faire l'hypothèse qu'il en est de même pour la suite.

La découverte de l'environnement

Le jour suivant, le chiot pourra momentanément accompagner les divers membres de la famille dans les pièces autorisées, c'est-à-dire celles auxquelles on a décidé qu'il aurait libre accès plus tard, mais seulement dans celles-là. Il est en effet plus facile de fixer les règles de conduite dès le début plutôt que de devoir les lui enseigner plus tard, une fois les mauvaises habitudes bien installées. S'il outrepasse ses droits, une voix ferme et une attitude bien déterminée feront l'affaire ; l'usage de la punition est vivement déconseillé.

L'apprentissage de la propreté

Tout au long de la journée, une surveillance étroite est indispensable afin de pouvoir intervenir chaque fois que le chiot a envie de faire ses besoins, envie exprimée la plupart du temps en reniflant intensément le sol ou en tournant en rond.

Pour que l'apprentissage de la propreté soit le plus rapide possible, il convient de sortir le chiot en moyenne toutes les deux heures, en tout cas à chacun de ses réveils (même après un petit somme), après ses parties de jeux et ses repas. Il faut se rappeler qu'un jeune chiot n'a pas la capacité de se retenir durant toute une nuit. Les punitions "classiques", telles que frapper le chien ou mettre son nez dans le pipi, sont non seulement inutiles, mais souvent néfastes et peuvent perturber la relation entre le chien et son maître. S'il s'oublie dans un lieu inapproprié, il est préférable de ne pas en faire un drame, mais de porter rapidement le chiot au lieu adéquat sans oublier de le féliciter s'il termine là ce qu'il a commencé au mauvais endroit. Il ne faut pas oublier que nos règles de propreté doivent être apprises ; en effet, la seule règle en vigueur dans le monde canin est de ne pas souiller sa couche (il y a quelquefois des exceptions).

En cas de nécessité, les nettoyages doivent se faire en dehors de la présence du chien. L'emploi de détergents neutres (par exemple du vinaigre de ménage) est à recommander ; certains désinfectants, comme l'eau de javel, ne conviennent pas, car leur odeur incite plutôt le chien à uriner aux endroits nettoyés, ce qui, vous en conviendrez aisément, n'est pas le but recherché !

Certains chiots réclament plus de patience que d'autres pour devenir propres. Au grand désespoir de leurs maîtres, quelques-uns semblent même se retenir d'éliminer au cours de leurs promenades, aussi longues soient-elles, pour se soulager aussitôt arrivés dans l'appartement. Il s'agit très souvent de chiots adoptés assez tard et ayant vécu dans des enclos ou des boxes carrelés ou bétonnés, sans herbe à disposition ; ayant fait une imprégnation à un certain substrat, ils recherchent tout naturellement un substrat de même genre et le carrelage de l'entrée ou le parquet du salon fait très bien l'affaire. Il ne s'agit en aucune façon d'une manifestation de mauvaise volonté mais d'une simple incompréhension. Seule une bonne dose de patience viendra à bout de ce problème.

Une fois éduqués, les chiens ne font en principe plus leurs besoins à la maison. Dans certains cas cependant, lorsque la stimulation est forte -par exemple, si un nouveau chien est ramené à la maison ou si une femelle est en chaleur dans le voisinage- un chien, même des plus propres, peut être amené à uriner sur le mobilier Louis XV de ses maîtres ou sur les murs fraîchement repeints en n'excluant toutefois pas les vieux meubles et les murs défraîchis.

LES RELATIONS AVEC LE MAÎTRE

Le lien qui unit le chien à son ou ses maîtres s'établit petit à petit et est basé en priorité sur les paroles qu'on lui adresse, les caresses qu'on lui prodigue et les jeux que l'on partage avec lui, mais cela ne signifie pas que le maître doive céder à tous les caprices du chiot. S'il est important de jouer avec lui plusieurs fois par jour, il ne faudrait jamais en laisser l'initiative au chiot (c'est également le maître qui décide quand le jeu se termine) et il vaut mieux éviter de le surexciter. Une bonne tactique est de laisser à la disposition du chien quelques jouets pour ses jeux solitaires et de récupérer à la fin de chaque partie les jouets destinés aux jeux inter-spécifiques. Les chiots adorent tirer sur des chiffons, des morceaux de corde ; de tels jeux sont positifs pour autant que ce soient les maîtres qui gagnent le plus souvent (et gagner aux yeux du chien, c'est rester en possession de l'objet, même si l'on n'a pas forcément envie de s'approprier le chiffon tout boueux et couvert de salive !).

Contrairement à ce que l'on pense trop souvent, les jeux ne sont pas anodins, mais permettent au chien de tester la force respective des partenaires : il est donc préférable que ce soit l'humain qui en fixe les règles et que ce soit le chien qui se trouve le plus souvent sur le dos pattes en l'air, plutôt que l'inverse... Laisser trop souvent "croire" que l'être humain est plus faible peut inciter un chien au tempérament affirmé à essayer de dominer son maître lorsqu'il parviendra à l'âge adulte ou lorsqu'il se trouvera en compétition sérieuse avec lui. Il est normal au cours des jeux d'entendre quelques grognements ; bien qu'il ne soit pas possible de les distinguer des grognements agressifs, le contexte social au cours duquel ils sont émis permet de les différencier.

Quant aux mordillements des mains ou des habits, certains spécialistes conseillent de se montrer tolérants alors que d'autres les bannissent sévèrement. D'après Dunbar et Bohnenkamp(121), il est indispensable que le maître apprenne tout d'abord au chiot à inhiber sa morsure (la peau humaine est en effet plus fragile que la peau canine) pour ensuite lui apprendre que tout contact de sa propre initiative entre ses mâchoires et la peau humaine est tabou. En effet, d'après ces auteurs, un chiot qui n'a jamais mordillé son maître ne peut pas comprendre que la morsure est un comportement interdit et, n'ayant pas acquis l'inhibition de la morsure envers les humains, il risque de mordre fort à la première occasion.

Pour que cet apprentissage se déroule le mieux possible, il suffit d'imiter le comportement des chiens entre eux : si au cours des jeux, la morsure est douloureuse, un NON prononcé d'une voix forte (ou un AIE, voire un grognement si la personne se sent un petit côté canin) devrait suffire ; s'il insiste, on arrête tout simplement de jouer et on ignore toutes les sollicitations du chiot. D'après les mêmes auteurs, la faute la plus grave est de ne pas communiquer au chiot qu'il a infligé une douleur : porter des gants pour éviter de souffrir ne fait qu'inciter le chiot à serrer plus fort.

Le critère "morsure douloureuse" doit évoluer de jour en jour mais, dès l'âge de 4 mois, le chiot devrait savoir qu'il est interdit de mordiller les humains ou leurs vêtements, même de manière fortuite. Une bonne observation du comportement permet au maître de le réprimander verbalement au moment où il s'apprête à le faire, que cela soit de manière intentionnelle ou non. À ce stade, il ne devrait pas être nécessaire de le punir. Face à un récalcitrant, on peut mimer la morsure inhibée de la mère en entourant ses mâchoires des mains et en serrant doucement ou détourner son attention en utilisant un bruit relativement fort (par exemple une alarme) en faisant précéder le bruit d'un NON ! prononcé d'une voix énergique. Pour que cette technique soit efficace, le timing doit être parfait : le NON et le bruit doivent être déclenchés ni trop tôt, ni trop tard mais au moment même où le chien s'apprête à faire ce qui nous déplaît.

Toutes les autres sanctions sont à éviter "...la technique de punition... entraîne parfois une rupture irréparable de la relation maître-chien. La stimulation douloureuse ou effrayante qu'entraînent les punitions provoque une réaction de fuite et d'autodéfense de la part du chien et, si elle est réalisée entre huit et dix semaines d'âge, il peut en résulter une imprégnation émotionnelle sous forme de peur indélébile"[105 p.20]. Se rappeler surtout qu'en récompensant chaque bonne action, on peut accomplir des miracles. Ne pas oublier que quelques minutes après l'avoir réprimandé, il est indispensable de le rappeler afin de le rassurer. Enfin, tant que le chiot est jeune, seul le maître devrait être habilité à le gronder lorsqu'il mordille des étrangers, afin d'éviter que ne se développent des peurs pouvant par la suite conduire à des morsures défensives.

Si le chiot doit avoir à sa disposition quelques jouets qu'il peut mordiller lorsqu'il est seul, les vieilles chaussures ou les vêtements usagés sont à proscrire : un chien n'est en effet pas capable de faire la différence entre des souliers éculés et une belle paire de mocassins.

S'il s'est emparé d'un objet d'une certaine valeur (des lunettes par exemple), il faut éviter à tout prix (c'est le cas de le dire !) de lui courir après pour le récupérer : le chien trouverait ce comportement très amusant et n'aurait de cesse de le provoquer à nouveau en cherchant toutes les occasions (et il y en aura, soyez-en sûr) de repiquer les lunettes ou d'autres objets tout aussi importants qu'il aura vite fait de repérer. Une bien meilleure technique est de détourner son attention sur autre chose afin de pouvoir récupérer l'objet du délit en toute discrétion.

Les chiots, de même que certains chiens adultes, accueillent leurs congénères en bondissant autour d'eux et en essayant de leur lécher les babines. Ce comportement est un comportement ritualisé dérivé du comportement de sollicitation de nourriture. Pour éviter que le chien fasse de même envers toutes les personnes qui l'approchent, il est bon au début de prendre l'habitude de se baisser à son niveau et de le renforcer chaque fois qu'il dirige son museau sur les mains plutôt que sur le visage.

L'APPRENTISSAGE DE LA SOLITUDE

L'apprentissage de la solitude devrait se faire le plus tôt possible mais par étapes, en habituant le chiot à rester seul tout d'abord quelques instants dans "sa" pièce, alors que les humains se trouvent dans une autre pièce et en lui interdisant d'être sans cesse sur les talons de l'un de ses familiers. Quand il supporte bien ces moments de solitude, on peut quitter la maison pour quelques instants en ne disant absolument rien. Se sentant coupable de laisser le chien seul, on a souvent tendance à le caresser et à lui faire tout un discours au moment du départ. Le départ sera alors associé à l'arrêt subit des caresses et ressenti de manière négative. Il vaut donc mieux partir puis revenir sans faire aucun commentaire. Surtout ne jamais renforcer les pleurs éventuels en les associant au retour. Si besoin, il vaut mieux faire du bruit pour distraire le chiot et profiter du moment d'accalmie pour le rejoindre. Pour ne pas renforcer l'agitation qu'il va manifester à la vue de ses maîtres, ignorez-le et ne le saluez qu'une fois le calme revenu (cet exercice est certainement plus difficile pour les maîtres que pour le chien).

Il faut se rappeler que le chien est un animal social et qu'il a grand besoin de la présence de ses maîtres. Laisser un chiot seul pendant des heures, c'est ignorer ses besoins fondamentaux et se montrer cruel à son égard ; même un adulte ne devrait jamais rester seul du matin au soir, qu'il n'ait que $100m^2$ à sa disposition ou la jouissance d'un immense jardin ! Un chien trop longtemps livré à lui-même s'ennuie et peut trouver des occupations en faisant mille et une bêtises. Si la présence d'un compagnon, chien ou autre animal, peut être bénéfique dans certains cas, elle est loin de résoudre tous les problèmes et ne fait parfois que les multiplier par deux ! Il est donc plus judicieux de réfléchir à la question avant qu'elle ne se pose : si l'on sait pertinemment devoir être absent des journées entières, il est préférable de jeter son dévolu sur une espèce moins sociable.

Les dangers de l'environnement

Dans son jeune âge, le chiot découvre son environnement par l'odorat et le goût ; il a donc pour habitude de mettre en gueule tout ce qu'il trouve. Les appartements tout comme les jardins peuvent donc comporter de nombreux dangers : certaines plantes (par exemple philodendron, dieffenbachia, poinsettia, azalée, rhododendron, oignons de nombreuses fleurs), certains arbres (par exemple cytise, if) peuvent provoquer des intoxications ; le chiot peut être amené à avaler des pesticides, des insecticides, des boules de naphtaline, des produits d'entretien, des mégots de cigarettes, des médicaments... Certains semblent être particulièrement friands d'antigel, produit hautement toxique et souvent mortel. Le chocolat (non seulement sous forme de pralinés, mais également sous forme de gâteaux) est également dangereux s'il est ingurgité à haute dose, car la théobromine et la caféine qu'il contient sont toxiques. Il est extrêmement tentant pour un chiot de ronger les fils électriques, de sauter dans la piscine au risque de s'y noyer s'il n'a pas la possibilité de ressortir : mieux vaut donc être prudent ! Un autre danger guette les chiots tout comme les chiens adultes et chaque année, on doit déplorer des accidents : la déshydratation. Un chien ne doit jamais être laissé dans une voiture vitres closes, surtout pas en plein soleil.

Tout naturellement, le chiot va s'habituer aux divers bruits de son environnement ; cela ne devrait pas poser trop de problèmes, à moins qu'il n'ait été élevé dans un milieu trop pauvre. Néanmoins, s'il arrive parfois que le chiot ait des réactions de peur, mieux vaut les ignorer. En effet, si l'humain fait toute une cérémonie pour un bruit anodin, le chien va simplement retenir que la situation n'est pas normale ; sa peur se trouvera ainsi "justifiée" et de ce fait, aura tendance à augmenter.

Les relations avec un autre animal

Si le chiot est amené à vivre avec un autre chien, les présentations doivent se faire dans un lieu neutre et se poursuivre dans le jardin ou près de la maison. Tout en ayant un oeil sur le déroulement de la rencontre, il faut éviter d'intervenir. Ne pas oublier de donner toujours préséance à celui qui se situe à la place supérieure dans la hiérarchie (cela peut changer au cours des années !). Il est tout à fait normal que le chiot se fasse remettre à sa place, parfois de manière assez sèche, par son aîné. La surveillance devra être renforcée lors des premières rencontres avec chat, lapin, hamster... Si certains deviennent ensuite les meilleurs amis du monde, d'autres ne se tolèrent qu'avec peine. Il faut se rappeler que le chien reste un prédateur et que son instinct de chasse peut être soudainement déclenché par les mouvements rapides d'un animal d'une autre espèce ; il est donc judicieux d'être toujours présent lors des rencontres en liberté, surtout si l'espace est restreint.

LES RELATIONS AVEC LE FACTEUR

Nous avons vu que les chiens ne peuvent pas comprendre qu'une fois son travail accompli, le préposé à la poste quitte de toute façon les abords de la propriété, mais ont tendance à interpréter son départ comme une fuite provoquée par leurs aboiements.

Pour éviter des concerts d'aboiements au passage du facteur, il serait bon que, dès son plus jeune âge, le chiot fasse connaissance avec lui afin qu'il ne le considère plus comme un intrus à chasser.

L'APPRENTISSAGE DE L'OBÉISSANCE

Si le chiot n'a jamais porté de collier, habituez-le à son collier, puis à la laisse à l'intérieur de la maison en les associant à quelque chose de positif (nourriture, jeux, etc...) ; s'il n'y a pas de jardin à sa disposition et s'il doit faire ses besoins à l'extérieur, il est préférable de le porter à l'endroit prévu au cours des premiers jours plutôt que de devoir l'y traîner en bout de laisse.

Les promenades sont excellentes. Cependant, plusieurs petites balades quotidiennes (environ 15-20 minutes) sont préférables à une grande promenade qui peut s'avérer trop fatigante. L'apprentissage à la marche correcte au pied et à l'exécution de quelques ordres peut commencer tôt. L'observation du chiot permet de mettre à profit ses propres mouvements pour donner un ordre au moment de leur exécution : par exemple, profitez des moments où il va s'asseoir ou se coucher de lui-même pour donner vos ordres et surtout, n'oubliez pas de le féliciter. Il serait bon d'habituer le chiot à marcher toujours légèrement en retrait par rapport au maître qui, en tant que chef de meute, devrait diriger tous les déplacements de l'animal : il est relativement facile d'y parvenir en changeant brusquement de direction à chaque fois que le chien prend de l'avance.

Une règle d'or à avoir toujours en mémoire, surtout au début des divers apprentissages : si l'animal n'exécute pas ce qu'on lui demande, il s'agit plus souvent d'un manque de compréhension de sa part que d'une manifestation de mauvaise volonté. Avant l'âge de six mois, les "leçons" ne devraient pas durer plus de quelques minutes par jour et n'être destinées qu'à inculquer des notions d'obéissance de base.

Au cours des promenades, il est indispensable que le chiot rencontre d'autres chiens (s'il s'agit d'adultes, se renseigner au préalable sur la manière dont ils se comportent vis-à-vis des chiots), d'autres personnes y compris des enfants de différents âges, diverses espèces animales y compris des animaux de ferme, etc... Les rencontres avec des enfants devraient toujours se faire sous surveillance ; les enfants pourraient lui faire du mal, ne serait-ce qu'en le serrant trop fort contre eux, ou lui-même pourrait les blesser involontairement en s'excitant au cours des jeux. Il est important que le chiot s'habitue aux cris et aux mouvements brusques des jeunes enfants ou des bébés afin que plus tard il ne manifeste pas de peur en leur présence, peur qui, nous l'avons vu, peut provoquer des morsures. Le chiot devrait être emmené partout : campagne, ville, lieux bruyants et peuplés, bus, voiture, abords des jeux d'enfants. Pour les trajets en voiture, il doit avoir sa place (les sièges avant sont à éviter) et y rester (un chien sans cesse en mouvement est non seulement pénible à supporter, mais peut être à l'origine d'accidents graves).

Si la possibilité existe, la fréquentation régulière d'une classe de jeux pour chiots est idéale : le chiot pourra ainsi apprendre à côtoyer des chiens de diverses races et des personnes qui aiment les chiens ; il pourra également être confronté dans un contexte joyeux à différents objets ou bruits et s'y habituer petit à petit.

LA VISITE CHEZ LE VÉTÉRINAIRE

Prévoir une visite "bidon" chez le vétérinaire afin que le chiot fasse sa connaissance de manière positive : quelques mots gentils, quelques caresses, voire une friandise et le chiot sera ravi de revenir dans un lieu si plaisant !

Selon les recherches de Fox(165) il semble que c'est au cours de la 8è semaine que les chiots sont les plus susceptibles de développer des réponses d'évitement s'ils sont sujets à des traumatismes psychiques ou physiques. Certains auteurs recommandent donc d'éviter de vacciner les chiots au cours de cette semaine. Rappelons toutefois qu'il existe des variations temporelles entre les différentes races.

Pour l'habituer aux manipulations que le vétérinaire sera parfois obligé de lui faire subir, il est indispensable que dès son plus jeune âge, il soit brossé régulièrement et que toutes les parties du corps (pattes, museau, intérieur de la gueule, oreilles, yeux, etc...) soient contrôlées ; quand il est bien habitué à de telles manipulations, il serait bon de demander à d'autres personnes de faire de même. L'inspection journalière de sa fourrure permettra de détecter d'éventuelles tiques qui, dans certaines régions, peuvent transmettre une maladie appelée piroplasmose, maladie grave, parfois mortelle. En accordant une attention particulière à certaines régions significatives socialement parlant (oreilles, cou, encolure, queue, pattes), le maître se positionne comme un animal supérieur hiérarchiquement.

Avant tout, il est de première importance de se rappeler que le chien reste un chien, quelle que soit sa race, et qu'il est absolument indispensable de respecter les codes canins pour qu'il se sente bien dans ses poils.

Alors, que faire ? C'est ce que nous allons voir.

CHAPITRE XVI

QUELLE ATTITUDE ADOPTER FACE AU CHIEN ?

Tout au long de ce livre nous avons tenté de mieux cerner notre compagnon à quatre pattes d'après les critères les plus objectifs qui soient, c'est-à-dire d'après des faits scientifiquement démontrés. Il est donc temps d'en tenir compte, de mettre entre parenthèses nos vieilles convictions et d'envisager notre rapport avec notre animal de manière plus objective.

La caractéristique essentielle de nos chiens, et celle qui probablement les rend si attachants, est leur très grande sociabilité. Durant toute leur croissance, les chiots vont apprendre comment communiquer avec leurs semblables et quelles sont les règles qui déterminent la vie sociale, non seulement avec leurs congénères mais aussi avec les humains. Dans l'idéal, si nous souhaitons que la compréhension soit la meilleure possible avec notre animal, nous devrions nous comporter comme un membre de son espèce en imitant les codes canins. Sans aller jusqu'à nous promener à quatre pattes, haleter ou remuer notre derrière, nous pouvons tout du moins tenter de nous comporter de la façon la plus claire qui soit pour notre compagnon. Plus la communication est proche des codes connus par le chien, plus notre relation avec celui-ci sera agréable et harmonieuse.

"Qui est le plus intelligent : l'homme ou le chien ?" La réponse ne fait aucun doute. Or, pourquoi tant de maîtres s'attendent-ils à ce que leur chien soit capable de les comprendre lorsqu'ils se lancent dans des discours interminables chaque fois que Médor a fugué ou qu'il s'est oublié pour la énième fois sur le tapis du salon ? Comment pouvons-nous nous attendre à ce que celui-ci nous comprenne, alors que nous, espèce intelligente par excellence, sommes incapables de nous mettre à son niveau de communication ? Restons logiques : c'est à nous de faire l'effort d'utiliser le mode de communication de l'animal, non l'inverse ! Au lieu de crier, grognons un bon coup à la manière des chiens, c'est beaucoup plus efficace !

C'est le maître qui prend certaines décisions comme l'heure et le contenu du repas ou le moment de la promenade. En aucune façon le chien vivant à nos côtés ne peut subvenir aux besoins de la meute (famille). En fournissant le repas, le maître agit comme un super chef de meute puisqu'il ramène du "gibier" sans l'aide du chien. C'est donc au maître de prendre la responsabilité de la dominance et ce n'est qu'à cette condition qu'il rendra son animal bien dans ses poils. Un chien placé en position dominante ne peut qu'expérimenter une certaine frustration parce qu'il ne peut pas accomplir toutes les tâches qui lui incombent. Il peut également ressentir une certaine anxiété face aux réprimandes répétées (verbales ou gestuelles) du maître, exaspéré par les comportements de son chien qu'il juge indésirables. A l'inverse, un animal à qui l'on n'impose pas la direction de la meute, se sentira en sécurité puisque ses besoins seront pris en charge. Être dominé ne signifie pas être humilié, mais plutôt être protégé par le groupe, se sentir en sécurité. Le chien acceptera volontiers et tout à fait naturellement votre autorité en échange de ces avantages. Il est donc essentiel pour le chien, et nous ne le répéterons jamais assez, d'occuper la dernière place dans la hiérarchie familiale.

Mais pour que la relation entre le maître et son animal soit harmonieuse, il n'est pas question pour le propriétaire de prendre la place de chef de meute par la force ou en se faisant craindre de son chien. En tenant compte de nos connaissances sur la façon dont la hiérarchie est établie dans des groupes de canidés, nous pouvons définir un certain nombre de règles applicables à la vie familiale qui permettront d'établir des relations de confiance avec son chien.

Ces règles devraient idéalement être appliquées dès l'arrivée du chiot à la maison. Rappelons que celui-ci les connaît déjà puisque sa mère s'est efforcée d'inculquer à sa progéniture les lois essentielles qui vont gérer sa vie. Les chiots ont notamment appris qu'à leur âge, leur place au sein du groupe se trouvait au plus bas de la hiérarchie. Les maintenir dans cette position permettra non seulement de les éduquer plus facilement, mais aussi d'éviter que n'apparaissent progressivement toute une série de comportements qui vont empoisonner la vie des propriétaires et, du même coup, celle du chien.

Dans le cas où le chien a déjà pris les commandes, ces règles pourront servir à renverser la situation et à faire régresser l'animal dans la hiérarchie. Il sera ainsi plus docile et plus équilibré.

INSTAURER OU RÉTABLIR L'ORDRE HIÉRARCHIQUE PAR RAPPORT À SON CHIEN

1) le chef de meute est toujours le premier à manger. Partant de cette constatation, il est impératif pour le propriétaire de manger systématiquement avant son chien. Pour renforcer davantage sa position, nous conseillons de préparer la gamelle de Médor avant de passer à table et de la placer dans un endroit inaccessible pour l'animal. Pendant le repas, ignorer le chien même s'il tente d'user de son charme jusque-là infaillible en adressant des regards suppliants ou en plaçant sa patte ou sa tête sur la jambe de son maître. Un chien qui n'a jamais rien reçu de ses

maîtres pendant le repas n'aura même pas l'idée de mendier. Donner de la nourriture à son chien pendant qu'on mange revient à agir comme un subordonné. On signifie ainsi à l'animal de façon très claire qu'on le considère comme notre supérieur.

Une fois le repas terminé, appelez le chien et faites-le asseoir ; posez l'écuelle tout en gardant le chien à l'oeil. A la moindre tentative de celui-ci pour se lever, dites "Non" et reprenez la gamelle. Si le chien reste sagement assis alors que vous posez la gamelle, donnez-lui un ordre de votre choix pour le laisser accéder à sa nourriture. Le chien apprendra ainsi à attendre votre autorisation pour manger. Après 15 minutes, retirez la gamelle, qu'elle soit vidée ou non, et ne lui redonnez rien jusqu'au repas suivant (hormis de petites récompenses si vous le faites travailler). Les animaux dominants prennent parfois l'habitude de laisser un peu de nourriture dans leur gamelle pendant de longues périodes. Ils semblent ainsi exhiber une preuve de leur rang, comme pour dire : "ceci est ma nourriture et je sais que personne d'autre que moi n'y touchera".

Dans le cas où le chien se sent menacé par votre approche alors qu'il mange, vous pouvez lui donner seulement la moitié de la nourriture puis rajouter le reste petit à petit pendant qu'il est en train de manger. Votre approche sera alors considérée plus positivement. Il est, par contre, tout à fait déconseillé de lui retirer sa gamelle alors qu'il est en train de manger. Vous lui apprendriez à vous considérer comme une menace, ce qui, chez certains sujets, pourrait induire un comportement d'agressivité défensive. Nous avons vu que, chez les canidés, la possession est généralement respectée par tous et retirer l'écuelle serait une transgression de la règle canine ;

2) le chef de meute gère l'espace et s'octroie les meilleures places de repos. Chez les chiens, le "leader" ne partage pas sa place de repos et peut même menacer un subordonné qui tenterait de s'en approcher. Pour respecter cette règle, nous vous conseillons d'empêcher l'accès aux chambres à coucher, ainsi qu'aux toilettes et salles de bain. Le chien constatera que vous avez accès à tout le territoire,

alors que lui ne peut en parcourir qu'une partie bien définie. De même, monter sur les canapés, les fauteuils ou les chaises doit être réservé aux propriétaires. En effet, ce sont non seulement des places de repos réservées au chef, mais également des places stratégiques (position surélevée).
En revanche, le chien doit avoir sa place à lui, de préférence dans un coin retiré. Vous renforcerez l'idée que vous avez accès à toutes les places en vous asseyant de temps en temps dans son coin, après vous être assuré qu'il vous regardait. Il est cependant tout à fait déconseillé de le déloger s'il occupe sa place, puisque celle-ci doit être pour lui un refuge. Attendez plutôt un moment où il ne s'y trouve pas pour saisir l'occasion de faire la démonstration de votre rang ;

3) lorsqu'un supérieur se déplace sur le territoire, ceux qui se trouvent sur son chemin se lèvent généralement pour lui laisser le passage. Aussi est-il important de vous déplacer par les chemins les plus directs et d'obliger le chien à se lever s'il s'est couché dans le passage, même s'il dort. Ne l'enjambez pas. En cas de réticence, vous pouvez lui attacher au collier une ficelle légère, d'environ un mètre de longueur, pour le tirer doucement sur le côté et lui apprendre qu'en tant que subordonné, il doit se pousser pour vous laisser passer. Assurez-vous également qu'il ne se couche pas dans des endroits stratégiques, comme les accès menant aux portes très fréquentées ou le haut des escaliers (dormir dans un lieu de passage qui permet de surveiller les allées et venues de toute la maisonnée est aussi un privilège de chef) ;
4) le contrôle du territoire passe aussi par l'ordre d'accès aux différents passages. Le supérieur hiérarchique détermine les déplacements de la meute et précède toujours la marche. Ainsi, vous conforterez votre position en passant systématiquement avant votre chien dans les passages étroits et en franchissant les portes. Le comportement typique d'un chien dominant est de se précipiter par la porte, bousculant parfois son maître (signe évident de non respect) afin de s'assurer de passer toujours le premier. Bien souvent les propriétaires attribuent ce comportement à l'excitation du chien content de partir en promenade.

Pour les chiens qui ont cette mauvaise habitude, une méthode efficace consiste à fermer temporairement toutes les portes de la maison afin de limiter les déplacements de l'animal et de s'assurer de leur contrôle. Lorsque vous ouvrez une porte, ne lui donnez pas d'ordre, tels que "assis", pas bouger", etc..., mais claquez plutôt la porte devant lui à la moindre tentative de vous précéder. Veillez toutefois à ne pas lui faire mal en lui pinçant le museau ! Vous serez sans doute obligé de répéter cette procédure quatre ou cinq fois (ou plus) devant chaque porte mais il prendra soin ensuite de se pousser et de vous céder le passage. Lui donner l'ordre de s'asseoir pour vous laisser passer en premier enverra le même message au chien, à savoir que c'est désormais vous qui dominez, mais cet ordre devra être répété chaque fois que vous vous trouverez devant une porte. En revanche, en fermant la porte devant lui, vous l'obligez à choisir lui-même la réponse la plus adaptée : s'écarter et vous laisser passer. Le résultat n'en sera que meilleur ;

5) le chef de meute est celui qui mène le groupe lors des déplacements de celui-ci. Le maître renforce son statut en s'assurant que c'est lui qui dirige la promenade. Une stratégie efficace consiste à faire demi-tour chaque fois que le chien vous dépasse. Vous le placez ainsi systématiquement derrière vous et il apprendra rapidement à vous suivre plutôt qu'à vous précéder.

   Cette méthode s'avère particulièrement efficace avec les chiots si on l'applique dès le début. Si dès les premières fois qu'il tente de vous dépasser, vous faites demi-tour, il comprendra vite qu'il vaut mieux rester derrière pour garder l'oeil sur vous. Il est inutile d'appeler le chien lorsque vous partez dans le sens opposé ; il doit apprendre à vous surveiller. De nombreux problèmes proviennent du fait que c'est le maître qui surveille le chien et non l'inverse. Dans une meute, ce sont les subordonnés qui suivent le chef et qui s'arrangent pour l'avoir continuellement à portée de vue.

   Chez les chiens qui ont déjà pris l'habitude de marcher devant, il faut se montrer plus patient et les promenades seront un peu perturbées au début ;

6) le chef de meute décide des actions du groupe. N'obéissez pas à votre chien et veillez à contrôler le plus grand nombre de situations possibles. Beaucoup de propriétaires sont constamment aux ordres de leur animal : ils lui ouvrent la porte au moindre aboiement, le caressent quand il vient réclamer, s'empressent de lui lancer la balle chaque fois qu'il la leur apporte, lui donnent à manger dès qu'il regarde le réfrigérateur... Si quelques chiens restent très raisonnables dans leurs revendications, d'autres deviennent vite de véritables pestes (certains de nos clients ont perdu de nombreux amis qui ne supportaient plus le comportement de leur chien). Essayez de suivre une discussion et de manger tranquillement avec vos amis alors que le chien aboie sans discontinuer !

Les maîtres se font souvent piéger par leur animal et vont l'encourager bien involontairement alors qu'ils pensent au contraire le calmer. Un chien qui aboie sans arrêt par exemple a, dans la majorité des cas, des maîtres qui ont répondu à ses aboiements (au début très raisonnables) et qui ont voulu les arrêter en grondant le chien ou en accédant à sa demande. Dans les deux cas, le chien a obtenu l'attention voulue et se voit alors encouragé à aboyer chaque fois qu'il souhaite à nouveau recevoir un peu d'intérêt (de préférence quand le maître discute avec des amis ou au téléphone et ne s'occupe plus de l'animal). Les chiens sont passés maîtres dans l'art d'attirer l'attention sur eux.

Tous les privilèges doivent être mérités. Deux stratégies sont possibles. La première consiste à ignorer le chien, ne lui adressant même pas un regard. N'obtenant pas ce qu'il veut, il abandonnera un comportement qui n'a plus aucun intérêt. Ne vous étonnez pas si, pendant les premiers jours, le comportement indésirable augmente, tant dans sa fréquence que dans son intensité. Le chien qui n'obtient pas votre réaction habituelle va d'abord insister avant de comprendre que ce comportement n'a plus aucun effet sur vous. La deuxième consiste à donner un ordre simple au chien avant d'accéder à sa demande. Ainsi, on renverse la situation et au lieu de lui obéir, on le récompense de nous avoir obéi.

D'une manière générale, il est préférable d'être l'initiateur de la majorité des interactions. Mieux vaut prendre l'habitude d'appeler son chien lorsqu'on a décidé de le caresser plutôt que d'attendre qu'il réclame de l'attention ;

7) pour affirmer notre position de supérieur hiérarchique, lorsqu'on caresse son chien (une fois qu'il l'a mérité bien sûr !), il est conseillé de le faire sur la tête, le cou et les épaules. On imite ainsi le chien dominant qui place sa tête ou sa patte sur les épaules d'un subordonné ;
8) chez les chiens, celui qui gagne les jeux et entre en possession d'un objet convoité est considéré comme plus fort physiquement et psychologiquement que les autres. Il est évident que c'est cet animal qui sera considéré comme le meneur et il vaut mieux s'assurer que, pour le chien, ce soit vous qui ayez ce statut.

En tant que chef de meute, il vous revient donc de décider quand et combien de temps jouer. Comme la possession de "trophées" est importante aux yeux du chien, il est également préférable que le maître sélectionne, parmi les jouets du chien, ceux qui seront désormais sa propriété. Dorénavant, il n'utilisera que ceux-ci pour jouer avec son chien et ce dernier ne devra pas y avoir accès en d'autres occasions. Pendant la partie, laissez-lui tout de même quelques occasions de triompher, sinon il risque de s'y désintéresser. Chez les canidés, les jeux sont aussi des occasions pour les subordonnés d'avoir, de temps à autres, l'avantage sur les dominants ;

9) des séances d'obéissance quotidiennes, même si elles sont très courtes (5-10 minutes), permettent d'améliorer considérablement le contrôle que le maître peut avoir sur son chien. Les exercices en laisse sont les plus efficaces, celle-ci permettant d'insister pour que le chien obéisse.

Toutes ces règles ont pour but soit de maintenir le chien dans une position hiérarchique basse, soit de remettre un chien dominant dans une position plus acceptable. En fonction du caractère de celui-ci, on pourra se montrer plus ou moins souple. Certains chiens sont en effet naturellement plus dociles que d'autres et se laissent facilement dominer alors que seules quelques-unes des règles susmentionnées sont appliquées. D'autres, dont le caractère est plus affirmé, ont besoin que toutes ces règles soient appliquées de façon très stricte pour accepter de se soumettre.

L'ENFANT ET LE CHIEN

Comme nous l'avons vu au chapitre III, la présence d'un chien est extrêmement bénéfique pour les enfants qui vivent en contact avec lui. Le chien est un merveilleux compagnon à qui l'enfant peut confier même ses secrets les plus intimes sans crainte d'être trahi ; l'animal l'accepte tel qu'il est et l'accueille avec enthousiasme quoi qu'il ait fait (même s'il a eu de très mauvais résultats scolaires !), il le console dans les moments difficiles de l'existence, il lui donne le sens des responsabilités. En communiquant avec un membre d'une autre espèce, l'enfant est amené à moduler ses réactions, à donner moins d'importance aux mots et à privilégier le langage gestuel, ce qui, par ricochet, va faciliter ses relations avec ses semblables. La présence de l'animal lui donne un sentiment de sécurité et modifie la perception des situations auxquelles il se trouve confronté. Par sa seule présence, le chien contribue également à faire diminuer les tensions familiales et, en créant un intérêt commun, il aide à maintenir le contact entre les membres de la famille, surtout lorsque cette dernière vit une situation de crise.

Ces bienfaits se trouvent encore amplifiés si l'enfant souffre de troubles physiques ou psychiques.

J. Cattet

Malheureusement, cette image idyllique peut être grandement ternie par les charges que l'animal impose. Aussi le chien ne doit-il être ni utilisé comme une panacée universelle pour résoudre tous les problèmes de l'enfant, ni acquis sur un coup de tête pour céder à l'insistance du ou des rejetons, même si ces derniers sont prêts à promettre monts et merveilles. Les parents doivent se décider en connaissance de cause et être conscients de leurs responsabilités, en effet, l'animal est un être vivant qui a des besoins et il est totalement utopique de penser qu'un enfant, surtout s'il est jeune, puisse prendre totalement en charge son compagnon à quatre pattes. Certes, dans les premiers jours, il ira le promener avec joie, il lui donnera à manger, le brossera..., mais à part quelques exceptions, l'enfant va vite se lasser et préférera aller jouer avec ses copains plutôt que de tenir compagnie à son chien. C'est aux parents de se montrer raisonnables : ils doivent refuser catégoriquement d'adopter un chien s'ils ne sont pas prêts à en assumer la responsabilité et s'ils n'éprouvent aucunement le besoin de sa présence ! Cette attitude évitera bien des déboires, aussi bien à la famille qu'au chien. Il devrait être inutile de rappeler que le chien n'est pas un jouet qu'on laisse dans le placard quand on n'en a plus envie ou dont on se débarrasse à la première occasion, mais cela est malheureusement encore bien trop souvent le cas.

Le chien peut aussi représenter un certain risque pour l'enfant. En effet, contrairement à ce que l'on a parfois envie de croire, tout chien reste un canidé avec son propre comportement et ses codes de conduite, différents des codes humains. Les accidents sont le fait de toutes les races, de la plus petite à la plus grande, de celle qui est considérée comme étant la plus gentille à celle qui a la réputation d'être très agressive et bien souvent, avant l'accident, le chien mordeur était considéré par ses maîtres comme un animal fiable et inoffensif. Rappelons-le encore une fois : lorsqu'une morsure se produit, il ne s'agit en aucune façon d'un acte de méchanceté (pris au sens humain du terme) de la part du chien : en effet, en mordant, le chien a réagi la plupart du temps correctement en fonction de la situation telle qu'il l'a ressentie (et non comme nous l'interprétons) et en fonction de ses codes qui ne correspondent pas à nos codes moraux.

Il s'ensuit qu'il peut y avoir des risques de morsure, surtout si l'enfant et le chien vivent en contact permanent. Faut-il alors priver l'enfant d'un merveilleux compagnon ? Si oui, ne devrait-on pas aussi supprimer toutes les voitures ainsi que les cuisinières, les tables à langer, les échelles, sous prétexte que ces objets représentent un certain risque ? Ne vaut-il pas plutôt essayer de minimiser ces derniers en adoptant des attitudes adéquates ? Au chapitre XIII, nous avons tenté d'expliquer pourquoi le chien utilisait ses crocs pour sanctionner les humains, membres de la famille ou étrangers, adultes ou enfants ; nous allons maintenant vous donner des règles pour permettre aux enfants et aux chiens de vivre en harmonie.

Nous l'avons vu, les chiens adultes considèrent les enfants de la famille un peu comme les chiots de leur meute ; ils se montrent tolérants mais la tolérance a des limites. S'ils se sentent obligés de les rappeler à l'ordre, ils le feront avec ce dont la nature les a pourvus : les grognements et les crocs. Le premier devoir des parents est de renforcer la position hiérarchique de leurs enfants par rapport à celle de leur chien ; cela ne peut être atteint que s'ils respectent les codes de l'animal. Comment voulez-vous placer vos enfants à un échelon supérieur si Médor dort dans votre lit alors que les bambins sont relégués dans une chambre au bout du couloir ?

La venue de bébé se prépare : en effet, l'enfant va prendre beaucoup de place dès son arrivée et les maîtres se verront obligés de consacrer moins de temps à leur animal préféré. Si celui-ci était le centre du monde, il pourrait considérer l'enfant comme un rival, ce qui l'inciterait à se montrer agressif à son égard. Pour que tout se passe le mieux possible, il est préférable de diminuer les interactions humains/chien quelques mois déjà avant l'accouchement et surtout, si la position du chien n'est pas clairement définie, de rétablir les règles hiérarchiques.

Maintenant, Bébé est là, bien présent et Mélusine semble l'apprécier puisque vous avez tendance à l'ignorer quand votre petit bonhomme n'est pas présent. La situation semble idyllique et tout va se passer à merveille si vous respectez une règle extrêmement importante : ne jamais laisser Bébé seul avec Mélusine, qu'il soit dans sa poussette, son parc ou son lit. En effet, on a tous lu une fois ou l'autre des cas de bébés blessés dans leur berceau par le chien de la famille, cas rarissimes, mais néanmoins possibles. Comment expliquer un tel comportement puisque Mélusine ne considère pas Bébé comme un intrus ? A notre connaissance, deux hypothèses ont été avancées :

a) certains pleurs de l'enfant pourraient rappeler les cris des proies habituellement chassées par les canidés et déclencher le comportement de chasse ;
b) le chien pourrait agir par irritation : les pleurs l'attirent, il vient voir ce qui se passe, se met à lécher l'enfant comme il le ferait s'il s'agissait d'un chiot. Or, les léchages d'un chien, s'ils provoquent l'arrêt des gémissements du chiot, ont de fortes chances de faire redoubler les pleurs du bébé. Il suffit de se rappeler que le chien a une grande sensibilité auditive pour comprendre que ces cris peuvent l'irriter fortement. Il pourrait alors réagir soit par une augmentation de ses coups de langue, ce qui peut

provoquer des irritations de la peau délicate du bébé et a de fortes chances de faire redoubler les hurlements, soit par une morsure inhibée.

Même lorsque le chien agit par curiosité ou par jeu, il peut représenter un certain danger, sa patte peut par exemple blesser le bébé ou renverser le berceau. Mieux vaut donc prendre ses précautions.

Le stade suivant (début de la reptation, des premiers pas à l'aide du trotteur, découverte du monde en station debout) est une époque éprouvante aussi bien pour les parents que pour le chien... Finie la tranquillité ! Là encore, une surveillance accrue est de rigueur. Attiré sans cesse par l'animal, le petit homme

éprouve le besoin de le toucher, ce qui n'est pas forcément du goût d'Elliot, surtout si l'enfant se met à tirer ses poils tout comme il tire les cheveux de ses parents. Il y a de fortes chances qu'il essaie de l'étreindre, de le taper, de le frapper avec un jouet, etc... Contrairement à ce que certains lecteurs pourraient penser, il ne s'agit pas d'un enfant pervers, mais d'un enfant qui apprend à connaître son environnement ; ce sont en effet les enfants aux alentours de 2 ans qui se montrent les plus agressifs dans leurs rapports à l'animal(145), d'autant plus si le chien est jeune ou de petite taille. Si ces mauvais traitements continuent, la majorité des chiens se retirent(146), mais d'autres peuvent se montrer agressifs. S'ils sont poursuivis, ils risquent de se défendre contre ce danger potentiel en faisant usage de leurs crocs. A ce stade, la règle établie précédemment est de rigueur : ne jamais laisser l'enfant seul avec le chien. Il faut apprendre au jeune enfant comment caresser le chien et lui interdire absolument de le déranger quand il mange ou dort ; en effet, un chien réveillé brusquement a tendance à se défendre de manière instinctive, avant même de savoir ce qui se passe. Il est également impératif d'attribuer à Rambo une place où il se sent et est réellement à l'abri de tout dérangement ; cette place doit donc se trouver hors des lieux de passage.

L'enfant plus âgé pose moins de problème et vous pouvez relâcher la surveillance si le chien et votre progéniture s'entendent bien. Cependant, il faut garder en mémoire que les mimiques de menace ne sont décodées que par environ 37% des enfants de 11 ans (65% des adultes) et qu'il ne suffit pas de posséder un chien pour améliorer ce décodage(76,315). Il s'agit donc de rester prudent, surtout lors de réunions d'enfants,

d'autant plus que le chien ne tolére pas forcément les traitements brusques lorsqu'ils sont le fait d'un enfant étranger. Un chien déteste être poursuivi par des vélos ou des patins à roulettes ou être tenté par un morceau de nourriture qu'on lui refuse ensuite. Les cris, les courses peuvent déclencher un comportement de chasse. Des sifflets stridents retentissant à quelques centimètres de ses oreilles peuvent provoquer des douleurs et le rendre agressif. Au cours des jeux, il peut également se surexciter et éprouver de la difficulté à se contrôler. Mieux vaut donc rester attentif et retirer le chien dans un endroit calme si le besoin s'en fait sentir.

Si de bonnes relations ont été établies entre le chien et l'enfant, il ne devrait pas y avoir de problème au moment de l'adolescence, à moins que l'enfant ne soit sans cesse en train de jouer brusquement avec son chien. Il faut en effet savoir qu'à cette période se produisent des changements hormonaux, changements qui sont aussitôt détectés par le chien. C'est pour lui le signal que l'enfant passe à l'âge adulte. Tout comme un chiot arrivant à la puberté, l'enfant va perdre ses privilèges et être considéré par le chien plus ou moins comme un rival envers qui il doit se situer hiérarchiquement ; il est donc normal que le canidé ne lui permette plus autant de privautés.

Il est impératif d'enseigner aux enfants à respecter les animaux et ceci dès le plus jeune âge. Ils doivent apprendre qu'il ne faut jamais exciter un chien, surtout si celui-ci se trouve enfermé ou attaché ; cet animal pourrait en effet associer présence d'enfants et mauvais traitements, et mordre à la première occasion. Si les garçons courent plus de risques, on peut supposer que ce sont leur comportement plus turbulent et leur exploration plus active de l'environnement qui les amènent plus fréquemment à être perçus comme une menace par les chiens. Tous ces comportements peuvent malheureusement avoir pour effet de déclencher ou d'accentuer l'agressivité de l'animal. La réaction naturelle d'un enfant effrayé est de s'enfuir à toutes jambes, ce qui provoque chez le chien un réflexe de poursuite. Voici les règles élémentaire de bonne conduite : face au chien, ne jamais crier, ni donner des coups de pieds, ni s'agiter, ne pas l'approcher en courant, éviter de le fixer dans les yeux.

FACE À UN CHIEN INCONNU

Avant d'aborder l'attitude à avoir en face d'un chien inconnu, il convient de reconnaître les mimiques de menace émises par le chien afin de pouvoir agir en conséquence. Bien que la sélection artificielle exercée par l'homme ait modifié certaines caractéristiques physiques et comportementales et rendu ainsi les signaux moins clairs, la règle de base est d'observer l'attitude générale du chien pour appréhender sa motivation en tenant compte de tous les paramètres, pour autant que l'on sache les interpréter correctement.

Il est, par exemple, complètement erroné d'affirmer, ce que l'on entend souvent dire, que le fait de remuer la queue est le signe que Wolf est d'humeur joyeuse et amicale : remuer la queue pour un chien signifie simplement qu'il est excité. Pour connaître son humeur réelle en se basant simplement sur cet appendice, il faudrait prendre en considération la hauteur à laquelle il est tenu, son amplitude, ainsi que sa position au repos, tâche très ardue si l'on sait que cette position varie grandement en fonction des races.

En règle générale, un chien sûr de lui et prêt à défendre ce qu'il considère comme son droit tente de se faire le plus grand possible : corps raide, poils hérissés, queue en position plutôt haute, oreilles pointées vers l'avant, babines retroussées, regard fixe ; le tout peut être accompagné d'aboiements et de grognements. Un chien peu sûr, mais pouvant néanmoins attaquer dans certaines circonstances, notamment s'il se trouve acculé, prend l'attitude inverse : corps ramassé, pattes fléchies, oreilles tournées vers l'arrière, queue en position basse, souvent plaquée sur ou entre les pattes arrières ou repliée sous le ventre, regard détourné. Bien entendu, cette catégorisation est grossière car l'animal est très souvent partagé entre deux motivations, par exemple, la peur et l'agressivité. Contrairement à ce que l'on pense souvent, un chien qui mord n'est pas toujours un chien dominant, non peureux ou vicieux ; un chien de caractère timide qui se sent menacé est tout à fait capable de faire usage de ses crocs et peut provoquer parfois des blessures très graves.

Pour comprendre encore mieux le comportement du chien, il convient également d'introduire la notion de distance. Prenons un exemple : tout animal sauvage qui détecte l'approche d'un humain (donc d'un danger potentiel) reste sur ses gardes mais ne s'enfuit pas pour autant qu'une certaine distance sépare les deux antagonistes. Si l'humain se rapproche, l'animal prend la fuite. La barrière invisible franchie par l'humain est fixée par l'animal et constitue sa distance de fuite. S'il se trouve dans l'impossibilité de rétablir cette distance -admettons qu'il se trouve coincé à l'intérieur d'un enclos- l'animal a de fortes probabilités d'agresser l'humain si ce dernier franchit une deuxième barrière, tout aussi invisible, appelée distance critique. Les chiens retournés à l'état sauvage et donc non correctement socialisés aux humains réagissent de manière identique ; le fait qu'ils évitent tout contact humain en prenant le large explique le nombre infime de morsures qui leur sont imputables. Un animal domestiqué et socialisé se laisse en principe approcher de près. Cependant, certains sujets, particulièrement ceux de tempérament peureux, ne supportent pas que des inconnus se montrent trop familiers envers eux. Une main qui s'approche pour la caresse peut être considérée comme un danger que le chien va s'efforcer d'écarter en menaçant ou en mordant. Ce phénomène est amplifié quand l'animal est tenu en laisse puisqu'il est dans l'impossibilité de prendre la fuite.

Comme nous l'avons vu au chapitre XIII, les morsures infligées par des chiens errants (appartenant à quelqu'un, contrairement aux chiens retournés à l'état sauvage) sont d'autant plus fréquentes lorsque les chiens se trouvent dans les environs de l'endroit où ils vivent ou lorsqu'ils sont en compagnie d'un ou de plusieurs membres de leur meute-famille. Une règle élémentaire est de ne pas s'approcher d'un chien inconnu et si vous devez impérativement vous diriger dans sa direction, il vaut mieux éviter de l'aborder de face ou de dos, mais plutôt l'approcher sur le côté. Ce conseil est valable non seulement pour les novices, mais également pour les propriétaires de chiens, puisque nous avons vu que ces derniers courent plus de risques.

Si le chien s'approche de lui-même mais semble présenter des signes de menace, il convient de rester le plus calme possible et de se laisser renifler ; dans la plupart des cas, il va se contenter de prendre des informations à votre sujet (cela fait partie du rituel de salutation canine et peut être comparé à notre poignée de main). Ne le caressez en tout cas jamais dans la région de la tête et du dos car cela peut être ressenti comme un geste dominant (rappelant le geste du dominant qui pose sa patte ou sa tête sur le cou ou le dos de son congénère) et un chien de fort tempérament risque de ne pas apprécier une telle privauté ; des caresses sur le poitrail sont nettement plus indiquées.

Il est impératif de se rappeler que les gestes brusques, les cris, les gesticulations incoordonnées risquent de provoquer des morsures. Il vaut mieux mettre les mains dans les poches pour éviter les mouvements inconsidérés (80% des morsures ont en effet lieu aux extrêmités). Partir en courant est une très mauvaise idée car, dans une grande majorité des cas, cela déclenche une poursuite et peut stimuler l'instinct de chasse.

Si, de par votre profession, vous devez pénétrer en l'absence de ses maîtres dans une propriété dans laquelle se trouve un chien, il est préférable d'avertir le chien de votre venue en sonnant au portail. Si son attitude est menaçante, mieux vaut renoncer et avertir ses propriétaires de votre passage afin qu'ils prennent les dispositions adéquates. Quelquefois cependant, le chien ne se manifeste pas tout de suite, mais apparaît brusquement alors que l'humain se trouve déjà dans la propriété ou dans la maison. Que faire ? Nous pouvons distinguer grossièrement deux situations :

- le chien accule l'humain en grognant, tous crocs dehors ; il est alors préférable de simuler l'attitude d'un chien dominé, attitude qui, il est utile de se le rappeler dans ces cas-là, inhibe l'agressivité de l'agresseur : diminuer sa taille en s'accroupissant, regarder dans la direction du chien mais un peu derrière lui et surtout ne jamais le fixer dans les yeux. En cas d'attaque, se protéger le visage de ses mains et en cas de morsure, ne jamais essayer de retirer le membre mordu de la gueule du chien - cela ne ferait que

l'inciter à resserrer ses mâchoires avec encore plus de force. En réagissant de cette manière, les dégâts seront grandement limités. Se retirer le plus lentement possible, sans montrer de signes d'énervement ; parler au chien d'une voix douce peut le calmer... Si cela vous défoule, vous pouvez d'ailleurs le traiter de tous les noms, pourvu que votre voix reste douce, il n'y verra que du feu...
Dans certains cas, surtout si la personne est très sûre d'elle, donner l'ordre au chien de s'asseoir quand il se trouve en face d'elle peut faire des miracles. Cependant, vu l'effet Pygmalion, il est peu probable que le chien obéisse aux ordres s'ils sont émis avec des tremblements dans la voix et de nombreux micro-signaux indiquant la peur ;

- le chien est peu sûr de lui mais considère l'intrus comme une menace : dans la majorité des cas, il ne l'affrontera pas de face, mais attendra qu'il ait le dos tourné pour lui attraper les mollets. Dans ce cas, il convient à nouveau de garder son calme, de se tourner pour faire face au chien en regardant dans sa direction, mais sans le fixer et de quitter la propriété en reculant.

Si vous êtes poursuivi alors que vous faites du jogging ou du vélo, une seule parade : s'arrêter et rester immobile.

Avoir dans sa poche des gadgets réputés aversifs peut s'avérer utile, seulement si de tels gadgets renforcent la confiance de l'homme car, testés sur le chien, ils provoquent diverses réactions suivant l'animal dont parfois une augmentation de l'agressivité.

CONCLUSION

Les différentes recherches scientifiques menées jusqu'à aujourd'hui dans le domaine du comportement canin nous permettent désormais d'appréhender nos compagnons canins de la façon la plus objective possible. On s'aperçoit ainsi que, contrairement à ce que pense la grande majorité des maîtres, le chien n'est pas une sorte d'humain un peu plus simple et différant essentiellement d'un point de vue morphologique, mais qu'il est plutôt un être complexe, entier et disposant de ses propres critères, de son propre cadre de référence et de ses propres lois. Il apparaît ainsi comme un animal avec qui nous partageons nos maisons et plus généralement notre vie, mais dont les "moeurs et coutumes" sont radicalement différentes des nôtres.

Ainsi, Médor, Mirza ou Idéfix perçoivent le monde qui nous entoure d'une manière que nous pouvons certes comprendre en quantifiant les récepteurs sensoriels, mais que nous sommes loin de pouvoir même nous représenter, tellement notre propre monde perceptif est différent. Nous autres humains mettons tout en oeuvre pour camoufler nos odeurs corporelles à coup de déodorants ou parfums en tous genres, ou encore, nous aménageons des endroits les plus discrets possibles pour nous soulager en veillant, là encore, à ce que l'air ambiant soit parfumé. Pour les chiens, quelle aberration ! Que de sources d'informations perdues ! Que de possibilités de communication anéanties !

De même, nos compagnons poilus ne sont pas, comme certains le pensent, des handicapés de la parole (on entend en effet, souvent dire : "Il ne leur manque que la parole"), bien au contraire. Ils disposent de très nombreux moyens non seulement pour se faire comprendre par leurs congénères, mais également, performance extraordinaire pour des êtres dits inférieurs, pour communiquer avec une espèce différente de la leur. Les chiens sont en vérité des êtres de communication pure, puisque tout en eux véhicule un message. Notre obstination à vouloir en faire à tout prix des humains simplifiés, nous aveugle à tel point que nous leur coupons la "parole" en raccourcissant leur queue ou leurs oreilles, en sélectionnant des individus dont le museau est toujours plus court, dont les poils sont de plus en plus longs, ou au contraire, carrément inexistants.

Mais les chiens n'ont pas fini de nous étonner. Alors que nous nous attribuons le statut de "maître", c'est en fait plus souvent eux qui "portent la culotte". Nous pensons les soumettre à nos règles, à notre mode de vie mais en fait, Mélusine, Rintintin et Mabrouk "mènent souvent la danse" et nous soumettent à leurs propres lois, claires, définies depuis des millénaires et, à leurs yeux, les seules reconnues. Alors que nous tentons de leur inculquer nos valeurs par la force en les attachant à une laisse, en les enfermant, en les punissant, ils nous "éduquent" et nous remettent à notre place par la ruse, par la séduction et malheureusement, lorsque c'est vraiment nécessaire, par les crocs. Dans ce jeu, ils sortent grands vainqueurs puisque la grande majorité des maîtres, nous l'avons vu, occupent une position subordonnée aux yeux de leurs amis à quatre pattes. Reconnaissons que leurs arguments sont plus convaincants que les nôtres !

A la lumière de toutes ces connaissances, il nous appartient désormais de faire un choix : continuer à vouloir à tout prix humaniser nos amis à outrance, en les affublant de qualités qui nous sont propres ou, au contraire, chercher enfin à mettre à profit nos connaissances pour les respecter vraiment pour ce qu'ils sont, pour leurs qualités véritables et si merveilleusement différentes des nôtres. Apprendre à connaître ce que vivent véritablement les chiens est essentiel non seulement pour leur bien-être, mais plus égoïstement pour le nôtre aussi. Rappelons qu'un bon nombre de nos compagnons subissent directement notre ignorance et sont abandonnés ou pire, euthanasiés sous prétexte qu'ils n'étaient pas assez obéissants, ou trop fugueurs, ou encore trop agressifs. Quand commencerons-nous à prendre exemple sur nos chiens et à utiliser enfin notre intelligence "supérieure" pour agir de la façon la plus adaptée aux deux espèces ? Quelle meilleure preuve d'amour que de regarder nos amis canins pour ce qu'ils sont vraiment : des loups domestiques ?

BIBLIOGRAPHIE

1 50 Millions de Consommateurs - Rapport 1993

2 ABRANTES R. - The wolf growing up as a hunter scavenger. The Waltham APBC Symposium. The role of play in social development : 2-9. 1996

3 ABRANTES R. - Dog language. An encyclopedia of canine behaviour. Wakan Tanka Publishers. 1997

4 ABRANTES R. - The evolution of canine social behaviour. Wakan Tanka Publishers. 1997

5 ACLAND ; AGUIRRO ; OVERALL - Résultats non publiés. Cité par OVERALL K. L. 1997

6 ACPS PRESSE SERVICE - Animal de compagnie. Inédit : une grande enquête sur la possession d'animaux familiers. Département d'Information de l'AFIRAC

7 ADAMS G. J. ; CLARK W. T. - The prevalence of behavioural problems in domestic dogs : A survey of 105 dog owners. Aust. Vet. Pract. 19 :135. 1989

8 ADAMS G. J. ; JOHNSON K. G. - Behavioural responses to barking and other auditory stimuli during night-time sleeping and waking in the domestic dog. Appl. An. Behav. Sci. 39 : 151-162. 1994

9 ADAMS D. R. ; WICKAMP M. D. - The canine vomeronasal organ. J. Anat. 138 (4) : 771-778. 1984

10 ALBERT A. ; BULCROFT K. - Pets and urban life. Anthrozoös 1 : 9-23.1987. Cité par HART L. A. 1995

11 ALTHAUS T. - The development of a harmonic owner-dog relationship.J. Small An. Pract. 28 : 1056-1064. 1987

12 ALTMAN J. A. - Cité par FOGLE B. The dog's mind. Pelham books. Stephen Greene Press. 1990

13 ANDREOLI G. - Le chien : comportement, psychologie, attitudes. Gründ. 1991

14 ANGERMEIER E. ; JAMES W. T. - The influence of early sensory-social deprivation on the social operant in dogs. J. Genet. Psychol. 99 : 153-158. 1961

15 APPLEBY D. - Socialization and habituation. In The behaviour of dogs and cats. Fisher J. (Ed.). Stanley P. London. 1993

16 APPLEBY D. - Canine socialization and habituation. part 1. Internet.

17 ARKOW P. S. ; DOW S. - The ties that do not bind : study of the human-animal bonds that fails. In The pet connection : its influence on our health and quality of life. Anderson R. K. ; Hart B. L. et Hart L. A. (Ed.). Minneapolis : Censhare. 1984. Cité par HART B. L. & HART L. A. 1988 et par CASE D. B. 1987

18 ASA C. S. - Physiological and social aspects of reproduction of the wolf and their implications for contraception. Ecology and Conservation of wolves in a changing world. Carbyn L. N. ; Fritts S. H. ; Seip D. R. (Ed.). Can. Circumpolar Inst. Occasional Publication 35 : 283-286. 1995

19 ASA C. S. ; MECH L. D. - A review of the sensory organs in wolves and their importance to life history. Ecology and Conservation of wolves in a changing world. CARBYN L. N. ; FRITTS S. H. SEIP D. R. (Ed.). Can. Circumpolar Inst. Occasional Publication 35 : 287 291. 1995

20 ASA C. S. ; SEAL U. S. ; PLOTKA E. D. ; LETELLIER M. A. ; MECH L. D. - Effect of anosmia on reproducton in male and female wolves (Canis lupus). Behavioral Neural Biology 46 : 272-284. 1986

21 ASHMEAD D. H. ; CLIFTON R. K. ; REESE E. P. - Development of auditory localization on dogs : Single source and precedence effect sounds. Dev. Psychobiol. 19 : 91-103. 1986

22 AUGUST J. R. - Dog and cat bites. J. Am. Vet. Med. Assoc. 193 : 139.1988

23 AUGUST P. V ; AYVAZIAN S. G. ; ANDERSON J. G. T. - Magnetic orientation in a small

mammal, peromyscus leucopus. J. Mammalogy 70 (1) : 1-9. 1989
24 BACON W. E. ; STANLEY W. C. - Reversal learning in neonatal dogs. J. Comp. Physiol. Psychol. 70 : 344-350. 1970
25 BAILEY G. P. - Play for problem free dogs. The Waltham APBC Symposium. The role of play in social development : 27-32. 1996
26 BAILEY G. P. ; HETHERINGTON J. D. ; SELLORS J. - Survey to measure the success of rescue dog placement at a rehoming centre where a full behavioural service is offered. Proceed. First Intern. Conf. Vet. Beh. Med. : 93-95. 1997
27 BAKER R. R. ; MATHER J. G. ; KENNAUGH J. H. - The human compass ? EOS. Trans. Amer. Geophysical Union 63 : 156. 1982. Cité par AUGUST P. V. et al. 1989
28 BALLARD et al. - 1987. Cité par FORBES G. J. : THEBERGE J. B. 1995
29 BARKER S. B. ; BARKER R. T. - The human-canine bond : closer than family ties ? J. Mental Health Couns. 10 : 46-56.1988. Cité par HART L. A. 1995
30 BEACH F. A. - Coital behavior in dogs : 8 : Social affinity, dominance and sexual preferences in the bitch. Behav. 36 : 131-148. 1970
31 BEACH F. A. ; BUEHLER M. G. ; DUNBAR I. F. - Competitive behavior in male, female and pseudohermaphroditic female dogs. J. Comp. Physiol. Psychol. 96 : 855-874. 1982
32 BEACH F. A. ; GILMORE R. W. - Response of male dogs to urine from females in heat. J. of Mamm. 30 : 391-392. 1949
33 BEAUDET R. ; CHALIFOUX A. ; DALLAIRE A. - Predictive value of activity level and behavioral evaluation on future dominance in puppies. Appl. An. Behav. Sci. 40 : 273-284. 1994
34 BEAVER B. V. - Canine aggression in retrospect. Appl. Anim. Ethol. Forthcoming. 1983
35 BEAVER B. V. - Clinical classification of canine aggression. Appl. Anim. Ethol. 10 : 35-43. 1983
36 BEAVER B. V. - Profiles of dogs presented for aggression. J. Am. An. Hospital Assoc. 29 : 564-569. 1993
37 BECK A. M. - The Ecology of Stray Dogs : A Study of Free-ranging Urban Animals. York Press. Baltimore. 1973
38 BECK A. M. ; JONES B. A. - Unreported dog bites in children. Public Health Rep. 100 : 15 321. 1985
39 BECK A. M. ; KATCHER A. H. - A new look at pet facilitated therapy. J. Am. Vet. Med. Assoc. 184 : 414-421. 1984
40 BECK A. M. ; LORING H. ; LOCKWOOD R. - Dog bites among letter carriers in St Louis. Public Health Rep. 90. 3 : 267-269. 1975
41 BEKOFF M. - Scent-marking by free-ranging domestic dogs : Olfactory and visual components. Biol. Behav. 4 : 123-127. 1979
42 BEKOFF M. - Ground scratching by male domestic dogs : A composite signal. J. Mammal. 60 : 847-848. 1979
43 BELYAEV D. K. - Destabilizing selection as a factor in domestication. J. Heredity 70 : 301 308. 1979
44 BERGLER R. - Man and dog. Blackwell Scient. Pub. 1988
45 BERMAN M. ; DUNBAR I. - The social behaviour of free-ranging suburban animals. Appl. Anim. Ethol. 10 : 5-17. 1983
46 BERRYMAN J. C. ; HOWELLE K. ; LLOYD-EVANS M. - Pet owner attitudes to pets and people.Vet. Rec. 117 : 659-661. 1985
47 BLACKSHAW J. K. - An overview of types of aggressive behaviour in dogs and methods of treatment. Appl. Anim. Behav. Sci. 30 : 351-361. 1991
48 BLACKSHAW J. K. ; COOK G. E. ; HARDING P. ; DAY C. ; BATES W. ; ROSE J. ; BRAMHAM D. - Aversive responses of dogs to ultrasonic, sonic and flashing light units. Appl. Anim. Behav. Sci. 25 : 1-8. 1990
49 BLEICHER N. - Behavior of the bitch during parturition. J. Am. Vét. Med. Ass. 140 (15) : 1076. 1962
50 BLEICHER N. - Physical and behavioral analysis of dog vocalizations. Am. J. Vet. Res. 24 : 415-427. 1963
51 BOITANI L. - Wolf and dog competition in Italy. Acta zool. Fennica 174 : 259-264. 1983
52 BOITANI L. - Dalla parte del lupo. Mondari (Ed.). 1986
53 BOITANI L. ; CIUCCI P. - Comparative social ecology of feral dogs and wolves. Ethology,

Ecology and Evolution 7 : 49-72. 1995

54 BOITANI L. ; FRANCISCI F. ; CIUCCI P. ; ANDREOLI G. - Population biology and ecology of feral dogs in central Italy. In The domestic dog.Serpell (Ed.). Cambridge Univ. Press. 1995

55 BORCHELT P. L. - Aggressive behaviour of dogs kept as companion animals : Classification and influence of sex, reproductive status and breed. Appl. Anim. Ethol. 10 : 45-61. 1983

56 BORCHELT P. L. ; LOCKWOOD R. ; BECK A. M. ; VOITH V. L. - Attacks by packs of dogs involving predation on human beings. Public Health Rep. 98 : 57. 1983

57 BORCHELT P. L. ; LOCKWOOD R. ; BECK A. M. ; VOITH V. L. - Dog attack involving predation on humans. In New perspectives on our lives with companion animals. Katcher & Beck (Ed.). Univ. Pennsylvana Press. Philadelphia. 1983

58 BRADSHAW J. - Behavioural biology. In The Waltham book of dog and cat behaviour. Thorne C (Ed.). Pergamon Press. 1992

59 BRADSHAW J. - Dominance : what it means to dog, client and counsellor. The Waltham APBC Symposium. 1995

60 BRAIN P. F. ; HAUG M. - Hormonal and neurochemical correlates of various forms of an mal "aggression". Psychoneuroendocrin. 17 : 537-551. 1992. Cité par OVERALL K. L. ; BEEBE A. D. 1997

61 BRISBIN I. L. ; AUSTAD S. N. - Testing the individual odour theory of canine olfaction. Anim Behav. 42 : 63-69. 1991

62 BRODBECK A. J. - An exploratory study on the acquisition of dependency behavior in puppies. Bull. Ecol. Soc. Am. 35 : 73. 1954. Cité par SCOTT J. P. 1962

63 BROWN C. J. ; MURPHREE O. D. ; NEWTON J. E. O. - The effect of inbreeding on human aversion in pointer dogs. J. Hered. 69 : 362-365. 1978

64 BRUNNER F. - Der unverstandene Hund. Neumann-Neudamm. Melsungen. Basel. Wien. 1975

65 BUCKE W. F. - Cyno-psychose. Children's thoughts, reactions and feelings toward pet dogs. Pedagogical Seminary 10 : 459-513. 1903

66 BUDGETT H. M. - Hunting by scent. New Yord. Charles Scribner's Sons. 1933. Cité par FOGLE B. 1990

67 BULLETIN DES COMPORTEMENTALISTES (2). 1997

68 BULLETIN DU SHIRPT - Système can adien hospitalier d'information et de recherche en prévention des traumatismes. Une étude novatrice du SCIRPT sur les morsures de chien. n°11. juillet 1997

69 BUSTAD L. K. ; HINES L. M. - Placement of animals with elderly : benefits and strategies. In New perspectives with our live with companion animals. Katcher & Beck (Ed.). 1983

70 CAMPBELL W. E. - The enigmatic biter. Some dogs appear to have "learned" that petting can be threatening, no matter how appealing it may seem before it is received. Mod. Vet. Pract. 66 (3) : 198-201. 1985

71 CAMPBELL W. E. - The prevalence of behavioral problems in American dogs : A survey of America's dog owners indicates they have much to complain about. Mod. Vet. Pract. 67 (1) : 28-31. 1986

72 CAMPBELL W. E. - Behavior problems in dogs. Americ. Vet. Public. Inc. Drawer. Santa Barbara. Calif. 1992

73 CAPITAL - Émission sur M6. 1996

74 CASE D. B. - Dog ownership : a complex web. Psychol. Rep. 60 : 247-257. 1987

75 CASS J. - Pet facilitated therapy in human health care. In Interrelations between people and pets. Fogle B. (Ed.). Springfield. 1981

76 CAUBERE M. ; SCHNEIDER B. - Le décodage de l'expressivité canine chez l'enfant de 6 à 11 ans. Archives Psychol. 62 : 25-41. 1994

77 CENTRE DE DOCUMENTATION ET D'INFORMATION DE L'ASSURANCE (CDIA)

78 CHANTON M. - Le comportement social du chien familier. Aspects normaux, troubles imputables au milieu, méthodes de thérapie de type systémique. Diplôme d'études doctorales. Ethologie. Univ. P. et M. Curie. 1991

79 CHUN Y. T. ; BERKELHAMER J. E. ; HEROLD T. E. - Dog bites in children less than 4 years old. Pediatrics 69 (1) : 119-120. 1982

80 CIUCCI P. ; BOITANI L. - Il lupo canis lupus linneaus. In BOITANI L. ; LOVARI S. (Ed.)

Fauna d'Italia. 1999. Cité par LANDRY J. M. 1999
81 CLARKE R. S. ; HERON W. ; FETHERSTONBAUGH M. L. ; FORGAYS D. C. ; HEBB D. O. - Individual differences in dogs : preliminary report on the effects of early experience. Canad. J. Psychol. 5 : 150-156. 1951. Cité par ANGERMEIER E. ; JAMES W. T. 1961
82 CLEMENS L. G. - The neurohormonal control of masculine sexual behavior. In Reproductive behavior. Montagna W ; Sadler W. A. (Ed.). New York. Plenum Press. 1974. Cité par HART B. L. ; HART L. A. 1985
83 CLUTTON-BROCK J. ; CORBET G. B. ; HILLS M. - A review of the family canidae with a classification by numerical methods. Bull. Br. Museum 29 (3). 1976
84 CLUTTON-BROCK J. - Origins of the dog : domestication and early history. In The domestic dog. Serpell J. (Ed.). Cambridge Univ. Press. 1995
85 COHEN S. A. ; FOX M. W. - Vocalizations in wild canids and possible effects of domestication. Behav. Proc. 1 : 77-92. 1976
86 COILE D. ; POLLITZ C. ; SMITH J. - Behavioral determination of critical flicker fusion in dogs. Physiol. Behav. : 1087-1092. 1989. Cité par HARRINGTON F. H. 1996
87 COPPINGER R. ; COPPINGER L. - Biologic bases of behavior of domestic dog breeds. Readings in companion animal behaviour : 9-18
88 COPPINGER R. ; COPPINGER L. - Interactions between livestock guarding dogs and wolves. Ecology and Conservation of wolves in a changing world. Carbyn L. N. ; Fritts S. H. ; Seip D. R. (Ed.). Can. Circumpolar Inst. Occasional Publication 35 : 523-526. 1995
89 COPPINGER R. ; FEINSTEIN M. - Smithsonian 21 (10) : 119. 1991. Cité par MOREY D. F. 1996
90 COPPINGER R. ; SCHNEIDER R. - Evolution of working dogs. In The domestic dog. Serpell (Ed.). Cambridge Univ. Press. 1995
91 CORBETT L. - The dingo in Australia and Asia. University of New South Wales Press LTD. 1995
92 COREN S. - The intelligence of dogs. Canine consciousness and capabilities.The Three Press. 1994
93 CORNWELL A. C. ; FULLER J. L. - Conditioned responses in young puppies. J. Comp. Physiol. Psychol. 54 : 13-15. 1961
94 CORSON S. A. ; CORSON E. - Pet animals as nonverbal communication mediators in psychotherapy in institutional settings. In. Corson SA et E. (Ed.) Ethology and nonverbal communication in mental health. New. York. Pergamon. 1980. Cité par BUSTAD L. K. ; HINES L. 1983
95 CORSON S. A. ; CORSON E. - Companion animals bonding catalysts in geriatric institutions. In Interrelations between people and pets. Fogle B. (Ed.). Springfield. 1981
96 DANIELS T. J. - The social organization of free-ranging urban dogs I : Non-estrus social behavior. Appl. Anim. Ethol. 10 : 341-363. 1983
97 DANIELS T. J. - The social organization of free-ranging urban dogs. 2. Estrous groups and the mating system. Appl. Anim. Ethol. 10 : 365-373. 1983
98 DANIELS T. J. ; BEKOFF M. - Spatial and temporal ressource use by feral and abandoned dogs. Ethology 181 : 300-312. 1989
99 DANIELS T. J. ; BEKOFF M. - Population and social biology of free-ranging dogs. J. Mamm. 70 (4) : 754-762. 1989
100 DARKE P. G.; THRUSFIELD M. W.; AITKEN C. G. - Association between tail injuries and dicking in dogs. Vet. Rec. 116 : 409. 1985. Cité par NOONAN G. J. ; RAND J. S. ; BLACKSHAW J. K. ; PRIEST J. 1996
101 DAVIS S. J. ; VALLA F. R. - Evidence for domestication of the dog 12.000 years ago in the Natufian of Israel. Nature 276 : 608-610. 1978. Cité par CLUTTON-BROCK. 1995
102 DEHASSE J. - Chiens hors du commun. Ed. de l'Homme. 1993
103 DEHASSE J. - Epigenèse sensorielle, émotionnelle et relationnelle du chiot. Véto-Alp. 1995
104 DEHASSE J. - Le développement comportemental du chiot. Congrès AVSAH (Assoc. Vét. Suisse pour Acupuncture et l'Homéopathie). 1996
105 DEHASSE J. ; BUYSER C. - L'Education du chien de 0 à 6 mois. Les Editions de l'Homme. Montréal. Canada. 1983
106 DE LA FUENTE R. ; CASTROVIEJO J. ; DELIBES M. ; MORILLO C. ; VALLECILLO C. G. - La faune. Grande Batelière (Paris). Kister (Genève). Erasme (Bruxelles). 1970

107 DELGIUDICE G. D. ; SEAL U. S. ; MECH L. D. - Effects of feeding and fasting on wolf blood and urine characteristics. J. Wild. Manag. 51(1) : 1-10. 1987
108 DELGIUDICE G. D. ; STONE J. L. ; MECH L. D. ; SEAL U. S. - Sampling considerations involved with monitoring the nutritional status of gray wolves Canis lupus via biochemical analysis of snow urine. Global Trends in Wildlife Management 2 : 35-38. 1992
109 DENENBERG V. H. ; WHIMBEY A. E. - Infantile stimulation and animal husbandry : a methodological study. J. Comp. Physiol. Psychol. 56(5) : 877-878. 1963
110 DIEDERICH C. - La peur : déterminisme et conséquences. Le comportement du chien. SFC. octobre 1994. séminaire. 1994
111 DODMAN N. H. ; MICZEK K. A. ; KNOWLES K. ; THALHAMMER J. G. ; SHUSTER L. - Phenobarbital responsive episodic dyscontral (rage) in dogs. JAVMA 201 (10) : 1580-1583. 1992. Cité par PODBERSCEK A. L. ; SERPELL J. 1996
112 DODMAN N. H. ; MOON R. ; ZELIN M. - Influence of owner personality type on expression and treatment outcome of dominance aggression in dogs. JAVMA 209 (6) : 1107-1109. 1996
113 DONOVAN C. A. - Some clinical observations on sexual attraction and deterrence in dogs and cattle. Vet. Med. Small An. Clin. 62 : 1047-1048. 1967
114 DONOVAN C. A. - Canine anal glands and chemical signals(pheromones). J. Amer. Vet. Med. Assoc. 155 : 1995-1996. 1969
115 DORN C. R. - Veterinary medical services : Utilization by dog and cat owners.J. Am. Vet. Med. Assoc. 1956 (Feb. 1) : 321-327. 1970
116 DOTY R. L. ; DUNBAR I. - Attraction of beagles to conspecific urine, vaginal and anal sac secretion odors. Physiol. Behav. 12 : 825-833. 1974
117 DUNBAR I. - Olfactory preferences in dogs : The response of male and female beagles to conspecific urine. Biol. Behav. 3 : 273-286. 1978
118 DUNBAR I. - Dog behavior : Why dogs do what they do ? Neptune. T.F.H. Publications. Inc. 1979
119 DUNBAR I. - Communication and conflit between dogs and their humans. Proceedings of the Waltham APBC Symposium. The art of being sociable : 32-48. 1997
120 DUNBAR I. - Dog to dog encounters : the art of being sociable. In The art of being sociable. Proceedings of the Waltham APBC Symposium. The art of being sociable : 1-7. 1997
121 DUNBAR I. ; BOHNENKAMP G. - Preventing agression. Behaviour Booklets. James and Kenneth (Ed.). Californie. 1986
122 DUNBAR I. ; CARMICHAEL M. - The response of male dogs to urine from other males. Behav. Neur. Biol. 31 : 465-470. 1981
123 DYKMAN R. A. ; MURPHREE O. D. ; PETERS J. E. - Like begets like : behavioral tests, classical autonomic and motor conditioning, and operant conditioning in two strains of pointer dogs.-Ann. NY Acad. Sci. 159 : 976-1007. 1969
124 DYKMAN R. A. ; MURPHREE O. D. ; REESE W. G. - Familial anthropophobia in pointer dogs ? Arch. Gen. Psychiatry 36 : 988-993. 1979
125 ECKERLIN A. ; FILIATRE J. C. ; MILLOT J. L. - Approche expérimentale de la modalité olfactive dans les systèmes relationnels entre l'enfant et son chien familier. S.F.E.C.A. Actes du Colloque Annuel. Lyon. Comp. et Biol. des Pop. Communic. Chimique. Tome 5 (2) : 157-163. 1990
126 EHLASS - Accidents dus aux chiens. Ministère de la Solidarité, de la Santé et de la Protection sociale. Ministère de la solidarité et de la Protection Sociale (S.E.S.I.) juillet 1986-décembre 1988
127 EISENBERG J. F. & KLEIMAN D. G. - Olfactory communication in mammals. Ann. Rev. Ecol. System 3 : 1-32. 1972
128 ELLIOT O. ; KING J. A. - Effect of early food deprivation upon later behavior in puppies. Psychol. Rep. 6 : 391-400. 1960
129 ELLIOT O. ; SCOTT J. P. - The development of emotional distress reactions to separation in puppies. J. Genet. Psychol. 99 : 3-22. 1961
130 EWER R. F. - The carnivores. London. Weidenfeld and Nocolson (Ed.). 1973. Cité par BRADSHAW J. 1992 et par GIFFROY J. M. 1993
131 FEDDERSEN-PETERSEN D. - Hundepsychologie : Wesen und Sozialverhalten. Kosmos. Gesellschaft der Naturfreunde. Franckh'sche Verlagshandlung. Stuttgart. 1989

132 FEDDERSEN-PETERSEN D. - Verhaltensstörungen bei Hunden und ihre Unsachen in Zucht. Haltung und Dressur. Der praktische Tierarzt 4 : 18-28. 1990

133 FEDDERSEN-PETERSEN D. - Verhaltensstörungen bei Hunden - Versuch ihrer Klassifizierung. Dtsch. tierärztl. Wschr. 98 : 15-19. 1991

134 FEDDERSEN-PETERSEN D. - Hunde und ihre Menschen. Franckh-Kosmos. 1992

135 FEDDERSEN-PETERSEN D. - Fortpflanzungsverhalten beim Hund. Gustav Fisher Verlag. Jena. Stuttgart. 1994

136 FEDDERSEN-PETERSEN D. - Neue Erkenntnisse zur Verhaltensentwicklung des Hundes. Conférence, journée scientifique de la Mondiale. Bern. 1994

137 FEDDERSEN-PETERSEN D. ; OHL F. - Ausdrucksverhalten beim Hund. Gustav Fischer. Vet special. 1995

138 FEDDERSEN-PETERSEN D. - Verhaltensindikatoren zur graduellen Kennzeichnung von Leiden im Rahmen der Hundezucht, -aufzucht und -haltung. Tierärztl. Umschau 51 : 171-179. 1996

139 FEDEROFF N. E. ; NOWAK R. M. - Man and his dog. Science 278 : 205. 1997

140 FELTMANN G. ; SCHROEDER - Hund und Mensch im Zwiegespräch. Kosmos. 1993

141 FERAUD J. P. - Contribution à l'étude biochimique d'un mécanisme de l'olfaction chez le chien. Thèse présentée à la Faculté de Médecine et de Pharmacie de Lyon. 1970

142 FILIATRE J. C. ; ECKERLIN A. ; MILLOT J. L. ; ESTAVOYER J. M. ; MEYER J. P. - Les agressions d'enfants par des chiens : étude préliminaire des facteurs de risque. Annales de Pédiatrie 37 (3) : 162-166. 1990

143 FILIATRE J. C. ; MILLOT J. L. ; ECKERLIN A. - Relations intraspécifiques et interspécifiques chez le chien familier : aspects analogiques et différentiels des comportements d'exploration. Behav. Proc. 133-150. 1990

144 FILIATRE J. C. ; MILLOT J. L. ; ECKERLIN A. - Behavioural variability of olfactory exploration on the pet dog in relation to human adults. Appl. Anim. Behav. Sci. 30 (3-4) : 341-350. 1991

145 FILIATRE J. C. ; MILLOT J. L. ; MONTAGNER H. - New data on communication behaviour between the young child and his pet dog. Behav. Processes 12 : 33-44. 1986

146 FILIATRE J. C. ; MILLOT J. L. ; MONTAGNER H. ; ECKERLIN A. ; GAGNON A.C. - Advances in the study of the relationship between children and their pet dogs. Anthrozoos. 2, 1 : 22-32. 1988

147 FISHER A. E. - The effects of differential early treatment on the social and exploratory behavior in puppies. Ph. D. Thesis. Pennsylvania State Univ. 1955. Cité par SCOTT J. P. ; FULLER J. L. 1965 et par ELLIOT O. ; SCOTT J. P. 1961

148 FISHER J. - Why does my dog...? Howell Bood House. 1991

149 FISHER J. - Rage syndrome. Possessive aggression or normal behaviour. Int. Soc. Anthrozool. Newsl. 5 : 5-6. 1993. Cité par PODBERSCEK A. L. ; SERPELL J. 1996

150 FOGLE B. - The dog's mind.Pelham books. Stephen Greene Press. 1990

151 FONT E. - Spacing and social organization : Urban stray dogs revisited. Appl. Anim. Behav. Sci. 17 : 319-328. 1987

152 FORBES G. J. ; THEBERGE J. B. - Influences of a migratory deer herd on wolf mouvements and mortality in and near Algonquin Park. Ontario. Ecology and Conservation of wolves in a changing world. Carbyn L. N. ; Fritts S. H. Seip D. R. (Ed.). Can. Circumpolar Inst. Occasional Publication 35 : 303-313. 1995

153 FOSS I. ; FLOTTORP G. - A comparative study of the development of hearing and vision in various species commonly used in experiments. Acta Otolaryngol. 77 : 202-214. 1974. Cité par ASHMEAD D. H. ; CLIFTON R. K. ; REESE E. P. 1986

154 FOX M. W. - A syndrome in the dog resembling human infantile autism. JAVMA 148 : 1387 1390. 1966

155 FOX M. W. - Behavioral effects of rearing dogs with cats during the critical period of socialization. Behavior 35 : 273-80. 1969

156 FOX M. W. - Behaviour of wolfes, dogs and related canids. Harper and Row. 1971

157 FOX M. W. - Integrative Development of Brain and Behavior in the Dog. University of Chicago Press. Chicago. 1971

158 FOX M. W. - Overview and critique of stages and periods in canine development. Dev.

Psychobiol. 4 (1) : 37. 1971
159 FOX M. W. - Understanding Your Dog. Coward, McCann. New York. Blond & Briggs. London. 1972
160 FOX M. W. - Socio-ecological implications of individual differences in wolf litters : a developmental and evolutionary perspective. Behaviour. 46 : 298-313. 1972
161 FOX M. W. - The dog : Its domestication and Behavior. Krieger Publishing Company. Malabar. Florida. 1978
162 FOX M. W. - 1978. Cité par APPLEBY D. Internet
163 FOX M. W. - The soul of the wolf. Lyons and Burford (Ed.). 1980
164 FOX M. W. - The whistling hunters. Field studies of the asiatic wild dog. State Univ. N.Y. Press. 1984
165 FOX M. W. - Superdog. Raising the perfect canine companion. Howell Book House. N. Y. 1990
166 FOX M. W .; ANDREWS R. V. - Physiological and biochimical correlates of individual differences in behavior of wolf cubs. Behav. 46 : 129-140. 1973
167 FOX M. W. ; SPENCER J. - Exploratory behavior in the dog : experiental or age dependent ? Dev. Psychobiol. 2 : 68-74. 1969
168 FOX M. W. ; STELZNER D. - Behavioral effects of differential early experience in the dog. An. Behav. 1966. Cité par FOX M. W. 1966
169 FRANK H. ; FRANK M. G. - On the effects of domestication on canine social development and behavior. Appl. Anim. Ethol. 8 : 507-52. 1982
170 FRANK H. ; GIALDINI F. M. - Comparative manipulation-object-test performance in ten-week-old wolves and Alaskan malamutes. A Piagetian interpretation. J. of Comparative Psychol. 99 : 266-274. 1985
171 FRANTI C. ; KRAUS J. F. ; BORHANI N. M. - Pet ownership in a suburban-rural area of California. Public Health Rep. 89 (5) : 473-484. 1974
172 FREEDMAN D. J. - Some effects of early rearing on later obedience in dogs. Nord. Vet. Med. 17 : 111-117. 1965. Cité par WILSSON E. 1984
173 FREEDMAN D. G. ; KING J. A. ; ELLIOT O. - Critical period in the social development of dogs. Science 133 : 1016. 1961
174 FRIEDMANN E. ; KATCHER A. H. ; LYNCH J. J. ; THOMAS S. A. - Social interaction and blood pressure : Influence of animal companions. J. Nervous and Mental Diseases 171 (8) : 461-465.1983
175 FULLER J. L. - Individual differences in the reactivity of dogs. J. Comp. Physiol. Psychol. 41 : 339-347. 1948
176 FULLER J. L. - Hereditary differences in trainability of purebred dogs. J. Genet. Psychol. 87 : 229-238.1955
177 FULLER J. L. - Experimental deprivation and later behavior. Science 158 : 1645-1652.1967
178 FULLER J. L. ; CLARK L. D. - Effects of rearing with specific stimuli upon postisolation behavior in dogs. J. Comp. Physiol. Psychol. 61 : 258-263. 1966
179 FULLER J. L. ; CLARK L. D. - Genetic and treatment factors modifying the postisolation syndrome in dogs. J. Comp. Physiol. Psychol. 61 : 251-257. 1966
180 FULLER J. L. ; CLARK L. D. - Genotype and behavioral vulnerability to isolation in dogs. J. Comp. Physiol. Psychol. 66 : 151-156. 1968
181 FULLER J. L. ; DUBUIS E. M. - The behavior of domestic animals : The behavior of dogs. E. Hafez (Ed.). Bailliere, Tindall & Cox. London. 1962. Cité par HART B. L. 1974
182 FULLER J. L. ; EASLER C. A. ; BANKS E. M. - Formation of conditioned avoidance responses in young puppies. Am. J. Physiol. 160 : 462-466. 1950
183 FULLER T. K. - Guidelines for gray wolf management in the nothern Great Lakes region. Intern. Wold Center Technical. Publication 271. Ely. Min. 1995
184 FULLER T. K. - Comparative population dynamics of north american wolves and african wild dogs. Ecology and Conservation of wolves in a changing world. Carbyn L. N. ; Fritts S. H. Seip D. R. (Ed.). Can. Circumpolar Inst. Occasional Publication 35 : 325-328. 1995
185 GAMBLE R. M. - Sound and its significance for laboratory animals. Bio. Rev. 57 : 395-421. 1982. Cité par HUBRECHT R.
186 GANS C. - The sensory world of animals. In Animal Intelligence. Insights into the animal

world. Swithonian Institution Press. Hoage et Goldman (Ed.). 1986
187 GANTT W. H. - Analysis of the effect of person. Cond. Reflex 7 (2) : 67-73. 1972. Cité par CORSON S. A. ; CORSON E. 1981
188 GIFFROY J. M. - Les thérapies de comportement. Pratique médicale et chirurgicale de l'animal de compagnie 20 (5) : 493-501. 1985
189 GIFFROY J. M. - Apprentissage et thérapies comportementales. Revue Méd. Vét. 139 : 1073-1080. 1988
190 GIFFROY J. M. - Aptitudes sensorielles des carnivores domestiques. Bull. tech. de l'élevage canin. 1993
191 GINSBURG B. E. - Genetics and personality. In Concepts of personality. Wepman J.M. ; Heine R.W. (Ed.). Aldine Publishing Co. Chicago. 1963. Cité par SERPELL J. A. 1987
192 GINSBURG B. E. - Coaction of genetical and nongenetical factors influencing sexual behavior. In Beach (Ed.). Sex and behavior. New York. 1965. Cité par MECH D. L. 1986
193 GINSBURG B. E. - Genotypic factors in the ontogeny of behavior. In Animal and Human. Masserman J. H.. (Ed.). Grune and Stratton. New York.1968. Cité par FOX M. W. 1978
194 GINSBURG B. E. - Anxiety : a behavioural legacy. In Physiology, emotion and psychosomatic illness. Ciba Foundation Symp. 8. Elsevier, N.Y. Porter and Knight (Ed.). 1972. Cité par GODDARD M. E. ; BEILHARZ R. G. 1985
195 GODDARD M. E. ; BEILHARZ R. G. - Genetic and environmental factors affecting the suitability of dogs as guide-dogs for the blind. Theor. Appl. Genet. 1982. Cité par GODDARD M. E. ; BEILHARZ R. G. 1985
196 GODDARD M. E. ; BEILHARZ R. G. - Genetics of traits which determine the suitability of dogs as guide-dogs for the blind. Applied An. Ethol. 9 : 299-315. 1982/1983
197 GODDARD M. E. ; BEILHARZ R. G. - A multivariate analysis of the genetics of fearfulness in potential guide dogs. Behav. Genet. 15 : 69-89. 1985
198 GOODWIN R. D. - Trends in the ownership of domestic pets in Great Britain. In Andersen R.S. (Ed.). Pet animals and society. Bailliere Tindal 1975. Cité par BERGLER R. 1988
199 GOODWIN D ; BRADSHAW J. W. S. ; WICKENS S. M. - Paedomorphosis affects agonistic visual signals of domestic dogs. Anim. Behav. 53 : 297-304.1997
200 GOODWIN M. ; GOODING K. M. ; REGNIER F. - Sex pheromone in the dog. Science 203 : 559-561. 1979
201 GRAF R. ; MEYER-HOLZAPFEL M. - Die Wirkung von Harnmarken auf Artgenossen beim Haushund. Z. Tierpsychol. 35 : 320-332. 1974
202 GRANT T. A. - Behavioural study of a beagle bitch and her litter during the first three weeks of lactation. J. Small An. Pract. 28 : 992-1003. 1987
203 GRANT T. A. ; ABRANTES R. - Discussion in OWREN T. 1987
204 GREENOUGT - Cité par COREN S. 1994
205 GURGUIS G. N. M. ; KLEIN E. M. D. ; MEFFORD I. N. ; UHDE T. W. - Biogenic amines distribution in the brain of nervous and normal pointer dogs. A genetic animal model of anxiety. Neuropsychopharmacology 3 (4) : 297-303. 1990
206 GUTTMANN G. - The psychological determinants of keeping pets. Interrelations between people and pets. Fogle. Ed. Ch. Thomas. 1981
207 GUYOT Y. - L'effet Pygmalion et le dressage. Psychol. et comport. : 519-522
208 GUYOT Y. - Communication et autorité dans les situations de dressage. Soc. Franç. de Cynotechnie. Namur. 1986
209 GUYOT Y. - Communication et autorité dans les situations de dressage. Pratique méd. et chirurgicale de l'an. de compagnie 3 : 165-174. 1988
210 GUYOT Y. ; POCZTAR J. - Contribution à l'étude des communications non verbales en situation d'autorité. Ecole Norm. Sup de St-Cloud. Centre de Rech. et de Form. en Education. 1982
211 HACK R. - Möglichkeiten und Grenzen einer artgerechten Hundehaltung in der Praxis einer Tierversuchseinrichtung. Der Tierschutzbeauftragte 1 : 4-8. 1997
212 HARRINGTON F. H. - Wolf eyes and ears : a review of visual and auditory senses. Wolves of America Conference Proceedings. Albany. N. Y. 1996
213 HARRINGTON F. H. ; MECH L. D. - Wolf howling and its role in territory maintenance. Behaviour 68 : 207-248. 1979
214 HARRINGTON F. H. ; MECH L. D. - Wolf pack spacing : Howling as a territory-independent

spacing mechanism in a territorial population. Behav. Ecol. Sociobiol. 12 : 161-168. 1983
215 HART B. L. - Environmental and hormonal influences on urine marking behavior in the adult male dog. Behav. Biol. 11 : 167. 1974
216 HART B. L. - Aggressive behavior. Canine Pract. 3 (1) : 10-14. 1976
217 HART B. L. - More on aggressive behavior. Canine Pract. 3 (2) : 8-12. 1976
218 HART L. A. - Dogs as human companions : a review of the relationship. In The domestic dog. Serpell (Ed.). Cambridge Univ. Press. 1995
219 HART B. L. ; HART L. A. - Canine and Feline Behavioral Therapy. Lea and Febiger(Ed.). Philadelphia. 1985
220 HART B. L. ; LADEWIG J. - Serum testosterone of neonatal male and female dogs. Biology of Reproduction 21 : 289-292. 1979
221 HEATH S. - Puppies in your practice. Vet. Pract. Nurse 4 (3) : 29-30. 1992. Cité par SEKSEL K. 1997
222 HEFFNER H. E. - Hearing in large and small dogs : thresholds ans size of the tympanic membrane. Neurosc. 97 : 310-318. 1983. Cité par HARRINGTON. 1996
223 HEFFNER R. R. ; HEFFNER H. E. - Sound localization acuity in the cat : effect of azimuth, signal duration, and test procedure. Hearing Research 36 : 221-232. 1988. Cité par BRADSHAW J. 1992
224 HEMMER H. - Domestication; the decline of environmental appreciation. Cambridge : Cambridge Univ. Press. 1990. Cité par CLUTTON-BROCK. 1995
225 HEPPER P. G. - The discrimination of human body odour by the dog. Perception 17 : 549-554.1988. Cité par FILIATRE J. C. et al. 1990
226 HEPPER P. G. - Long-term retention of kinship recognition established during infancy in the domestic dog. Behav. Processes 33 : 3-14. 1994
227 HIRSH-PASEK K. A. ; TREIMAN G. - To the dogs : is baby talk just for babies ? Manuscript non publié. 1980. Cité par KATCHER A. H. 1981
228 HOERLEIN B. F. - Canine neurology. Saunders, Philadelphia. 1971. Cité par CAMPBELL W. E. 1977 et par GIFFROY J. M. 1993
229 HOPKINS S. G. ; SCHUBERT T. A.; HART B. L. - Castration of adult male dogs : Effects on roaming, aggression, urine marking and mounting. J. Am. Vet. Med. Assoc. 168 : 1108. 1976
230 HOUPT K. A. - Disruption of the human-companion animal bond : aggressive behavior in dogs. In New perspectives with our live with companion animals. Katcher & Beck (Ed.). 1983
231 HOUPT K. A. - Sexual behavior problems in dogs and cats. Vet. Clinics North Am : Small An. Pract. 27 (3) : 601-615. 1997
232 HOUPT K. A. ; HINTZ H. - Palatability and canine food preferences. Canine practice 5 (6) : 29-35. 1978
233 HOUPT K. A. ; SMITH S. L. - Taste preferences and their relation to obesity in dogs and cats. Can. Vet. J. 22 (4) : 77-81. 1981
234 HUBRECHT R. - Dogs and dog housing. Enrichment resources for laboratory animals. Dogs. p. 43-47
235 HUMPHREY ; WARNER - 1934. Cité par SURGET. 1994
236 IGEL G. J. ; CALVIN A. D. - The development of affectional responses in infant dogs. J. Comp. Physiol. Psychol. 53 : 302-305. 1960
237 JAMES W. T. - Morphologic form and its relation to behavior. In C. R. Stockard. The genetic and endocrine basis for differences in form and behavior. Philadelphia : Wistar Institute. 1941. Cité par FULLER J. L. 1948
238 JAMES W. T. - Social organization among dogs of different temperament, terriers and beagles, reared together. J. Comp. Physiol. Psychol. 44 : 71-77.1951. Cité par PAWLOWSKI A. A. ; SCOTT J. P. 1956
239 JENNINGS - Animals and cardiovascular health. Abstracts 7th conf. Human-animals inter. Genève. 1995
240 JENSEN C. ; EDERSTORM H. E. - Development of temperature regulation in the dog. Amer. J. Physiol. 183 : 340-343. 1955. Cité par BLEICHER N. 1963
241 JOFFE J. M. - Prenatal determinants of behavior. Pergamon Press. New York. 1969. Cité par FOX M. W. 1978
242 JORDAN P. A. ; SHELTON P. C. ; ALLEN D. L. - Numbers turnover, and social structure of

the Isle Royale wolf population. Am. Zool. 7 : 233-252. 1967. Cité par NOTT H. M. R. 1992
243 KALMUS H. - The discrimination by the nose of the dog of individual odors and in particular the odor of twins. Br. J. An. Beh. 3 : 25-31.1955. Cité par FILIATRE J. C. et al. 1990
244 KASSIL A. U. ; GULINA L. K. - Role of smell in the food-seeking activity of newborn puppies. SO Fiziol-Zh-SSSR 72 (4) : 437-444. 1986
245 KATCHER A. H. - Potential health value of pet ownership. compend. on Continuing Educ. for Small An. Pract. 11 (2) : 117-122. 1980. Cité par BUSTAD L. K. ; HINES M. N. 1983
246 KATCHER A. H. - Interactions between people and their pets : form and function. In Interrelations between people and pets. Fogle. (Ed.). Ch. Thomas. 1981
247 KATCHER A. H. - Potential health value of pet ownership. Compendium on Continuing Education for the Small Animal Practitioner II (2) : 117-122. 1981. Cité par BUSTAD L. K. ; HINES L. M. 1983
248 KATCHER A. H. - Man and the living environment : an excursion into cyclical time. In New perspectives with our live with companion animals. Katcher & Beck (Ed.). 1983
249 KATCHER A. H. ; BECK A. M. - Safety and intimacy : physiological and behavioral responses to interaction with companion animals. The Human-Pet Relationship. IEMT. Vienna. 1985. Cité par HART L. A. 1995
250 KING J. E. ; BECKER F. ; MARKEE J. E. - Studies on olfactory acuity in dogs. 3. Ability to detect human odour trace. An. Behav.12 : 311-315. 1964. Cité par GIFFROY J. M. 1993
251 KNOL B. W. - Neuroendocrine aspects of the motivation for agonistic behaviour in the male dog.
252 KNOL B. W. ; EGBERINK-ALINK S. T. - Androgens, progestagens and agonistic behaviour : a review. The Vet. Quarterly 11 (2) : 94-101. 1989
253 KNOL B. W. ; GROENEWOUD H. J. C.; UBBINK G. J. - Motivated aggression in golden retrievers : no correlation with inbreeding. Proceed. First Intern. Conf. Vet. Beh. Med. : 112. 1997
254 KRATTLI C. - Ultraschall Abwehrgeräte. DCT-Info 1. 1996
255 KRESTEL D. ; PASSE D. ; SMITH J. C. ; JONSSON L. - Behavioral determination of olfactory thresholds to amyl acetate in dogs. Neurosc. Biobehav. Rev. 8 : 169-174. 1984. Cité par WALKER J. C. ; JENNINGS R. A. 1991
256 KRUSHINSKI L. V. - Animal behaviour, its normal and abnormal development. Consultant's Bureau. N. Y. 1962. Cité par GODDARD M. E. ; BEILHARZ R. G. 1985
257 LAGO D. J. ; CONNELL C. M. ; KNIGHT B. - The effects of animal companionship on older persons living at home. In The Human-Pet Relationship. IEMT. Vienna. Cité par HART L. A. 1995
258 LANDRY J. M. - Le loup. CD-Rom. Finajour. 1999
259 LANDRY J. M. - Communication personnelle.
260 LANDSBERG G. M. - Diagnosing dominance aggression. Can. Vet. J. 31 (1) : 45-46. 1990
261 LANDSBERG G. M. - The distribution of canine behavior cases at three behaviour referral practices. Vet. Med. oct. : 1011. 1991
262 LEDGER R. A. ; BAXTER M. R. - Assessing owner attitudes to dog behaviour : a case for owner-dog matching. Proceed. First Intern. Conf. Vet. Beh. Med. : 226. 1997
263 LEDGER R. A. ; BAXTER M. R. - The development of a validated test to assess the temperament of dogs in a rescue shelter. Proceed. First Intern. Conf. Vet. Beh. Med. : 87-92. 1997
264 LEE D. - Hi, Ya, Beautiful. Film documentaire sur la thérapie par l'animal à Lima State Hospital. 1978. Cité par McCULLOCH M. J. 1981
265 LEHNER P. N. ; McCLUGGAGE C. ; MITCHELL D. R. ; NEIL D. H. - Selected parameters of the Fort Collins. Colorado. dog population. 1979-80. Appl. Anim. Ethol. 10 : 19-25. 1983
266 LE MAGNEN J. - In Kayser C. Physiologie II. Flammarion. Paris. 1969. Cité par GIFFROY J. M. 1993
267 LEMMER - Beiträge zum Verhalten des Haushundes. Vet. Med. Diss. 1971. Cité par UNSHELM J. 1994
268 LEROY Y. - L'univers odorant de l'animal. Soc. Nouvelle des Editions Boubée. 1987
269 LEVINE S. - Maternal and environmental influences on the adrenocortical response to stress in weanling rats. Science 156 : 258-260. 1967
270 LEVINSON B. M. - Pets, child development and mental illness. J. Am. Vet. Med. Assoc. 157 : 1759-1766. 1970

271 LEVINSON B. M. - Pets and personality Development. Psychol. Rep. 42 : 1031-1038. 1978
272 LEVINSON B. M. - The future of research into relationships between people and their animal companions. In New perspectives with our live with companion animals. Katcher & Beck (Ed.). Univ. Pennsylvania Press. 1983
273 LEWIS L. D. ; MORRIS M. L. ; HAND M. S. - Small animal clinical nutrition. 3
274 L'HEBDO - 5 septembre 1996
275 LINE S. ; VOITH V. L. - Dominance aggression of dogs towards people : Behaviour profile and response to treatment. Appl. Anim. Behav. Sci. 16 (1) : 77-83. 1986
276 LOCKWOOD R. - The influence of animals on social perception. In New perspectives with our live with companion animals. Katcher & Beck (Ed.). 1983
277 LOCKWOOD R. - The ethology and epidemiology of canine aggression. In Serpell S. (Ed.) : The Domestic Dog : Its Evolution, Behaviour and Interactions with People. New York. Cambridge University Press. 131-138. 1995
278 LOHNER. 1926. Cité par GIFFROY J. M. 1993
279 LORENZ K. - Tous les chiens, tous les chats. Flammarion. 1983
280 LUCAS. - Le comportement sexuel. Soc. Franç. de Cynotechnie. Sém. sur le Comp. 1981
281 MACDONALD D. W. - Development and stability of personality characteristics in prepubertal wolves : implications for pack organization and behaviour. In Man and Wolf. Advances, issues and problems in captive wolf research. H. Frank (Ed.). Junk. The Netherlands. 1987
282 MACDONALD D. W. ; CARR G. - Free living dogs in the Abruzzi : the behaviour and ecology of contrasting populations. In The domestic dog : its evolution, behaviour and interactions with people. Serpell (Ed.) Cambridge Univ. Press. 1995
283 MACDONALD D. W. ; CARR G. M. - Variation in dog society : between resource dispersion and social flux. In The domestic dog. Serpell (Ed.) : Cambridge Univ. Press. 1995
284 MACKENZIE H. A. ; SCHULTZ J. A. - Frequency of backtracking in the tracking dog. Appl. Anim. Behav. Sci. 17 : 353-359. 1987
285 MAHANEY F. X. - The latest thing in cancer detection is a real dog. Internet
286 MAHUT H. - Breed differences in the dogs emotional behavior.Canad. J. Psychol. 12 : 35-44. 1958
287 MALM K.; JENSEN P. - Weaning and parent-offspring conflict in the domestic dog. Ethology 103 : 653-664. 1997
288 MANDSAGER R. - What do dogs see ? A review of "Vision in dog". Internet. 1996
289 MANNING A. - Ethological approaches to the human-companion animal bond.in New perspectives with our live with companion animals. Katcher & Beck (Ed.). Univ. Pennsylvania Press. 1983
290 MARLER P. ; HAMILTON W. J. - Mechanisms of animal behavior. N. Y. : J. Wiley and sons. 1966. Cité par HARRINGTON F. H. 1996
291 MARR J. N. - Varying stimulation and imprinting in dogs. J. Genet. Psychol. 104 : 351-364. 1964
292 MATHER J. G. - Magnetoreception and the search for magnetic material in rodents. 509-533. In : Magnetite Biomineralization and Magnetoreception in organisms : a new biomagnetism. Kirschuink J. L. ; Jones D. S. ; Macfadeen B. J. (Ed.). Plenum Press. New York. 1985
293 MATHER J. G. ; BAKER R. R. ; KENNAUGH J. H. - Magnetic field detection in small mammals. EOS. Trans. Amer. Geophysical Union 63 : 156. 1982. Cité par AUGUST et al. 1989
294 MATHY J. P. - Ces animaux qui nous rendent gagas. GHI. 6-7-1995
295 McCONNELL P. B. - Acoustic structure and receiver response in domestic dogs. Anim. Behav. 39 : 897-904. 1990
296 McCULLOCH M. J. - The pet as prothesis-defining criteria for the adjunctive use of companion animals in the treatment of medically ill, depressed outpatients. In Interrelations between people and pets. Fogle B. (Ed.). Springfield. 1981
297 McFARLAND D. - Dictionnaire du comportement animal. R. Laffont. 1990
298 McLEOD P. J. - Infanticide by female wolves. Can. J. Zool. 68 : 402-404. 1989
299 MECH D. L. - The wolf. Natural History Press. 1970
300 MECH D. L. 1977. Cité par FORBES G. J. ; THEBERGE J. B. 1995
301 MECH D. L. - The wolf. The ecology and behavior of an endangered species. Univ. Minnesota. 1986

302 MECH D. L. - The way of the wolf. Voyageur Press. 1991
303 MECH D. L. - Buffer zones of territories of gray wolves as regions of intraspecific strife. J. Mammal 75 (1) : 199-202. 1994
304 MECH D. L. - What do we know about wolves and what more do we need to learn ? Ecology and Conservation of wolves in a changing world. Carbyn L. N. ; Fritts S. H. ; Seip D. R. (Ed.). Can. Circumpolar Inst., Occasional Publication 35 : 537-545. 1995
305 MECH D. L. - The artic wolf. Ten years with the pack. Voyageur Press. 1997
306 MECH D. L. ; SEAL U. S. ; DELGIUDICE G. D. - Use of urine in snow to indicate condition of wolves. J. Wild. Manag. 51(1) : 10-13. 1987
307 MEIER T. H. ; BURCH J. W. ; MECH D. L. ; ADAMS L. G. - Pack structure and genetic relatedness among wolf packs in a naturally-regulated population. Ecology and Conservation of wolves in a changing world. Carbyn L. N. ; Fritts S. H. ; Seip D. R. (Ed.). Can. Circumpolar Inst., Occasional Publication 35 : 293-302. 1995
308 MEKOSH-ROSENBAUM V ; CARR W. J. ; GOODWIN J. L. ; THOMAS P. L. ; D'VER A. ; WYSOCKI - Age-dependent responses to chemosensory cues mediating kin recognition in dogs. Physiol. Behav. 55 (3) : 495-499. 1994
309 MELSON G. - The role of companion animals in human development. Abstract book 7th conf. Human-An. Interelations. Geneve. 1995
310 MELZACK R. ; SCOTT T. H. - The effects of early experience on the response to pain. J. Comp. Physiol. Psychol. 50 : 155. 1957
311 MELZACK O. H. ; THOMPSON W. R. - Effects of early experiences on social behavior. Canad. J. Psychol. 10 : 82-90. 1956
312 MESSENT P. - Comprendre son chien. Elsevier Sequoia. Bruxelles. 1980
313 MESSENT P. R. - Social facilitation of contact with other people by pet dogs. In New perspectives with our live with companion animals. Katcher & Beck (Ed.). 1983
314 MILLER P. E. ; MURPHY C. J. - Vision in dogs. JAVNA 207 (12) : 1623-1634. 1995. Cité par MANDSAGER R.
315 MILLOT J.L. ; CHANTON M. ; GONNET J. ; MONTAGNER H. - Etude des perceptions de mimiques animales et humaines par des enfants âgés de 5 à 12 ans. XXXe colloque de la SFECA "De l'humain à l'animal". Louvain-la-Neuve. Belgique. Mai 98
316 MILLOT J. L. ; FILIATRE J. C. - The behavioural sequences in the communication system between the child and his pet dog. Appl. Anim. Behav. Sciences 16 : 283-390. 1986
317 MILLOT J. L. ; FILIATRE J. C. ; ECKERLIN A. ; GAGNON A. C. ; MONTAGNER H. - Olfactory cues in the relations between children and their pet dogs. Appl. Anim. Behav. Science 19 : 189-195. 1987
318 MILLOT J. L. ; FILLIATRE J. C. ; GAGNON A. C. ; ECKERLIN A. ; MONTAGNER H. - Children and their pet dogs : How they communicate. Behav. Proc. 17 : 1. 1988
319 MORRIS D. - Le Chien révélé. Ed. Calmann Lévy. Paris. 1987
320 MOULTON D. G. ; AHSTON E. H. ; EAYRS J. T. - Studies in olfactory acuity. 4. Relative detectability of n-aliphatic acids by the dog. Anim. Behav. 8 : 117-128. 1960. Cité par FOGLE B. 1990
321 MOUQUIN Y. - Un chat, un chien, ça coûte combien ? Sillon romand. Spécial Animalia. 1995
322 MUGFORD R. A. - Problem dogs and problem owners : the behavior specialist as an adjunct to veterinarian practice. In Interrelation between people and pets. Fogle (Ed.). Charles Thomas. Springfields IL. 1981
323 MUGFORD R. A. - External influences on the feeding of carnivores. In The chemical senses and nutrition. Kare M. R. ; Maller O. (Ed.). Academic Press. New York. Cité par SMITH S. L. 1983
324 MUGFORD R. A. - Aggressive behaviour in the english cocker spaniel. Vet. Annual 24th issue : 310-314. Bristol : J. Wright. 1984. Cité par SERPELL J. A. 1987
325 MULLER P. E.; MURPHY C. J. - Vision in dogs. JAVMA 207 (12) : 1623-1634. 1995. Cité par MANDSAGER R. 1996
326 MURPHREE O. D. - Inheritance of human aversion and inactivity in two strains of the pointer dog. Biol. Psychiatry 7 : 23-29. 1973
327 MURPHREE O. D. ; ANGEL C. ; DELUCA D. C. - Limits of therapeutic change : specificity of behavior modification in genetically nervous dog. Biol. Psychiat. 9 : 99-101. 1974

328 MURPHREE O. D. ; DYKMAN R. A. - Litter patterns in the offspring of nervous and stable dogs. I : Behavioral tests. J. Nerv. Ment. Dis. 141 : 321-332. 1965
329 MURPHREE O. D. ; DYKMAN R. A. - Litter patterns in the offpring of nervous and stable dogs. 2. Autonomic and motor-conditioning. J. Nerv. Ment. Dis. 141 : 419-431.1966
330 MURPHREE O. D. ; NEWTON J. E. O. - Crossbreeding and special handling of genetically nervous dogs. Cond. Reflex 6 : 129. 1971
331 MYERS L. - Directeur associé à l'Institut for Biological Detection systems. Cité par MAHANEY F. X.
332 NEUHAUS W. - Über die Riechscarfe des Hundes für Fettsäuren. Z. Vergleichene Physiol. 35 : 527-552.1953. Cité par THESEN A. et al. 1993
333 NEVILLE P. - Do dogs need shrinks ? Sidgwick & Jackson. London. 1991
334 NIEBUHR B. R. ; LEVINSON M. ; NOBBE D. E. ; TILLER J. E. - Treatment of an incompletely socialized dog. In Canine Behavior. Hart (Ed.). Santa Barbara CA : Vet. Pract. Publish. Co. 1980. Cité par SERPELL J. 1995
335 NOONAN G. J. ; RAND J. S. ; BLACKSHAW J. K. ; PRIEST J. - Behavioural observations of puppies undergoing tail docking. Appl. Anim. Behav. Sci. 49 (4) : 335-342. 1996
336 NOTT H. M. R. - Social behaviour of the dog. In The Waltham book of dog and cat behaviour. Thorne (Ed.). Pergamon Press. 1992
337 NURIDSANY C. ; PERENNOU M. - Des univers parallèles. In La planète des insectes. Arthaud. 1983. Cité dans l'article Le rôle ambivalent de l'animal acteur. PMCAC. Suppl. P. Soignant 1 : 13-17. 1998
338 O'FARRELL V. - Problem dog : Behaviour and misbehaviour. British Small An. Vet. Assoc.. Methuen. London. 1989
339 O'FARRELL V. ; PEACHEY E. - Behavioural effects of ovariohysterectomy on bitches. J. Small An. Pract. 31 : 595-598. 1990
340 OKANO M. ; WEBER A. F .; FROMMES S. P. - Electron microscopic studies of the distal border of the canine olfactory epithelium. J. Ultrastructure Res. 17 : 487-502. 1967. Cité par BRADSHAW J. 1992
341 OTTNEY C. A. - A study of pets in the family system. In New perspectives on our lives with companion animals. Katcher & Beck (Ed.). Univ. Pennsylvania Press. 1983
342 OTTONSON - Mécanismes électrophysiologiques de transmission des messages olfactifs. Revue de Laryngo-oto-rhinologie, p. 832. 1965. Cité par Feraud, 1970
343 OVERALL K. L. - Clinical behavioral medicine for small animals. Mosby. 1997
344 OVERALL K. L. ; BEEBE A. D. - Dominance aggression in young female dogs : what does this suggest about the heterogeneity of the disorder ? Proceed. First Intern. Conf. Vet. Beh. Med. : 15-19. 1997
345 OWREN T. - Training dogs based on behavioural methods. J. Small An. Pract. 28 : 1009-1027. 1987
346 PAGEAT P. - Pathologie du comportement du chien. Collection Médecine Vétérinaire. 1995
347 PATRONEK G. J. ; GLICKMAN L. T. ; BECK A. M. et al. - Risk factors for relinquishment of dogs to an animal shelter. J. Am. Vet. Med. Assoc. 209 (3) : 572-581. 1996
348 PAWLOWSKI A. A. ; SCOTT J. P. - Hereditary differences in the development of dominance in litters of puppies. J. Comp. Physiol. Psychol. 49 : 353-358. 1956
349 PETERS R. - Cognitive maps in wolves and men. In Environmental design research. 2 : 247-253
350 PETERS R.; MECH D. - Scent-marking in wolves. Amer. Sci. 63 : 628-637. 1975
351 PETERSON F. A. ; HEATON W. C. ; WRUBLE S. D. - Levels of auditory response in fissiped carnivores. J. Mammalogy 50 : 566-578. 1969. Cité par HARRINGTON F. H. 1996
352 PETERSON R. O. - Wolf as interspecific competitors in canid ecology. Ecology and Conservation of wolves in a changing world. Carbyn L. N. ; Fritts S. H. ; Seip D. R. (Ed.). Can. Circumpolar Inst. Occasional Publication 35 : 315-323. 1995
353 PETIT LAROUSSE ILLUSTRE - 1993
354 PFAFFENBERGER C. J. ; SCOTT J. L. - The relationship between delayed socialization and trainability on guide dogs. J. Genet. Psychol. 95 : 145-155. 1959
355 PIETERS A. - Socialisation et syndrome d'isolement chez le chien domestique. Cahiers d'Ethologie Appliquée 3 (1) : 59-88 et 4 (1) : 121-142. 1983 et 1984

356 PIETERS A. - Le syndrôme d'isolement chez le chien domestique. 3. Perturbations du processus normal de socialisation. Cahiers d'Ethol. Appl. 5 (3) : 227-248. 1985
357 PLUTCHIK R. - Individual and breed differences in approach and withdrawal in dogs. Behaviour 40 : 302-311. 1971
358 PODBERSCEK A. - Rage syndrome. Facts, fiction and current investigations. Transcript of the Waltham APBC Symposium. 1994
359 PODBERSCEK A. ; BLACKSHAW J. K. - Dog bites : why, when, where ? Aust. Vet. Pract. 20 (4) : 182-187. 1990
360 PODBERSCEK A. L. ; BLACKHAW J. K. - Dog attacks on children : report from two major city hospitals. Aust. Vet. J. 68 : 248-249. 1991
361 PODBERSCEK A. L. ; SERPELL J. - The english cocker spaniel : preliminary findings on aggressive behavior. Appl. Anim. Behav. Sci. 47 (1-2) : 75-89. 1996
362 POULLE M. L. - Cité par LANDRY J. M. 1999
363 QUEINNEC G. - Eléments de génétique du comportement. Soc. Francophone de Cynotechnie. 1994
364 QUEINNEC G. ; GILBERT G. - Trucs et astuces pour votre chien. Hachette. 1995
365 QUIGLEY J. S. ; VOGEL L. E. ; ANDERSON R. K. - A study of perceptions and attitudes toward pet ownership. Katcher & Beck (Ed.). Univ. Pennsylvania Press. 1983
366 RAUSCH R. A. - Some aspects of the population ecology of wolves, Alaska. Am. Zool. 7 : 253-265. 1967. Cité par LANDRY J. M. 1999
367 RAYMER J. ; WIESLER D. ; NOVOTNY M. ; ASA C. ; SEAL U. S. ; MECH L. D. - Chemical scent constituents in urine of wolf (Canis lupus) and their dependance on reproductive hormones. Journal of Chemical Ecology 12(1) : 297-331. 1986
368 REHM N. - Children and their dogs. Abstract book 7th conf. Human-An. Interelations, Genève 1995
369 REISNER I. R. - Neurophysiologic, familial and environmental correlates of canine dominance related aggression. PhD. Dissertation. Cornell Univ. 1996. Cité par REISNER I. R. et al. 1997
370 REISNER I. R. ; MANN J. J. ; STANLEY M. et al. - Comparison of cerebrospinal fluid monoamine metabolity levels in dominant-aggressive and nonaggressive dogs. Brain Res. 714 : 57-64. 1996. Cité par REISNER I. R. et al. 1997
371 ROBIN M. ; TEN BENSEL R. ; QUIGLEY J. S. ; ANDERSON R. K. - Chilhood pets and the psychosocial development of adolescents. In New perspectives with our live with companion animals. Katcher & Beck (Ed.). 1983
372 ROSENTHAL R. A. ; JACOBSON L. - Pygmalion à l'école. 1971. Cité par GUYOT Y.
373 ROYER F. L. ; GANTT W. H. - The effect of different persons on the heart rate of dogs. Paper presented at Eastern Psychological Association. Philadelphia. 1961. Cité par FOX M. W. 1978
374 RUBIN H. D. ; BECK A. M. - Ecological behavior of free-ranging urban pet dogs. Appl. Anim. Ethol. 8 : 161-168. 1982
375 RUBY J. - Images of the family : the symbolic implications of animal photography. In New perspectives on our lives with companion animals. Katcher & Beck (Ed.). Univ. Pennsylvania Press. 1983
376 RYNEARSON E. K. - Humans and pets and attachment. Br. J. Psychiatry 133 : 550-555. 1978
377 SACKS ; LOCKWOOD et al. - Fatal dog attacks. 1989-1994. Pediatrics 97 (6) : 891-895. 1996
378 SALMON P. W. ; SALMON I. M. - Who owns who ? Psychological research into the human-pet bond in Australia. p 244-285 in New perspectives on our lives with companion animals. Katcher & Beck (Ed.). Univ. Pennsylvania Press. 1983
379 SOFRES - Etudes 1998. Internet. site AFIRAC
380 SANDER D. E. ; HANSON K. D. ; BURKE R. S. ; DRACY M. A. E. - Measurement of the auditory sensitivity of the coyote. Biomed. Sc. Instr. 13 : 19-23. 1977. Cité par Giffroy J. M. 1993
381 SAVISHINSKY J. S. - Pet ideas : the domestication of animals, human behavior and human emotions. In New perspectives with our live with companion animals. Katcher & Beck (Ed.). 1983
382 SCC - Renseignements obtenus à la Société Centrale Canine. 1997
383 SCHENKEL R. - Expression studies of wolves. Behaviour 1 : 81-129. 1947. Cité par MECH D. L. 1986
384 SCHENKEL R. - 1968. Cité par MECH D. L. 1970

385 SCHLEGER A. - Geschichte und Entwicklung des Bullterriers. Dissertation Wien. 1983. Cité par FEDDERSEN-PETERSEN. 1989
386 SCHMIDTKE D. ; SCHMIDTKE H. O. - Über eine Verhaltensstörung bei einfarbigen Cockerspaniels. Kleintier Parx. 11 : 180-182. 1966
387 SCHNEIDER R. - Pet ownership : some factors and trends. Paper presented at the second Canadian Symposium on Pets and Society. Vancouver. 1979. Cité par CASE D. B. 1987
388 SCHOON G. A. A. ; DE BRUIN J. C. - The ability of dogs to recognize and cross-match human odours. Forensic Sc. Intern. 69 : 111-118. 1994
389 SCOTT J. P. - Critical periods in behavioral development. Science 138 : 949-958. 1962
390 SCOTT J. P - Cité par COREN S. 1994
391 SCOTT J. P. ; BIELFELT S. W. - Analysis of the puppy testing program. In Guide dogs for the blind : their selection, development and training. Elsevier. Amsterdam. 1976. Cité par GODDARD M. E. ; BEILHARZ R. G. 1985
392 SCOTT J. P. ; BRONSON F. ; TRATTNER A. - Differential human handling and the development of agonistic behavior in basenji and shetland sheep dogs. Dev. Psychobiol. 1 (2) : 133-140. 1968
393 SCOTT J. P. ; CHARLES M. S. - Genetic differences in dogs : a case of magnification by thresholds and by habit formations. J. Genet. Psychol. 84 : 175-188. 1954
394 SCOTT J. P ; FULLER J. L. - Genetics and Social Behavior of the Dog. University of Chicago Press. Chicago. 1965
395 SCOTT J. P .; MARSTON M. V. - Critical periods affecting normal and maladjustive social behavior in puppies. J. Genet. Psychol. 77 : 25-60. 1950
396 SCOTT J. P. ; STEWART J. M. ; DEGHETT V. J. - Critical periods in the organization of systems. Developmental psychobiology. Dev. psychobiol. 7 : 489-513. 1974
397 SEBKOVA - Cité par KATCHER A. H. 1983
398 SEKSEL K. - Puppy socialization classes. Vet. Clinics North Am : Small An. Pract. 27 (3) : 465-476. 1997
399 SELLORS J. - Multi dog household. Proceedings of the Waltham APBC Symposium. The art of being sociable : 8-13. 1997
400 SERPELL J. A. - The influence of inheritance and environment on canine behaviour : myth and fact. J. Small An. Pract. 28 : 949-956. 1987
401 SERPELL J. A. - The air of the dog. In The domestic dog. Serpell J. (Ed.). Cambridge Univ. Press. 1995
402 SERPELL J. A. - Cité par TURNER D. C. 1996
403 SHERMAN C. K. ; REISNER I. R. ; TALIAFERRO L. A. ; HOUPT K. A. - Characteristics, treatment and outcome of 99 cases of aggression between dogs. Appl. Anim. Behav. Sci. 47 : 91-108. 1996
404 SHERMAN SIMPSON B. - Canine communication. Vet. Clinics North Am : Small An. Pract. 27 (3) : 445-464. 1997
405 SILLERO-ZUBIRI C. ; GOTTELLI D. ; MACDONALD D. W. - Male philopatry, extra-pack copulations and inbreeding avoidance in Ethiopian wolves Behav. Ecol. Sociobiol. 38 : 331-340. 1996
406 SLABBERT J. M. ; RASA O. A. E. - The effect of early separation from the mother on pups in bonding to humans and pup health. South Afr. Vet. Ver. 64 (1) : 4-8. 1993
407 SMIETANA W. ; WAJDA J. - Wolf number changes in Bieszczady National Park. Poland. Acta Theor. 42 (2) : 241-252. 1997. Cité par LANDRY. 1999
408 SMITH S. L. - Interactions between pet dog and family members : an ethological study. In New perspectives on our lives with companion animals. Katcher & Beck (Ed.). Univ. Pennsylvana Press. Philadelphia. 1983
409 SOKOL A. B. ; HOUSER R. G. - Dog bites : prevention and treatment. Clinical Pediatrics 10, 6 : 336-338. 1971
410 SPONENBERG D. P .; DE LAHUNTA A. - Hereditary hypertrophics neuropathy in Tibetan mastiff dog. The J. of Heredity 72 : 187. 1981
411 STANLEY W. C. ; CORNWELL A. C. ; POGGIANI C. ; TRATTNER A. - Conditioning in the neonate puppy. J. Comp. Physiol. Psychol. 56 : 211-214. 1963
412 STEEN J. B. ; WILSSON E. - How do dogs determine the direction of tracks ? Acta Physiol.

Scand. 139 : 531-534. 1990
413 STUR I. - Genetic aspects of temperament and behaviour in dogs. J. Small An. Pract. 28 : 957-964. 1987
414 SURGET - Génétique du comportement. Soc. Franç. de Cynotechnie. Toulouse. 1994
415 TERONI E. - Observations non publiées
416 THESEN A. ; STEEN J. B. ; DOVING K. B. - Behaviour of dogs during olfactory tracking. J. exp. Biol. 180 : 247-251. 1993
417 THIELLEMENT - 1955. Cité par LUCAS. 1981
418 THOMPSON W. R. - Influence of prenatal maternal anxiety on emotionality in young rats. Science 125 : 698-699. 1957
419 THOMPSON W. R ; HERON W. - The effects of early restriction on activity in dogs. J. comp. Physiol. Psychol. 47 : 77-82. 1954. Cité par PIETERS A. 1985
420 THOMPSON W. R. ; WATSON J. ; CHARLESWORTH W. R. - The effects of prenatal maternal stress on offspring behavior in rats. Psychol. Monogr. : General and applied 76 (38) : 1-25. Whole no 557. 1962
421 THORNE - Cité par SURGET. 1994
422 TONER B. S. ; MILLER D. I. - Olfactory discrimination of individual human Univ. d'Auburn. Cité par MAHANEY F. X.
423 TONER B. S. ; MILLER D. I. - Olfactory discrimination of individual odors using experienced tracking police and work dogs. An. Behav. Consult Newsletter 10 (4) : 2-4. 1993. Cité par OVERALL K. L. 1997
424 TRUMLER E. - Le chien pris au sérieux. J. J. Pauvert. 1974
425 TRUMLER E. - Hunde ernst genommen. R. Piper. München. 1981
426 TURNER D. C. - Die Wirkung der Heimtiere auf unsere Gesundheit. DCT Info. (3). 1996
427 UHDE T. W. ; MALLOY L. C. ; SLATE S. O. - Fearful behavior, body size and serum IGF-I levels in nervous and normal pointer dogs. Pharmacol. Biochem. Behav. 43 (1) : 263-269. 1992
428 UNSHELM J. - Tiergerechte Hundehaltung. Tierlab. 17 : 71-88. 1994
429 VAN DER VELDEN N.A. ; DEWEERDT C.J. ; BROOYMANS-SCHALLENBERG J.H.C. ; TIELEN A. M. - An anormal behavioral trait in burmese mountain dogs. Tijdschr. Diergeneekd 101 : 403. 1976
430 VANLEEUWEN J. - A child psychiatrist's perspective on children and their companion animals. In Interrelations between people and pets. Fogle B. (Ed.). Springfield. 1981
431 VASTRADE F. - La socialisation du chiot et son évaluation. Le comportement social du chien. SFC. Lyon. 1996
432 VILA C. ; SAVOLAINEN P. ; MALDONADO J. ; AMORIM I. ; RICE J. ; HONEYCUTT R. ; CRANDALL K. et al. - Multiple and ancient origins of the domestic dog. Science 276 : 1687-1689. 1997
433 VOITH V. L. - Intermale aggression in dogs. Mod. Veterinary Practice 61 : 256-258. 1980
434 VOITH V. L. - Treatment of dominance aggression of dogs toward people. Mod. Vet. Pract. 63 : 149-152. 1982
435 VOITH V. L. ; WRIGHT J. C. ; DANNEMAN P. J. - Is there a relationship between canine behavior problems ans spolling activities, anthropomorphism and obedience training ? Appl. Anim. Behav. Sci. 34 (3) : 263-272. 1992
436 VOM SAAL F. S. - Variation in phenotype due to random intrauterine positioning of male and female fetuses in rodents. J. Reprod. Fertil. 62 : 633. 1981. Cité par HART B. L. ; HART L. A. 1985
437 VOM SAAL F. S. - Sexual differentiation in litter-bearing mammals : influence of sex of adjacent foetuses in utero. J. An. Sci. 67 : 1824-1840. 1989. Cité par OVERALL K. L. ; BEEBE A. D. 1997
438 VUILLEMENOT J. L. - L'animal dans la société. In Les Entretiens de Bourgelat. Ec. Vét. Lyon. 1990
439 WALKER J. C.; JENNINGS R. A. - Comparison of odor perception in humans and animals. In The human sense of smell. Laing, Doty et Breipohl (Ed.). Springer Verlag. 1991
440 WALLS - Cité par MORRIS D. Le Chien révélé. Ed. Calmann Lévy. Paris. 1987
441 WATZLAWICK P. ; HELMICK BEAVIN J. ; JACKSON D. D. - Une logique de la communication. Points. Editions du Seuil. 1972

442 WAYNE R. K. - Molecular evolution of the dog family. Internet

443 WAYNE R. K. - Trends in genetics 9 : 218. 1993. Cité par MOREY D. F. 1996

444 WAYNE R. K. ; LEHMAN N. ; FULLER T. K. - Conservation genetics of the gray wolf. Ecology and Conservation of wolves in a changing world. Carbyn L. N. ; Fritts S. H. ; Seop D. R. (Ed.). Can. Circumpolar Inst., Occasional Publication 35 : 399-407. 1995

445 WAYNE R. K. ; O'BRIEN S. J. - Allozyme divergence within the Canidae. Syst. Zool. 36 : 339-355. 1987. Cité par CLUTTON-BROCK. 1995

446 WELKER W. I. - Factors influencing aggression of neonatal puppies. J. Comp. Physiol. Psychol. 52 : 376. 1959

447 WILSSON E. - The social interaction between mother and offpring during weaning in German Shepherd dogs : individual differences between mothers and their effects on offspring. Appl. Anim. Beh. Sc. 13 : 101-112. 1984

448 WOLFLE T. L. - Policy, program and people : the three Ps to well-being. In Canine Research Environment. Mench J. a. ; Krulisch L. (Ed.). Bethesda, MD : Scientists Center for An Welfare. 1990. Cité par SERPELL J. 1995

449 WOLSKI T. R. ; RITER R. ; HOUPT K. A. - The effectiveness of animal repellents on dogs and cats in the laboratory and fields. Appl. Anim. Behav. Sci. 12 : 131-134. 1984

450 WOOLPY J. H. ; GINSBURG B. E. - Wolf socialization : a study of temperament in a wild social species. Am. Zool. 7 : 357-363. 1967. Cité par SERPELL J. 1995

451 WORLD CONSERVATION UNION - Wild dogs and their relatives. La Faune. 1991

452 WRIGHT J. C. - The development of social structure during the primary socialization period in german shepherds. Dev. Psychobiol. 13 (1) : 17-24. 1980

453 WRIGHT J. C. - The effects of differential rearing on exploratory behavior in puppies. Appl. An. Ethol. 10 : 27-34. 1983

454 WRIGHT J. C. ; NESSELROTE M. S. - Classification of behaviour problems in dogs : Distributions of age, breed, sex and reproductive status. Appl. Anim. Behav. Sci. 19 : 169. 1987

455 YOUNG S. P. - The wolves in North America. Part I. Am. Wildl. Inst. Washington. 1944. Cité par MECH D. L. 1970

456 ZIMEN E. - 1976. Cité par PETERSON R. O. 1995. Cité par FORBES G. J. ; THEBERGE J. B. 1995

457 ZIMEN E. - Der Hund : Abstammung, Verhalten, Mensch und Hund. C. Bertelsmann (Ed.). München. 1989

458 ZOEGER J. ; DUNN J. R. ; FULLER M. - Magnetic material in the head of a common Pacific dolphin. Science 213 : 892-892. 1981. Cité par MATHER J. G. 1985

459 ZOTTERMAN Y. - Cité par FOGLE B. 1990

460 MOREY D. F. - L'origine du plus vieil ami de l'homme. La recherche 288 juin : 72-77. 1996

Evelyne Teroni a une formation en psychologie humaine et a obtenu un doctorat à l'Université de Genève en psychologie, section éthologie ; elle a été assistante pendant 5 ans dans cette même section. Elle travaille actuellement en tant que comportementaliste à Corsier à Genève. Elle a tenu une rubrique hebdomadaire pendant 3 ans dans la Tribune de Genève (sous le titre d'Info-Bêtes) et en tient actuellement une dans Internet. Elle donne régulièrement des conférences sur les chiens et les relations entre humains et canidés. Elle a participé à différentes émissions de télévision.

Evelyne Teroni
7 chemin du Cerisier
1246 Corsier -Suisse
E-Mail : E.Teroni@bluewin.ch

Jennifer Cattet a une première formation d'"éducatrice en psychologie canine" à Paris et a commencé sa carrière en éduquant les chiens à domicile. Elle a ensuite entamé des études de psychologie avec une spécialisation en éthologie à l'Université de Genève où elle a travaillé en tant qu'assistante pendant 6 ans. Elle termine aujourd'hui une thèse sur l'orientation spatiale chez les chiens. Elle vient de co-publier un article dans le magazine scientifique : Animal Behavior.

Jennifer Cattet
Vie Creuse
01550, Pougny - France
E-Mail : Catenis@wanadoo.fr

E. T. & J. C. Auteurs Editeurs
Dépôt Légal : Mai 2000
I.S.B.N. : 2-9515304-0-4